镇

图书在版编目（CIP）数据

镇江图鉴. 2024 / 镇江市史志办公室编. -- 镇江 : 江苏大学出版社, 2024. 12. -- ISBN 978-7-5684-2364-9

Ⅰ. K295.33-64

中国国家版本馆CIP数据核字第20241ER286号

镇江图鉴·目录

2024

ZHENJIANG
TUJIAN
(2024)
ZONG
LAN
PIAN

镇江图鉴（2024）
纵览篇

自然环境

【地理位置】镇江市地处江苏省西南部，位于长江下游南岸、长江三角洲顶端，北纬31°37′～32°19′，东经118°58′～119°58′。东西最大直线距离95.5千米，南北最大直线距离76.9千米。东南接常州市，西邻南京市，北与扬州市、泰州市隔江相望。

【土地面积】镇江市土地总面积3840平方千米，占全省土地总面积的3.58%，其中水域面积470.8平方千米，占全市总面积的12.3%；市区1088平方千米，丹阳市1047平方千米，句容市1378平方千米，扬中市327平方千米。

【地貌】镇江市地貌走势为西高东低、南高北低，大部分地区属宁镇—茅山低山丘陵，沿江洲滩属长江新三角洲平原区，丹阳东南部则属太湖平原区。宁镇山脉境内大体为东西走向，有山峰114座。茅山山脉境内略呈南北走向，是秦淮河水系和太湖水系的分水岭。江中洲地自西向东有世业洲、征润洲、新民洲、和畅洲（今江心洲）、顺江洲（今高桥镇镇域）和太平洲（今扬中市全境）。

世业洲远眺 （左金霞 供稿）

镇江市区地貌南高北低，北部沿江分布着心滩、洲滩、边滩以及冲积平原，海拔5～10米。市区南部为低山残丘，东郊零星分布着汝山、横山、京岘山、雩山等残丘。城区内分布着金山、焦山、北固山、云台山、象山等高度低于100米的孤丘，总体上形成“一水横陈、连岗三面”的独特地貌。

【资源】土地资源。镇江市有耕地、园地、林地、牧草地、居民点、工矿用地、交通用地及水域等各种土地资源类型。根据镇江市第三次国土调查主要数据公报，2022年，全市有耕地163.84万亩（10.92万公顷），水域及水利设施用地115.64万亩（7.71万公顷）。

水资源。镇江水资源丰富，长江和大运河在这里交汇，秦淮河、太湖湖西、沿江3个水系在这里集聚。水资源主要有地表水、过境水、地下水、回归水4种形式。长江流经境内长103.7千米。京杭大运河境内全长42.74千米，在京口区谏壁街道与长江交汇。全市有主要河流328条；水库141座，塘坝3.97万处。

京杭大运河镇江丹阳段 （孙悦萌 供稿）

矿产资源。镇江发现的金属矿产有铁、铜、铅、锌、钼、钨、金、银、铼及镉等10余种，矿床（点）47处。非金属矿产有白云石、石灰石、大理石、膨润土、珍珠岩、沸石、耐火黏土、硅石、型砂及红柱石等，化工非金属矿产有硫铁矿、岩盐、泥炭、磷及含钾岩石等。温泉资源及地热资源丰富，包括地下热水和地温异常两类。

生物资源。植物方面，木本树种有74科、183属、394种及变种。动物方面，镇江市常见主要动物分为无脊椎动物与脊椎动物两大类，其中节肢动物种类占整个动物种类的85%。被列为国家一级保护动物的有白鱀豚、鹳、丹顶鹤、中华鲟等。鱼类资源丰富，青鱼、草鱼、鲢鱼、鲤鱼、鲇鱼、鳝鱼等淡水养殖鱼类均有大量出产，其中，刀鱼、鳗鱼、河豚是名贵品种。

【气候】镇江市属北亚热带季风气候，常年（1991—2020年30年平均）平均气温16.2℃，降水1144.0毫米，日照1930.5小时。2023年，全市平均气温17.1℃，平均降水量1273.0毫米，日照时数2072.9小时。

【交通】镇江为国家级水路主枢纽和省级公路枢纽城市。世界闻名的“黄金水道”长江和京杭大运河在此交汇，沪宁高速公路、扬溧高速公路、京沪高速铁路、沪宁城际铁路、京沪铁路傍市而过。苏南运河镇江段长2.74千米。境内过江通道有润扬长江公路大桥、泰州长江公路大桥、五峰山长江大桥。104、312国道和122、231、238、241、243、337、340省道以及宁句城际快轨，构成镇江与外省、市连接的公路网络。2023年，全市公路总里程6985.50千米，其中高速公路210.48千米。镇江至南京高速公路行程45分钟，高速铁路行程20分钟。距南京机场和常州机场均为60千米，至扬州泰州国际机场70千米。

京杭大运河镇江辛丰段 （孙悦萌 供稿）

【口岸】镇江港是全国主枢纽港之一、长三角组合港主要成员、国家一类开放口岸。镇江市长江自然岸线长270千米，其中深水岸线长87千米。高资港区、龙门港区、谏壁港区、高桥港区、大港港区、扬中港区、新民洲港区构成镇江港口群体。2023年，完成港口货物吞吐量2.67亿吨，比上年增长14.4%，其中长江港口吞吐量2.59亿吨，增长14.8%；港口集装箱吞吐量39.97万标准箱，增长5.6%。

镇江港大港港区 （张驰 供稿）

历史人文

【建置沿革】“宜”为镇江最早的地名，是3000余年前周康王封给宜侯的领地名称，春秋时称朱方，后曾用谷阳、丹徒、京口、润州等名称。北宋政和三年（1113年）建镇江府，始称镇江，历经两宋、元、明、清。辛亥革命后称丹徒县，1928年改为镇江县。1929年至1949年2月为江苏省政府所在地（1937年至1945年镇江沦陷，省政府迁往苏北）。1949年4月23日镇江解放后，划城区和近郊为镇江市，四乡为丹徒县，均隶属于苏南行政区镇江专署。1953年苏南行政区、苏北行政区合并建江苏省后，设镇江专员公署，后区划多有调整，至1983年实行“地市合并、市管县”新体制前，辖镇江市和10个县，镇江为县级市和专署所在地（1958年9月至1959年9月，专署迁至常州，改称常州专员公署）。1983年3月，镇江市改为省辖市，辖4 县、2 区。1987年、1994年、1995年，所辖丹阳、扬中、句容先后撤县设市；2002年，丹徒撤县设区。现镇江市含丹阳市、句容市、扬中市和丹徒区、京口区、润州区。

【行政区划】截至2023年年底，镇江市辖56个镇（街道）。其中，镇31个，街道25个。丹阳市辖10个镇、2 个街道；句容市辖 8 个 镇、3 个街道；扬中市辖 4 个镇、2 个街道；丹徒区辖 6 个镇、2 个街道；京口区辖 3 个镇、8 个街道，其中，镇江经济技术开发区管委会（简称镇江经开区）为市政府派出机构，代管 3 个镇、2 个街道；润州区辖 8 个街道，其中，镇江高新技术产业开发区（简称镇江高新区）为市政府派出机构，代管 1 个街道。

【人口】2023年，镇江市常住人口322.60万人，比上年增加0.38万人，其中城镇人口260.34万人，常住人口城镇化率80.7%，常住人口中60岁及以上人口占比为26.8%，比上年提高1.6个百分点。年末全市户籍人口264.91万人，比上年减少1.95万人。其中，男性130.28万人，减少1.18万人；女性134.63万人，减少0.77万人。

【民族】2023年，镇江市少数民族常住人口29118人，有52个少数民族，人数排在前五名的是回族7628人、苗族3601人、土家族2768人、彝族2698人、蒙古族1635人。

【宗教】镇江市是江苏省宗教工作重点城市，全市有佛教、道教、伊斯兰教、天主教、基督教等五类宗教。2023年，经依法登记的宗教活动场所154处。其中，金山江天禅寺、焦山定慧寺、宝华山隆昌寺、茅山道院是全国重点寺观。全市有依法登记的宗教团体23个，有登记备案的宗教教职人员320人。

【历史文化遗存】镇江市有各级文物保护单位300处，其中国家级13处：焦山碑林、丹阳和句容南朝陵墓石刻、镇江英国领事馆旧址、昭关石塔、大运河（包括大运河镇江段、虎踞桥、江河交汇处、新河街一条街、西津渡古街 5 个点）、甘露寺铁塔、隆昌寺建筑群、城上村遗址、葛城遗址、铁瓮城遗址、宋元粮仓遗址、春城土墩墓群、烟墩山墓地。省级文物保护单位54处，市、县级文物保护单位233处。

甘露寺铁塔 （张驰 供稿）

焦山碑林摩崖石刻（张驰 供稿）

白蛇传传说、镇江恒顺香醋酿制技艺、古琴艺术（梅庵琴派）、扬剧、灯彩（秦淮灯彩）、酿造酒传统酿造技艺（封缸酒传统酿造技艺）、董永传说、佛教音乐（金山寺水陆法会仪式音乐）、道教音乐（茅山道教音乐）9个项目先后被列入国家级非物质文化遗产名录，有国家级非物质文化遗产代表性项目代表性传承人6人。

【历代名人】镇江历史上，历代文人墨客纷来寻幽探胜，寄情抒怀，其中有李白、杜牧、范仲淹、王安石、苏轼、陆游、辛弃疾等才士名贤，在此耕耘风雅，播种斯文。东晋时期，中原鸿儒显宦纷纷南下，移居京口者众多，或完成大业，或著书立说，著名的有：南朝宋开国皇帝刘裕(寄奴)，撰有《世说新语》的刘义庆，著有《晋书》的臧荣绪，选编《玉台新咏》的徐陵，中国第一部诗文总集《昭明文选》的编纂者萧统，著有中国第一部系统文艺理论巨著《文心雕龙》的刘勰等。两宋移居镇江的有：被誉为“十一世纪的科学坐标”的《梦溪笔谈》的作者沈括，制造世界上最早天文钟“水运仪象台”的科学家苏颂，书画家米芾，抗金名将宗泽等。明清两代镇江名人有：官居华盖殿大学士、内阁首辅的杨一清，主持编修《大清一统志》《佩文韵府》《康熙字典》的张玉书。近现代以来有：著有《铁云藏龟》和《老残游记》的刘鹗，著有第一部汉语语法专著《马氏文通》的马建忠，历史学家柳诒徵，飞机制造专家巴玉藻，世界语运动开创者之一的符恼武，金融家陈光甫，辛亥广州起义总指挥、南京临时政府追授上将军的赵声，辛亥革命著名将领李竟成、解朝东，爱国民主人士冷遹，诗人闻捷，桥梁专家茅以升等。此外，丹阳市为三国吴大帝孙权和南朝齐高帝萧道成、梁武帝萧衍故里，近现代有爱国人士马相伯、美术家吕凤子，当代有语言学家、语文教育家吕叔湘；句容市有晋朝道教理论家、炼丹家和医药学家葛洪，南朝道教思想家、医药学家陶弘景。

【市树】广玉兰。1985年3月，镇江市第一届人大第三次会议决定以广玉兰为市树。广玉兰属于木兰科木兰属，常绿乔木，叶长10～20厘米。花大白色，清香，直径20～30厘米，通常6瓣，5—7月为花期。种子外皮红色，9—10月果熟。树冠呈卵状圆锥形，小枝和芽均有锈色绒毛，树形优美，是优良的庭院树与观赏树。

【市花】杜鹃花。1985年 2 月，镇江市第一届人大常委会第十二次会议决定以蜡梅为市花。1994年11月，市第三届人大常委会第十三次会议重新决定以杜鹃花为市花。杜鹃花，别名映山红、山石榴，杜鹃花科杜鹃花属，多为灌木或小乔木，因生态环境不同，有各自的生活习性和形状，喜阴凉、湿润，耐寒。杜鹃花分落叶和常绿两大类。落叶类叶小，常绿类叶片硕大。花的颜色有红、紫、黄、白、粉、蓝等。

市树广玉兰 （卞婕 供稿）

市花杜鹃花 （卞婕 供稿）

风景名胜

【概况】镇江是国家历史文化名城，有深厚的文化积淀，全市有各级文物保护单位300处。镇江是中国优秀旅游城市，具有“城市山林”和“真山真水”的独特风貌。市区北部沿江自西向东镶嵌着金山、北固山和焦山，组成风景各异的“三山”风景区。句容市、丹阳市有茅山风景区、宝华山风景区、丹阳和句容南朝陵墓石刻等风景区。金山江天禅寺、焦山定慧寺、宝华山隆昌寺、茅山道院均为全国重点寺庙道观。

【“三山”风景名胜区——金山景区】金山景区有江天禅寺（江天寺）、天王殿、金山寺大雄宝殿、藏经楼、蕲王殿、观音阁、楞伽台、妙高台、夕照阁、奎文阁、七峰亭、古仙人洞、法海洞、慈寿塔、江天一览亭、白龙洞、金山“四宝”、御码头、朝阳洞、玉带桥、信矶、钓鱼台、鹘山、云根岛、百花洲、一泉景区等。百花洲位于金山与塔影湖之间，与一泉景区隔塔影湖相对。园内有百花仙子雕塑以及花堂、修艺堂、清风轩、石牌坊等建筑。镜天园位于金山与百花洲之间，面积1.6公顷。西荷花塘上架廊桥，至此，金山、镜天园、百花洲、一泉连成一体。一泉景区有芙蓉楼，芙蓉楼位于塔影湖西，与“天下第一泉”相邻，与金山隔湖相望。芙蓉楼是镇江历史名楼之一，原建于铁瓮城西，始建于东晋，唐朝诗人王昌龄在此写下《芙蓉楼送辛渐》，1992年复建于此。

“三山”风景名胜区——金山景区　（陈坚 供稿）

【“三山”风景名胜区——焦山景区】焦山景区位于市区东北江中，与南岸象山、合山夹江对峙，距市中心东北约4.5千米，海拔70.7米，周长2000米，可游览面积30余公顷，系现时长江下游唯一一座四面环水的观光游览岛屿。焦山景区有象山渡口、不波亭、定慧寺、老山门、待渡舫、新山门、定慧寺大雄宝殿、天王殿、焦山碑林、古炮台、御碑亭、乾隆行宫、文昌阁、江防遗址、木樨园、百寿亭、松寥阁、观澜阁、中日友好纪念碑、别峰庵、吸江楼、破体碑亭、良宽亭、八柱方亭、罗汉洞、六角亭等。1995年兴建万佛塔。焦山的16株古树名木尤其珍贵，最古老的有六朝柏，还有宋朝槐、明朝银杏等。碑林集自清以来碑200余方，中华人民共和国成立时，仅存碑刻100余方，且多残缺。1960年为保护碑刻，将宝墨轩旧址、海云庵及西边石壁庵、香林庵扩建为碑林，将《瘗鹤铭》移此并建亭保护，同时搜集镇江地区自南朝至清朝（420—1911年）历代碑刻330多方。1988年，国务院公布焦山碑林为全国重点文物保护单位。除《瘗鹤铭》外，著名的碑刻还有唐《魏法师碑》，宋《章岷墓志》《禹迹图》，元赵孟頫书《赤壁赋》，明刻宋米芾临《兰亭序帖》、杨继盛《游焦山诗》，清《澄鉴堂法帖》、乾隆的《自金山放舟至焦山五叠苏轼韵》等碑刻作品。

“三山”风景名胜区——焦山景区远眺 （卞婕 供稿）

【“三山”风景名胜区——北固山景区】北固山景区位于市区北侧江滨，距市中心约2千米，海拔58.5米，由从南至北的前、中、后三峰组成。因其形势险固，早在三国时就有“北固山”之名。南朝梁时改为“北顾山”，唐称“金陵山”，俗称“土山”。北固山山势险固，立于山巅，可北临扬子，东望焦山，西眺金山，南观城区及南山。前峰古称正峰，东吴孙权曾在此筑铁瓮城，吴治所迁镇江时，其宫殿也建于此。后为周瑜帅府。“自晋以来，郡治皆其上”，是府署或州署所在。1966年，在前峰建市烈士陵园。1995年，发现铁瓮城遗址，2013年被列为全国重点文物保护单位。20世纪90年代初，随着三国文化热的兴起，北固山跟三国有关的景点得到进一步整修和恢复。新建370米古城墙以及山西麓至江边的景区。北固山著名景点有北固胜境山门、试剑石、凤凰池、文天祥京口脱险纪念碑、太史慈墓、鲁肃墓、汉阙、中山纪念林塔、气象台旧址、龙埂、清晖亭（又作晴晖亭）、铁塔、中美友好碑、《望月望乡》诗碑、长廊、“天下第一江山”碑、甘露寺、“宏开鹫岭”碑、北固亭、多景楼、狠石、御碑亭、遛马涧、临江亭、摩崖题记、秋月潭、连沧观。北固新绿位于北固山西麓，景观由四园（桂花园、玉兰园、海棠园、竹园）、两林（雪松林、水杉林）组成，总面积8.3万平方米。

“三山”风景名胜区——北固山景区 （韩有亮 供稿）

【南山风景名胜区】镇江市区南部青山延绵，群山中近城区的诸山为镇江南山风景名胜区。南山原为市郊，镇江人一直称其为南郊，北缘距市中心约2.5千米。风景名胜区东起镇宝路，南至官塘桥，西迄小九华山，北达林隐路，规划面积18平方千米，其中核心景区面积3.67平方千米。山上有松、杉、竹、栎等树木160余种，林间有黄鹂、绶带鸟、画眉等飞禽70多种。藏于群山中的鹤林、竹林两古寺均创建于东晋，招隐寺建于南朝宋。1997年，新建文苑、山水清音池、黄鹤山等景区和景点。其中文苑景区内有文心阁、学林轩、百年牡丹、千年紫薇、《文心雕龙》国际学术研讨会纪念碑、赵伯先墓等景点。竹林景区内有竹林寺、金刚殿、林公泉、挹江亭、康有为石刻、马家坟、柳诒徵墓等景点。招隐景区内有“城市山林”山门牌楼、山水清音池、杜鹃园、招隐坊、选亭、虎跑泉、听鹂山房、鹿跑泉、招隐寺、读书台、增华阁、济祖殿、退居寮、玉蕊亭、韶华楼、鸟外亭、狮子窟、莲花洞、逆流泉等主要景点。鹤林景区鹤林寺位于磨笄山北麓，始建于东晋。古有鹤林八景：逢僧处（古竹院）、香花桥、寄奴泉、杜鹃台、濂溪祠、米芾墓、马祖塔和太傅松，现多湮没。现存景点有杜鹃楼、米芾墓。

南山风景名胜区 （孙悦萌 供稿）

【西津渡历史文化街区】西津渡历史文化街区位于市区西部云台山北麓。云台山，古名蒜山。又因原与金山隔江遥相对峙，对应金山而称银山。西津渡历史文化街区由小码头街及义渡码头街、义渡局巷、利商街等组成。街区分为两部分，一为东南部分，二为西北部分。东南部分自银山门、五十三坡至清中晚期渡口，约120米，开在云台山北麓山腰，有通向渡口的街道，街两侧有英国领事馆旧址和在原英租界旧址建立的镇江博物馆，以及石塔、救生会、观音洞。西北部分自渡口向西接新河路古渡口，是商业街。1983年将义渡码头街更名为西津渡街。1998年，复建金陵渡小山楼，建成西津渡碑林等，其中昭关石塔、观音洞、救生会3个项目获联合国教科文组织亚太地区2001年文化遗产保护优秀奖。主要景点有“西津渡街”券门、英国领事馆旧址（全国重点文物保护单位）、昭关石塔（全国重点文物保护单位）、京口救生会、观音洞、古渡口、义渡局旧址、蒜山游园等。还存有“长安里”（1912年）、“吉瑞里”（1914年）、“德安里”等街巷。2005年12月，镇江博物馆被评定为国家AAAA级旅游风景区。

西津渡历史文化街区 （张驰 供稿）

【圌山风景区】圌山风景区位于市区东部的镇江经开区大路、大港两镇境内，距市中心20余千米，主峰海拔258米，绵延长达 4 千米，呈西北、东南走向，总面积为10平方千米。唐以前，这里还是海口，唐朝设谯山戍，是海防重镇。宋设圌山寨，韩世忠曾扼守于此，大败金兵。明嘉靖年间设山营把总。清道光年间建圌关炮台。圌山风景区由圌山及五峰山（因其山五峰突起，“一”字横陈，形似笔架，故称五峰山）组成，两山相连接，宛如一条长龙俯卧长江边。圌山从山脚至山顶有18弯，全山有36处悬崖、72个险涯。东乡及江北有黄明节（清明后一日）登山的习俗。1994年，圌山风景区被批准为市级风景区。主要景点有报恩塔（圌山塔）、箭洞、绍隆寺、西林寺、韩阙、圌山炮台。古炮台遗址和营房残迹犹存，为江苏省文物保护单位。

圌山风景区内的圌山公园 （孙悦萌 供稿）

【茅山风景名胜区】茅山是江苏省风景名胜区。茅山风景区是以低山丘陵自然景观为主，革命斗争史迹与人文景观相结合的省级风景名胜区。茅山位于句容市东南部，距镇江市区48千米，海拔372.5米，南北长 8 千米，东西宽 4 千米，古名冈山。相传西汉时，有茅氏三兄弟居山修道成仙，遂有三茅山、茅君山之名，简称茅山。茅山风景秀丽，有 9 峰、26洞、19泉。茅山既为江南名山，又是道教圣地，号称“第一福地，第八洞天”。抗日战争时是新四军苏南抗日游击根据地中心。2014年，茅山风景区成为国家AAAAA级旅游景区，主要景点有茅山道院、老子神像、新四军纪念馆。茅山道院中有九霄万福宫、元符万宁宫、崇禧万寿宫，以及德祐观、仁祐观、玉晨观、白云观和乾元观等道教宫观，还有华阳洞、玉柱洞、仙人洞、喜客泉等道教遗存。

茅山风景名胜区 （陈洪泽 供稿）

【新四军茅山抗日斗争历史陈列馆（茅山新四军纪念馆）】位于茅山主峰西麓，是一座黄墙碧瓦、古朴庄重的建筑物，1985年9月3日抗日战争胜利40周年时建成揭幕。1998年在原馆址基础上进行重新翻建，建筑面积3700平方米。馆内陈列内容反映茅山根据地开辟、坚持和发展的过程，还展出部分革命烈士的照片、名录和当年新四军使用及缴获的武器，配合展出的各种珍贵文物和历史资料有2000余件。“新四军苏南抗日斗争历史陈列”分 5 个部分，并采用声、光、电等多媒体现代科技手段，以及图表、灯箱、蜡像、雕塑等不同形式，再现陈毅、粟裕、谭震林等老一辈无产阶级革命家的光辉伟绩和当年抗日军民浴血奋战的悲壮场面。2005年，茅山新四军纪念馆被列入全国红色旅游经典景区。1995年9月1日，在茅山下的望母山巅，建成苏南抗战胜利纪念碑，碑高36米、宽 6 米，碑名由国防部原部长张爱萍题书。

新四军茅山抗日斗争历史陈列馆（茅山新四军纪念馆）及部分陈列品 （汪露 供稿）

【宝华山风景名胜区】宝华山位于句容市西北部，距镇江市区32千米，属宁镇山脉，面积约7平方千米，其主峰大华山海拔437.2米，为句容市境内最高峰，为有别于西岳华山，称大华山。南朝梁高僧宝志登山结庵，改名宝华山。宝华山为中国佛教名山之一，有“律宗第一山”之称，并兼林麓之美、峰峦之秀、洞壑之深、烟霞之胜，号称“四大奇秀”。山中文物古迹颇多，有王羲之的“鹅”字、唐伯虎的画、岳飞手书《满江红》和相传可煮千斤米饭的大锅三口，有王安石钓鱼矶，韩世忠点将台和康熙、乾隆的行宫（毁于太平天国战争），以及康熙的御碑亭和乾隆枕头、龙头拐杖等。1981年8月，经国务院批准，在宝华山建立省级自然保护区。2003年，宝华山国家森林公园被批准为国家AAAA级旅游景区。其重要景点有隆昌寺，现尚存有大雄宝殿、韦驮殿、铜殿、无梁殿、戒坛、大悲楼、大寮、布萨堂等。

宝华山风景名胜区 （郑军 供稿）

【丹阳和句容南朝陵墓石刻】丹阳是南朝齐（479—502年）、梁（502—557年）两代帝王的家乡，帝王死后或帝王父、兄弟死后归葬丹阳，其陵墓分布在丹阳市原胡桥、建山、前艾、荆林、埤城、陵口 6 个乡镇，南朝陵墓石刻（现存丹阳 8 处24件、句容 1 处 4 件），是南朝石刻瑰宝。先后有齐高帝（萧道成）、齐武帝（萧赜）、郁林王（萧昭业）、海陵王（萧昭文）、齐明帝（萧鸾）、齐东昏侯（萧宝卷）、齐和帝（萧宝融）、梁武帝（萧衍）、梁简文帝（萧纲）、梁元帝（萧绎）及梁敬帝（萧方智）建造陵寝。帝王陵墓前及陵口均存有巨大雕刻石兽，称丹阳南朝陵墓石刻。1988年，丹阳南朝陵墓石刻被批准为全国重点文物保护单位。1996年11月，将句容南朝梁南康简王萧绩墓石刻纳入丹阳南朝陵墓石刻。

陵墓石刻现场 （孙悦萌 供稿）

镇江名特产

【概况】镇江的美食佳肴风味独特，其中有镇江“三怪”：香醋摆不坏、肴肉不当菜、面锅里煮锅盖，“三鱼”：刀鱼、鲥鱼、河豚。此外还有东乡羊肉、大路长鱼汤、茅山老鹅、扬中秧草烧河豚、清蒸蟹粉狮子头、拆烩鲢子头、芦蒿薹肉丝、鸡汁干丝、清蒸螃蟹、菊花脑蛋汤、韭菜螺蛳头等。

镇江旅游工艺品主要有：华山太平泥叫叫、茅山喇叭、灯彩、面塑、泥塑、秦淮花灯、南乡挑花、绒花制品、铜镜、正则绣、刻瓷制品、烙铁画、扎染画缋、发贴画、玻璃雕绘画、铜版彩画、木雕、竹编字画、邮票拼贴画、剪纸、汉白玉插屏等。

【肴肉】肴肉是镇江著名的传统佳肴，在全国亦享有盛名，相传清初即有“肴蹄”，迄今有300余年历史。肴肉皮色洁白，光泽晶莹，卤冻透明，故有“水晶肴蹄”之称，具有香、酥、鲜、嫩四大特点。食用时，佐以镇江香醋、姜丝，则更感芳香鲜润，风味浓郁。

肴肉 （陈大经 供稿）

【锅盖面】锅盖面是镇江人的日常面食。锅盖面原名火（伙）面，也称小刀面、跳面。在镇江本地至少有150年历史，属浓碱型面条。下面条时将小锅盖放在大锅里，面条在小锅盖下面，面锅不溢，“面锅里面煮锅盖”遂成镇江“一怪”。镇江锅盖面汤汁和浇头品种较多。

锅盖面 （陈大经 张闻 供稿）

【镇江香醋】镇江香醋的酿制分为酿酒、制醋醅、淋醋三大阶段，有大小40多道工序。镇江香醋选用地产优质糯米，具有酸而不涩、香而微甜、色浓味鲜的特色，且久存不变质，愈存愈香醇。1910年参加南洋劝业会获金牌奖，1915年在巴拿马国际博览会上获金质奖。1980年，获国家银质奖；1985年，获国家金质奖，同年被国际美食学会和国际旅游观光委员会授予金质奖章，被国内外誉为“醋中上品”。2020年，中国轻工业联合会和中轻食品工业管理中心授予镇江“中国醋都·镇江”称号。

镇江香醋生产流水线 （孙悦萌 供稿）

【刀鱼】刀鱼是江海洄游鱼类。每年初春，进入繁殖期的刀鱼自东海进入长江，溯江而上。镇江焦山以东沿江一带，刀鱼之多，举网可得，清初著名诗人朱彝尊有“京口刀鱼尺半肥”的诗句。

【鮰鱼】鮰鱼头微扁而身青白色。春季为上市旺季，俗称菜花；秋季肉味最美。鮰鱼如石首鱼，肉多无刺，味赛河豚，无害于人。

清蒸刀鱼和白汁鮰鱼 （陈大经 张闻 供稿）

【拆烩鲢鱼头】镇江产鲢鱼素以头大、肉肥、味鲜著称。尤以小雪节令后出水者最为肥美，称为雪鲢。清初镇江厨师创制“拆烩鲢鱼头”，拆尽骨头，配以蟹肉、火腿、香菇、鸡肉、肫肝、鲜笋等，用鸡汤烩制而成。色泽乳白，汤汁稠浓，鱼肉肥嫩黏糯，配菜鲜美可口，为冬令佳肴。

【蟹黄汤包】蟹黄汤包以皮薄、汤多、馅饱、味鲜而成为传统名点。清嘉庆年间，林兰痴诗句“到口难吞味易尝，团团一个最包藏”，写出蟹黄汤包内藏热汤、“到口难吞”的特点。

【百花酒】百花酒又名“贡酒”，有1400多年历史，具有酸、甜、甘、辣、醇五大特色。其原料系用糯米、细麦曲和近百种野花酿制而成。1908年，在巴拿马博览会上获国际金质奖章。1910年，参加南洋劝业会，获金牌奖。

【小磨麻油】镇江小磨麻油以清澈透明，质纯、色美、味香，在全省麻油质量评比中位居第一名。1985年，被国际美食学会和国际旅游观光委员会授予金质奖章。

【金山翠芽】金山翠芽是高级绿茶。其外形扁圆挺直，色泽翠绿，白亮显露，汤色明亮，味醇厚，1986年被列为全国名茶。

【镇江膏药】镇江膏药即唐老一正斋膏药，迄今有300多年历史。镇江膏药具有祛风止痛、化痊除淤等功能，对治疗筋骨疼痛、跌打痨伤等症有独特疗效。

【彩灯】镇江彩灯，造型独特，制作精巧，其中，荷花、龙灯曾被全国第五届运动会开幕式采用。

【戏剧服装】镇江戏曲服装受到全国影剧界的好评，被近百部电影、电视剧采用，其中有电视连续剧《红楼梦》等。

戏剧服装 （孙悦萌 供稿）

数说镇江

2023年镇江市地区生产总值

（比上年增长6.3%）

单位：亿元

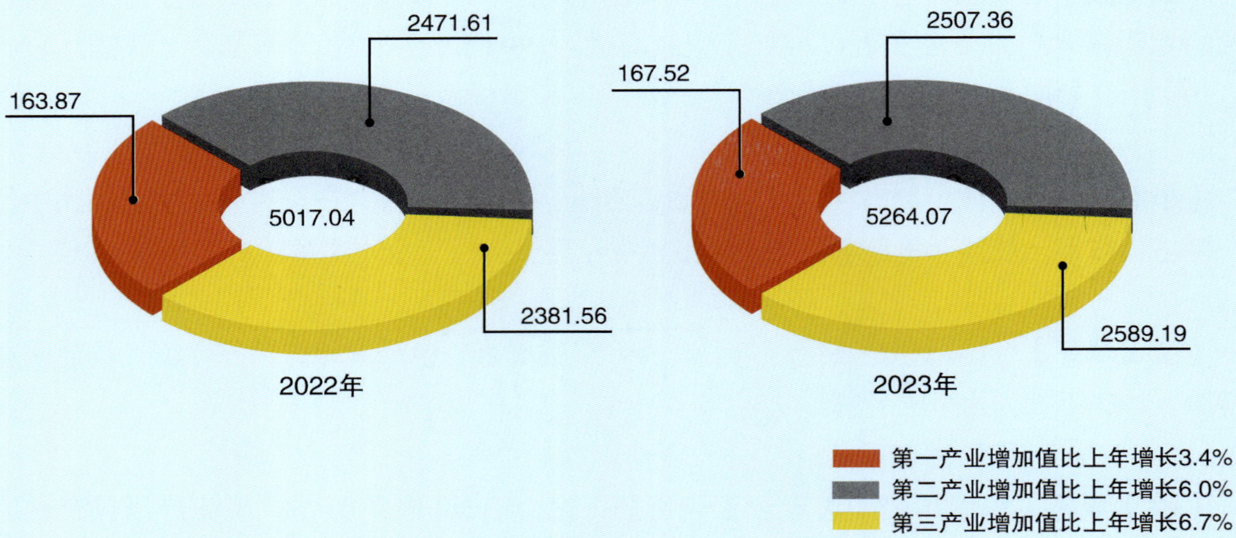

2023年公共预算收入比上年增长率

单位：%

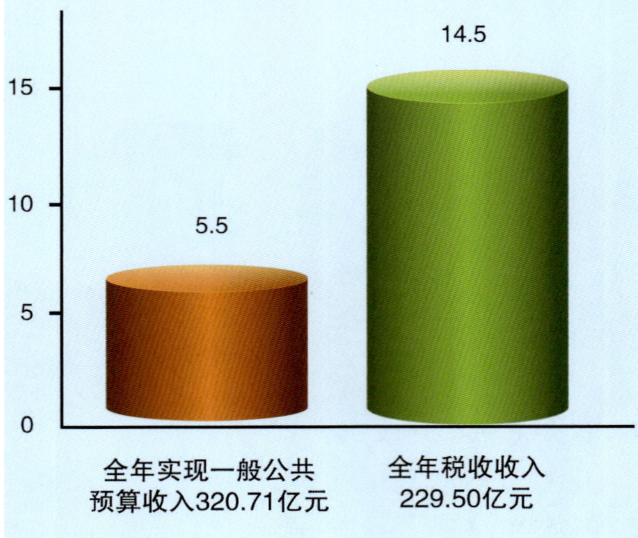

2023年年末金融机构人民币存贷款情况

单位：亿元

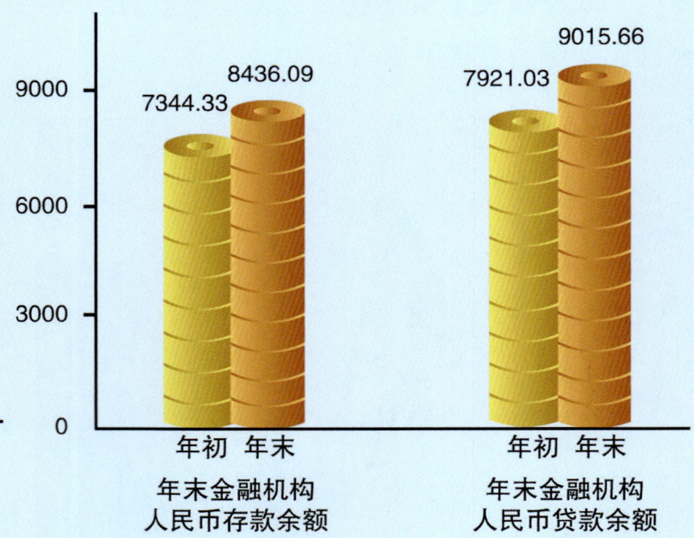

2023年镇江市重要经济产业指标比上年增长率

单位：%

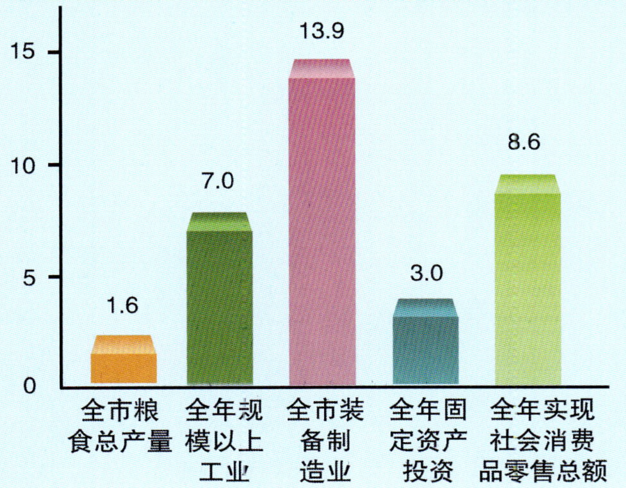

2023年镇江市人口、就业比上年新增情况

单位：万人

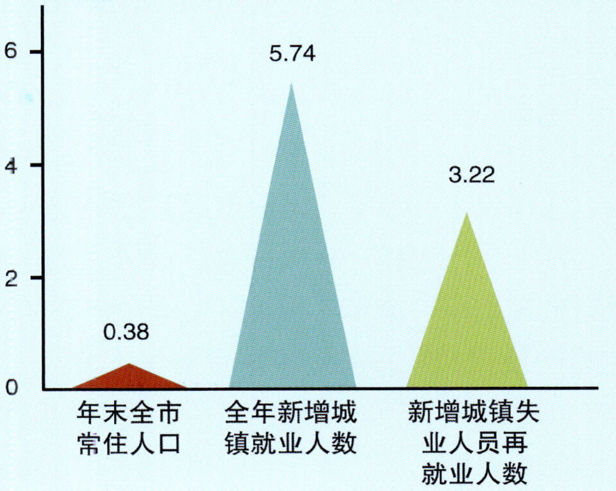

2023年镇江市人民生活、社会保障比上年增长率

单位：%

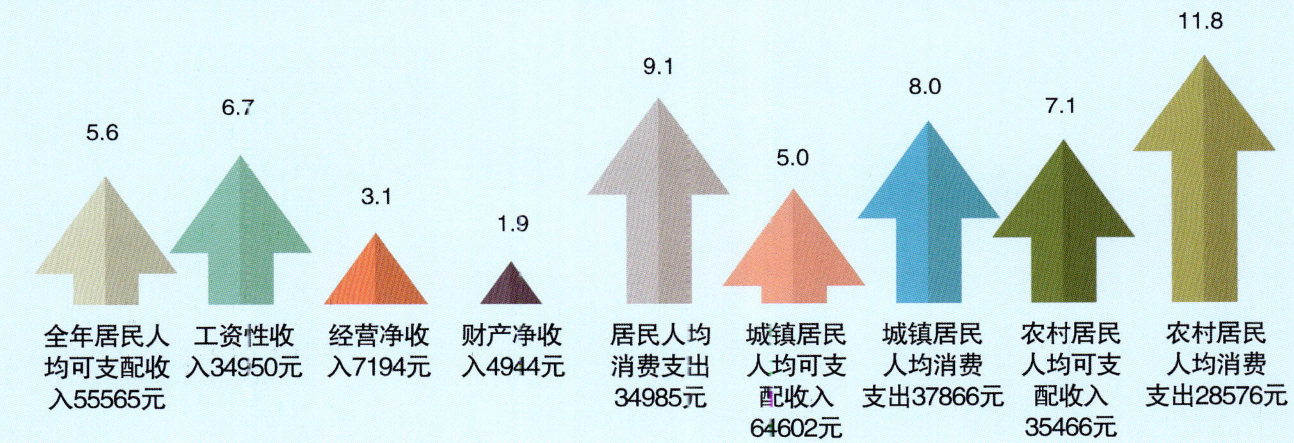

镇江荣誉

全国第五批服务型制造示范城市

全国服务外包示范城市

全国城市一刻钟便民生活圈试点城市

中国跨境电子商务综合试验区

无偿献血先进城市

通过国家卫生城市复审评估

文化和旅游市场信用经济发展试点验收

“乡村旅游集聚区服务标准化试点”入选国家级服务业标准化试点项目

市（区）

•丹阳市•

【概况】2023年，丹阳市以习近平新时代中国特色社会主义思想为指导，深入落实“四个走在前”“四个新”重大任务，团结带领全市上下迎难而上、敢为善为，交出倍感自豪、令人振奋的成绩单。全年实现地区生产总值1500亿元，一般公共预算收入迈上80亿元台阶，完成固定资产投资271.25亿元，城乡居民人均可支配收入分别为6.47万元和3.67万元，增长5.2%和6.7%。综合实力、科技创新、绿色发展和新型城镇化质量等指标居全国百强县第20位。重点产业项目成熟度、开工率历年最好。丹阳市入选国家级创新型县（市）建设市、国家第四批农业绿色发展先行区。获评省高质量发展先进县（市、区）。

2023年6月19日，由中国眼镜协会、丹阳市政府主办的2023丹阳眼镜节举行（本版照片均由丹阳市政府办提供）

2023年3月1日，长江产业经济研究院首个县域发展研究基地落户丹阳

2023年5月9日，江苏省深化货车司机群体党建试点工作总结会议在丹阳市召开

2023年7月23日，百校访企丹阳行活动开展

2023年2月22日，丹阳丹耀光学股份有限公司光学功能组件生产项目开工

2023年12月28日，“百名海外博士江苏行”镇江高端装备产业集群专场活动在丹阳举行

2023年4月21日，招才引智“镇江日”丹阳专场活动走进西南交通大学

2023年，运河1958文化园全景效果图

• 句容市 •

【概况】2023年，句容市经济社会运行稳中向好，“融入南京、接力镇江”的步伐更加坚定，高质量发展取得新成效。全年实现地区生产总值791.67亿元，比上年增长5.5%。其中，第一产业增加值58.38亿元，增长3.5%；第二产业增加值348.53亿元，增长5.3%；第三产业增加值384.75亿元，增长6.1%。三次产业结构比重为7.4：44.0：48.6。全市人均地区生产总值达123236元，比上年增加5584元。年内，联博精密、和正特种装备、天工科技入选国家专精特新“小巨人”企业；台泥水泥5G智慧矿山项目入选国家5G工厂名录；经纬工程机械等 5 家企业通过国家“两化融合”管理体系评定；建华建材荣获中国工业大奖表彰奖、“江苏省省长质量奖”。总投资100亿元的宝华石砀山铜矿抽水蓄能电站成功签约，总投资96亿元的边城抽水蓄能电站下水库完成蓄水。沪宁沿江高铁开通运营，句容到南京最快仅需16分钟。举办第十三届中国句容茅山文化旅游节。成功承办第五届国际道教论坛。茅山三宫入选首届“江苏省最受欢迎十佳景点”。入选全国“最美县域”榜单，连续6年入选全国县域旅游综合实力“百强县”。华阳西路、人民路环境综合提升改造工程全面完工，完成老旧小区改造33.9万平方米，建成市级养老护理院和智慧养老中心，建设运行大救助服务中心。企业退休人员退休金实现19连涨，城乡居保养老金实现13连涨。

2023年3月15日，华电江苏句容新能源有限公司揭牌暨江苏华电句容整市光伏项目第一批次开工仪式举行

2023年11月26日，句容农商银行·2023福地句容马拉松赛举行 （本版照片均由句容市政府办提供）

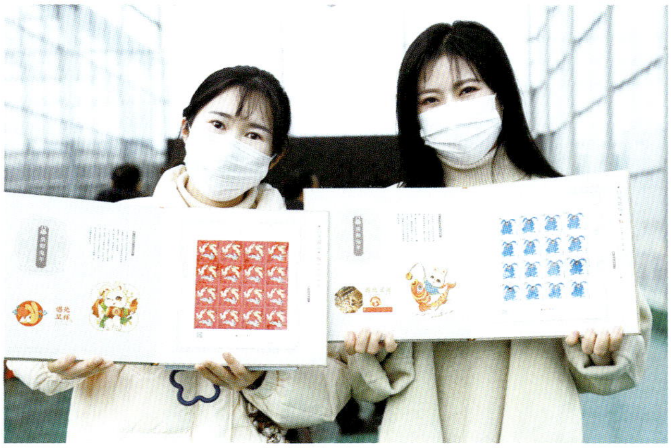

2023年1月5日，中国邮政《癸卯年》特种邮票全国首发仪式在句容市白兔镇举行

2023年8月9日，天王镇戴庄村水稻收割现场

2023年，句容台泥水泥有限公司全景

2023年，省级重点项目——句容抽水蓄能电站建设景象

2023年9月28日，沪宁沿江高铁句容站投入使用

• 扬中市 •

【概况】2023年，扬中市实现地区生产总值630.45亿元，完成一般公共预算收入40亿元，固定资产投资141.07亿元，位列全国综合实力百强县市第27名。实体经济稳中快进，实施“项目攻坚突破年”行动，依托发促会平台，设立苏州、常州、上海、大湾区投资促进联络处，全年签约亿元以上项目39个、总投资110亿元。四大主导产业实现规模以上产值856亿元，约占规模以上工业总产值的80%。科技创新活力迸发，“智改数转”工作获省政府督查激励。大全凯帆入选国家级5G工厂，美科股份入选中国“独角兽”企业，爱士惟新能源获省科学技术奖一等奖。公示认定高新技术企业121家，新增国家级专精特新“小巨人”企业6家、省级专精特新中小企业35家、省级智能工厂 2 家。党群共创文明城市，构建全国文明城市创建新工作体系。推进“十大提升行动”，实施一批背街小巷治理、老旧小区改造、空中线缆整治民生实事工程。深入推广“文明扬中12条”2.0版，选树道德典型360余人。全力优化公共服务，高质量通过全国义务教育优质均衡发展市评估认定。创成省高质量平安校园建设市，学前教育成果获评基础教育国家级教学成果奖二等奖。全国健康促进县、4个国家卫生镇、省级慢性病综合防控示范区建设通过复审。原创锡剧《太平洲上》入选全省基层文艺院团优秀剧目展演，《郭克生》获省紫金文化艺术节剧目奖。

2023年10月26日，镇江市低碳产业供应链大会在扬中召开 （本版照片均由扬中市政府办提供）

2023年1月17日，2022年扬中市市长质量奖颁奖仪式举行

2023年1月18日，开展新时代文明实践“三下乡”志愿服务集中行动

2023年，大全凯帆入选国家级5G工厂

2023年5月，外国语小学体育嘉年华活动举行

2023年9月26日，新坝镇（高新区）中秋晚会举行

2023年6月3日，全国“奔跑吧·少年”儿童青少年主题健身活动（镇江会场）——“保护母亲河 共创生态岛”镇江·扬中公益跑活动举行

2023年7月25日，《太平洲上》在江苏大剧院展演

2023年，滨江公园美丽景色

• 丹徒区 •

【概况】2023年，丹徒区把深入学习宣传贯彻党的二十大精神、习近平总书记对江苏工作重要讲话重要指示精神和开展学习贯彻习近平新时代中国特色社会主义思想主题教育这三件大事紧密结合，落实新发展理念，坚持稳中求进工作总基调。全年完成地区生产总值484.94亿元，比上年增长3.7%；完成一般公共预算收入23.57亿元、一般公共预算税收收入16.53亿元，分别增长1.8%和16.8%；全年进出口总额71.1亿元，比上年下降18.8%。实现社会消费品零售总额77.14亿元，增长5.3%；完成规模以上工业总产值511.64亿元、工业应税销售569.8亿元，分别降低5.6%和9.7%。城镇居民人均可支配收入62893.6元，增长4.6%；农村居民人均可支配收入31910.4元，增长7.0%。上榜“2023年度全国新型城镇化质量百强区”。

2023年1月29日，丹徒区抓项目攻坚促产业发展暨深化作风建设大会召开

2023年4月14日，“光影铸忠诚 丹心护国安”丹徒区国家安全主题电影展映活动举行

2023年，生态丹徒城市俯瞰　（本版照片均由丹徒区政府办提供）

2023年，镇江市重大产业项目——奥联荣创产业园一期交付

2023年8月1日，比泽尔旋转压缩机生产项目产品下线仪式举行

2023年4月，“第九社区悠然谷”镇江市摄影比赛在丹徒区高资镇举行

2023年9月15日，“骑行江苏看美丽农路”镇江站专题宣传活动在丹徒区世业洲举行

• 京口区 •

【概况】2023年，京口区聚焦促消费、强实体、扩投资，全力推动经济运行回升向好。全年完成地区生产总值600.49亿元，增长7.4%；社会消费品零售总额318亿元，增长9.3%，国内贸易增量贡献率全市领先；净增“四上”单位189家，数量创历史新高；百亿级项目招引实现重大突破。全面推进京口经济开发区管理体制改革，在全市率先实质性启动学府路以南片区开发，再次获评“全国投资潜力百强区”。协同推进降碳、减污、扩绿、增长，进一步深化生态文明建设成果。第二轮中央生态环保督察反馈问题年度整改任务全部完成，单位GDP能耗实现逐年下降。坚持城乡统筹、建管并重，加快提升城市品质。大力实施 8 个片区、37.71万平方米老旧小区改造，精心打造石头巷、大八叉巷等 4 条文明街巷。积极回应群众关切的就业、教育、医疗、养老等问题，不断优化民生供给。

2023年3月31日，镇江市跨境电商产业园项目签约仪式举行 （本版照片均由京口区政府办提供）

2023年7月7日，全区产业项目集中签约仪式举行

2023年8月17日，京口区与微软（中国）“微软云暨移动技术孵化计划——镇江数字经济创新中心”战略合作签约仪式举行

2023年11月21日，“科创江苏”京口区试点区建设暨院士协同创新林木产业绿色发展对接活动举行

2023年6月29日，“共驻共建 惠民先锋”党建联盟签约仪式暨“聚力气象里·建功家门口”活动举办

2023年8月31日，京口区“贯彻二十大·奋进新征程”主题宣讲活动举办

2023年8月3日，京口区首次举办“荣退、入职入会、授荣”观摩推进会

2023年9月26日，京口区农民丰收节暨区级机关服务提升先锋行动举办

2023年8月21日，“圆梦镇江　共创未来”2023大学生人才夜市活动举办

2023年，京口区城市美景

• 润州区 •

【概况】2023年末，润州区完成地区生产总值300.05亿元，比上年增长6.8%；一般公共预算收入16.28亿元，增长11.1%；服务业应税营业收入173亿元，增长10%；社会消费品零售总额153.47亿元，增长10.8%，增幅位列全市第一。城镇居民人均可支配收入63354.4元，增长4.9%。数字经济企业数增加到2024家，核心产业营业收入达70亿元；推动农文旅产业提速发展，接待境内外游客580.5万人次，旅游总收入60.5亿元，增长106.5%。入选第二批省级文化和旅游产业融合发展示范区建设单位、第三批“长三角高铁旅游小城”。入选省“双创计划”项目 2 个、市“金山英才”计划 9 个，建成西津渡人才友好街区。全市率先完成43项铁路沿线安全环境问题整治，造林14处、118.57亩（7.90公顷），沙地公园成为全市示范样板工程。城镇新增就业6600人。“全域党建推动社区高质量发展”获评全国城乡社区高质量发展典型案例。新增 1 家省级健康促进医院。

2023年1月13日，官塘创新社区基础设施建设特许经营项目签约仪式举行　（本版照片均由润州区政府办提供）

2023年1月，阿里云镇江创新中心入驻和润金融产业园

2023年10月20日，网易（镇江）联合创新中心开园仪式举行

2023年11月，蚕桑路铁路沿线环境整治项目沙地公园建成

2023年4月8日，润州首家金融服务业集聚区示范街区正式揭牌

2023年3月3日，“春风十里，不如有你·家在润州”企业家恳谈会举行

2023年，官塘创新社区首期项目开发方案效果图

2023年5月4日，纪念五四运动104周年暨庆祝建区40周年青春分享会举行

• 镇江经济技术开发区 •

【概况】 2023年，镇江经开区稳中求进，以党建全面引领“五大攻坚战”。全年新签亿元以上项目72个、总投资328亿元，蓬勃生物、亨峰隆、众钠等一批优质新项目落户经开区。常青科技成为上交所主板注册制首批挂牌企业。深入推进政银企共建，全力以赴降成本、优结构，守住流动性安全。全面推广《安全风险点管控责任手册》机制，事故起数、死亡人数实现“双下降”。试点编制《生态环境风险点管控责任手册》，优良天数比率同比上升，国、省考断面稳定达标。在全市率先成立“新农人”发展联盟。持续抓好农村人居环境整治，乡村面貌不断提升。激发基层党员活力，带动群众共同参与，推动党建引领末梢疏通工程与基层治理、文明城市创建、全域管理等工作相结合，有效提升基层治理效能。坚持走群众路线，运用法治思维攻坚积案化解，成立平安建设专项资金，十余件“骨头案”“钉子案”得到有效化解。

2023年3月22日，全国妇联书记处书记、党组成员杜芮到镇江经开区调研 （本版照片均由经开区管委会办公室提供）

2023年12月16日，“寻‘根’故里 ‘君’归有期”张君秋大剧院及纪念馆开馆仪式在镇江经开区举行

2023年8月1日，镇江经开区党工委全体（扩大）会议暨2023年度“五争一创”工作推进会召开

2023年7月28日，镇江经开区人才市场化发展大会召开

2023年10月31日，众钠能源年产5万吨硫酸铁钠正极材料量产基地一期投产暨二期启动建设仪式在镇江综合保税区举行

2023年3月18日，镇江新区第十二届中信银行·郁金香节开幕式举行

2023年，省级特色田园乡村、省生态宜居美丽示范村东岳村美景

2023年，五峰山大桥夜景

·镇江国家高新技术产业开发区·

【**概况**】2023年，镇江高新区把深入学习宣传贯彻党的二十大精神、习近平总书记对江苏工作重要讲话重要指示精神和开展学习贯彻习近平新时代中国特色社会主义思想主题教育这三件大事紧密结合起来，一体谋划、一体推进。全年GDP 增长6.5%，高于全省、全市平均水平，一般公共预算收入增长8.1%，一般公共预算税收收入增长17.8%，规模以上工业总产值增长7.4%，制造业投资增长20%，社会消费品零售总额增长8.6%，进出口总额增长38.1%，R&D占比3.5%。全年新签约亿元以上产业项目21个，总投资近100亿元，其中10亿元以上项目 4 个。惠龙易通入选省“独角兽”企业并连续六年获批“中国独角兽”企业，矽佳测试、海姆霍兹入选省潜在“独角兽”企业，芯视达获中国TC“独角兽”新锐企业奖，华东电力设备制造厂获批国家专精特新“小巨人”企业，中能建华东电力装备获批省“瞪羚企业”。国家高创中心连续五年获评省科技企业孵化器绩效评价 A 等级。镇江高新区获全国“数字智慧园区”称号。

2023年2月18日，泽润（江苏）照明科技有限公司开工仪式举行 （本版照片均由高新区管委会办公室提供）

2023年6月15日，镇江高新区举办新型研发机构助力全市产业发展路演对接会

2023年3月16日，第六届“镇江高新区杯”创新创业大赛颁奖仪式暨第七届大赛启动仪式举行

2023年11月23日，驻镇江院校走进高新区人才对接活动举行

2023年6月9日，联合江苏省产业技术研究院、镇江市科技局共同举办集萃园区行——镇江高新区专场活动

2023年10月19日，中船动力镇江有限公司成为全市首家通过海关AEO高级认证的央企

2023年11月30日，江苏柳工成立二十周年暨高机新产品发布会举行

2023年12月，省重大产业项目镇江高新区哈电储能技术创新产业基地开工建设中

2023年，镇江高新区高标准推进人居环境整治和交通干线沿线安全环境整治，图为整治后美景

ZHENJIANG
TUJIAN
(2024)
JINGJI
JIANSHE
PIAN

镇江图鉴（2024）
经济建设篇

综 述

【概况】2023年，镇江市按照稳中求进工作总基调，以“项目攻坚突破年”为主线，稳增长、抓项目、优环境、惠民生，经济运行“低开、中高、后稳”，呈现加快恢复、回升向好的态势。地区生产总值比上年增长6.3%，分别高于全国、全省1.1和0.5个百分点，列全省第七名。社会消费品零售总额、核算行业规模以上服务业营收、商品房销售面积、本外币存贷款余额分别增长8.6%、18.5%、-4.3%和14.1%，均优于江苏省平均水平，分列第二名、第三名、第四名和第八名。固定资产投资增长3%，列全省第九名，较上年提升 3 名。规模以上工业增加值增长7%，工业应税销售突破6700亿元。四大产业集群、八条重点产业链开票销售分别增长6.9%和10.3%，占规模以上工业比重提升至75.8%和66.2%。新增百亿企业 2 家，国家级专精特新“小巨人”企业22家，7 家企业入选“中国制造业民营企业500强”。产业结构加速优化，新能源汽车、锂电池、电子元件等新兴产业较快增长，高耗能行业增加值占比下降 4 个百分点。服务业加速

2023年1月28日，镇江市项目攻坚暨产业强市大会召开 （《镇江壹周》 供稿）

修复。服务业增加值增长6.7%，其中，科技服务业、租赁和商务服务业增速分列全省第一名和第二名。住宿业、餐饮业营业额分别增长18.6%和20.2%。农业生产总体平稳。全年粮食种植面积205.5万亩（13.7万公顷）、总产量97.9万吨，粮食生产呈现面积、产量、单产“三增”态势。农业龙头企业加快培育，新增市级农业龙头企业11家。全市限额以上批发零售业销售额增长13.3%，限额以上网络零售额增幅较大。在政策带动下，新能源汽车销售额增长88.9%，拉动汽车类消费增长9.5个百分点。出台“房地产新政13条”，公积金贷款投放户数和金额分别增

长132.4%和156.4%。全市接待游客数和旅游总收入分别增长108.3%和111.8%，增幅分列全省第六名和第三名。2023年，镇江市深化“一区多园”管理体制改革，新招引项目、制造业项目入园率分别为87%和90%，亩均税收增长13%。实施“赛马”考评机制，10个主体开发区承担经济发展职能的机构比例增长至70%。高新技术产业产值占规模以上工业产值比重为54%，列全省第四名。数字经济核心产业增加值增速16%以上。引进大专以上学历人才4万人，列“中国城市人才吸引力排名”第39名。全年为经营主体减税降费超54亿元，为4.2万家企业减收失业保险4.4亿元。加快新增长点培育，全市净增“四上”单位1412家，经营主体突破60万户。一般公共预算收入、一般公共预算税收收入分别增长5.5%和14.5%。制造业贷款余额增长10.6%。新增上市挂牌企业71家，新增股权融资额44.7亿元。全市进出口总额986.4亿元，下降5%；实际使用外资4.26亿美元，下降24.9%，列全省第七名。

【项目建设】2023年，在项目招引方面，镇江市举办船舶与海洋工程装备产业链融合发展大会等招引活动，各层级外出招商频率增加。新签约亿元以上产业项目268个、总投资1650亿元，比上年增长66.2%；“四群八链”项目216个。在项目建设方面，深化项目全生命周期管理、重大项目“百日开工”审批服务改革，健全“前评估—后评价”体系，推动建设提速提效。12个省级重大项目完成投资56.9亿元，完成年度计划118.1%；269个市级重大产业项目完成投资577.5亿元，完成年度计划104.1%，亿元以上产业项目新列统入库投资360亿元。工业投资、技改投资分别增长17.8%和21.7%，增幅分列全省第三名和第二名。

2023年8月18日，镇江市召开重大产业项目“百日开工”新闻发布会，发布重大项目全生命周期管理和审批服务机制改革举措，解释项目推进中涉及的有关政策要点及热点焦点问题（《镇江壹周》供稿）

2023年2月18日，丹阳市2023年重点产业项目集中开工活动举行（柳放 供稿）

2023年1月29日，句容市产业强市大会召开，全面贯彻落实产业强市“一号战略”（杨政 柳放 供稿）

2023年1月29日，润州区城市经济高质量发展暨项目建设提升年大会召开。对发展总部经济、促进人才培养和产业融合发展等的优秀企业给予奖补，并发布全新完善升级的“润州最滋润”优化营商环境十条措施（柳放 供稿）

经济管理

【概况】2023年，镇江市地区生产总值比上年增长6.3%，分别高于全国、全省1.1和0.5个百分点，列全省第七名。规模以上工业增加值增长7%，工业应税销售突破6700亿元。四大产业集群、八条重点产业链开票销售分别增长6.9%和10.3%。农业生产总体平稳，全年粮食种植面积205.5万亩（13.7万公顷）、总产量97.9万吨。全市接待游客数和旅游总收入分别增长108.3%和111.8%，增幅分列全省第六名和第三名。数字经济核心产业增加值增速16%以上。一般公共预算收入、一般公共预算税收收入分别增长5.5%和14.5%。制造业贷款余额增长10.6%。新增上市挂牌企业71家，新增股权融资额44.7亿元。全市进出口总额986.4亿元，实际使用外资4.26亿美元，列全省第七名。

【自然资源管理】2023年，镇江市自然资源和规划局获评国家林草局松材线虫病疫情防控攻坚先进单位；镇江长江豚类省级自然保护区被授予"中国生物圈保护区网络（CBRN）成员证书"，成为2023年度江苏省唯一加入CBRN的自然保护区；《设区保护二十年，江豚逐浪成常态》荣获江苏省2023年绿化好新闻评选一等奖；句容市磨盘山林场获评"2023年度全国十佳林场"。全市完成土地供应27205.26亩（1813.68公顷）。全市颁发不动产证书23.92万本、证明10.19万份，办理不动产抵押登记77567件，抵押金额4647.18亿元。

2023年11月11日，镇江长江江豚保护主题月启动仪式举行 （市自规局 供稿）

镇江市自然资源和规划局获评国家林业和草原局松材线虫病疫情防控攻坚先进单位，镇江长江豚类省级自然保护区被授予“中国生物圈保护区网络（CBRN）成员证书”

2023年，镇江市自然资源和规划系统坚持优空间、护资源、促集约、强服务；推进规划体系建设，实现国土空间总体规划全覆盖；推动生态保护修复，印发《镇江市国土空间生态保护和修复规划（2021—2035年）》，全年完成历史遗留矿山生态修复55处、97.17公顷，新增成片造林1518.51亩（101.23公顷），创建省级绿美村庄24个；完成 9 个省级重大产业项目和 4 个省级基础设施类项目用地保障工作，269个市级重大项目保障到位265个；推进自然资源节约集约利用，全市出让经营性用地205宗8325.14亩（555.01公顷），出让金278.55亿元，盘活批而未供土地17559亩（1170.6公顷）、闲置土地6150亩（410公顷）、低效用地10279亩（685.27公顷）。

2023年8月15日，省自然资源厅副厅长李闽在丹阳调研容错纠错机制运行情况（本版照片均由市自规局提供）

2023年7月3日，省自然资源厅副厅长崔娟调研镇江重大产业项目要素保障和信访包案工作

2023年12月12日，市自规局党委开展“重走习近平总书记视察路线”教育活动

2023年6月1日，镇江市自然资源和规划监察支队成立

2023年6月28日，“党旗‘镇’红　一线建功”青年论坛演讲比赛举办

【国有资产监督管理】2023年，镇江市国有资产监督管理部门监管企业实现营业收入377.55亿元，利润总额30.328亿元，比上年增长34%。组建镇江城市投资控股集团有限公司、镇江产业投资控股集团有限公司，2 家企业获评主体信用最高等级AAA。交通集团桔子酒店的管理移交完成。镇江市风景旅游发展有限责任公司通过收购镇江市水务投资有限公司股权，优化资源配置。恒顺醋业公司满额募集资金11.43亿元。镇江国有投资控股集团有限公司实现营收约115亿元，利润总额4.72亿元，获评省级“戎耀之家”。镇江城市建设产业集团有限公司实现存量房产变现2.57亿元、土地上市成交总价27.53亿元，全年实现施工收入5.49亿元、房地产销售1.72亿元。镇江交通产业集团全年资产变现总额6.06亿元，经营性资产总盘活率72%，子公司路桥公司入选“江苏交通建设企业20强”。镇江文化旅游产业集团完成国企改革三年行动，累计完成 7 家企业清退、1 家四级企业消除工作，企业用工总人数从2020年的1500多人下降到1000人以下。

2023年3月30日，市国资系统“抓项目攻坚促改革发展”动员大会召开 （《镇江壹周》 供稿）

【财政】2023年，镇江市完成一般公共预算收入320.7亿元，比上年增长5.5%，财政收入稳步提升。全市各项民生支出364.9亿元，占一般公共预算支出的78%。统筹资金3.15亿元，将2023年基本公共卫生服务财政补助人均标准提高到98元；将2023年城乡居民养老保险基础养老金财政补助标准调整为每人每月253元，并加快推进居民养老保险、医疗保险等财政补助资金拨付。安排基础教育公用经费2820万元；统筹安排5000万元支持镇江高职校智能产教融合实训基地建设。统筹安排一般债券资金3.7亿元，支持346国道镇江城区段城市化改造和朱方路、南山路、庄泉路、会莲庵街等城市重要片区路网建设；安排市级城市运营经费 9 亿元。将生态环境保护作为重点支出领域给予保障，市财政局获评“镇江市深入打好污染防治攻坚战先进集体”。

【**税务**】2023年，镇江市税务系统组织各项税费收入875.08亿元，比上年增长23.36%。其中，税收收入414.30亿元，增长16.45%；社会保险费收入212.61亿元，增长11.19%；其他非税收入248.17亿元，增长52.86%。完成地方一般公共预算税收229.77亿元，增长14.53%。

国家税务总局镇江市税务局荣获镇江市优化营商环境“甘露奖”

2023年，全市税务系统围绕“扬优势、补短板，激活力、争一流”的工作思路，锚定“条块双优”“保八争六”，各项工作取得显著成效。绩效考评位列全省15个市级税务局“第一段”，被评为绩效优秀单位；获高质量发展综合考核一等次、高质量发展“综合考核特别奖”，被票选为垂管单位序列中唯一一家综合考核“十佳单位”。“党旗领航税润镇江”获评全市首批优秀基层党建品牌，8 个基层单位入选全省首批新时代“枫桥式”税务所（分局、办税服务厅）。税收经济分析报告获市委市政府主要领导肯定性批示35次，服务发展成效在《新闻联播》《朝闻天下》《新华日报》报道。社保“统模式”改革优化退费业务得到省税务局认可和推广，“预先服”涉税服务举措在全省复制推广，不动产税费“一次收缴、后台清分”服务被税务总局评价为“在全国具有借鉴和推广意义”。“惠民驿站”经验做法入选税务总局主题教育案例库。“智慧镇江税务平台”获评“数字镇江建设优秀实践成果”，“构建‘活力开讲’平台深化政治机关建设”“构建数电票推防一体化穿透式防控机制提升监管质效”“构建育选用‘六维’新机制激发干部活力”荣获全省税务系统创新项目二等奖。

2023年12月19日，省税务局党委书记、局长汤志水调研社会保障“惠民驿站”

2023年2月20日，2023年度全市税务工作会议召开 （本版照片均由税务局提供）

2023年10月7日，举行全市税务系统升国旗仪式

2023年4月，举办“我与局长面对面”系列活动

2023年8月，市税务系统选手在2023年全国税务系统综合比武竞赛中获得优异成绩

2023年5月，举办“活力开讲”系列活动

【审计】2023年，镇江市审计机关完成审计项目（调查）151个，查处主要问题金额372.90亿元，审计处理处罚金额74.50亿元，审计促进增收节支12.53亿元，审计后挽回（避免）损失5.55亿元，审计建议被采纳362条。

2023年2月10日，镇江市经济责任审计工作联席会第四次会议召开 （沈建 供稿）

2023年5月，镇江市审计局机关党委与京口区大市口街道党工委等联合举办"党建联盟 携手共建'五色'志愿服务"启动仪式 （沈建 供稿）

【价格监管】2023年，镇江市价格管理部门编制出台《镇江市市级政府定价管理的经营服务性收费目录清单》，与财政部门公布《2022年镇江市行政事业性收费项目目录》，落实《江苏省定价目录》；以删减有关收费项目和增加收费项目为重点，加强媒体宣传和收费单位业务指导。按照全省统一部署，组织市、县两级价格部门开展收费年报及统计工作，全市年报单位681家，报告率100%。

【市场监督管理】2023年，镇江市市场监管部门实现"异地申报、一窗通办、执照通取"；个体登记实现同一行政区域内"同城通办"。有175家经营主体登记专窗"任意办"、2197家个体户"家门口方便办"、52家经营主体迁移登记"一次办"、8家股份公司登记业务"就近办"。市政府出台《镇江市培育扶持个体工商户若干措施》，制定28条举措，扶持个体工商户发展。

2023年10月26日，市消协联合市市场监管局在红星美凯龙商场举办家居家装合同法律知识讲座 （市消协 供稿）

“2023年质量月暨金融知识宣传”主题活动举行

2023年9月23日，2023年质量月暨金融知识宣传活动在苏宁广场举行，活动由市放心消费创建活动领导小组办公室、中国人民银行镇江市分行、国家金融监督管理总局镇江监管分局、市消费者协会等部门主办，主题是“增强质量意识，推进高质量发展”。活动现场，工作人员向过往消费者宣传普及《中华人民共和国产品质量法》《中华人民共和国消费者权益保护法》《江苏省消费者权益保护条例》等法律法规和产品质量安全知识，为消费者答疑解惑。有关专家就产品质量、日常消费品鉴别等问题进行讲解，引导消费者参与质量监管、质量提升、质量促进、社会监督等活动。30多家公用服务、银行保险、汽车销售等放心消费创建单位参加活动。

2023年9月23日，2023年质量月暨金融知识宣传活动现场　（市消协 供稿）

2023年8月4日，由镇江市放心消费创建活动领导小组办公室、市消协、市文广集团、经开区市场监管局等部门联合举办“铭嘱托铸忠诚强动力 放心消费基层行”活动走进镇江经开区平昌新城　（市消协 供稿）

镇江中院召开镇江法院消费者权益司法保护新闻发布会

2023年3月14日，镇江市中级人民法院召开新闻发布会，介绍2022年以来全市法院依法审理消费者维权案件，维护交易公平、督促经营者诚信经营的审判实践并发布典型案例。发布会介绍，案件主要呈现消费领域多元化的特点。除传统食品、日用品消费纠纷外，贵重商品如房车、家具家电等维权案件增加，健身、美容、教育培训等服务类纠纷案件频现。消费类型从线下向线上延伸。网络消费日益发达，引发的纠纷呈增加趋势。发布会发布6起维护消费者合法权益典型案例。人大代表、政协委员围绕会议主题建言献策。

2023年3月14日，镇江法院消费者权益司法保护新闻发布会召开　（《镇江壹周》供稿）

镇江市市场监督管理局获2023年度优化营商环境“甘露奖”

2023年，镇江市市场监管局服务地方经济发展迈出坚实步伐。围绕“大市场”建设，推出改革创新“三项举措”。探索市场主体登记新模式，全市经营主体数量突破60万个，企业登记实现全城通办，办理通办业务700余件。围绕高质量发展，深化“质量强市”建设成效。建华建材（中国）有限公司获2023年江苏省省长质量奖，并获评“江苏省预制桩技术标准创新基地”。守护新发展动能，推进“知识产权强市”战略。全省首批专利导航服务基地名单公布，镇江上榜数全省第一名。聚焦现代化监管，守护民生福祉。颁布实施《镇江市农贸市场管理条例》。市市场监管局2023年获评市级机关“十佳服务品牌”、市级机关“优秀服务先锋岗”，连续五年获评全国消费维权先进集体等。

2023年10月18日，召开《镇江市农贸市场管理条例》新闻发布会，加强农贸市场规范化、法制化管理（本版照片均由市市场监督管理局提供）

2023年3月15日，开展“3·15”消费维权进校园普法活动

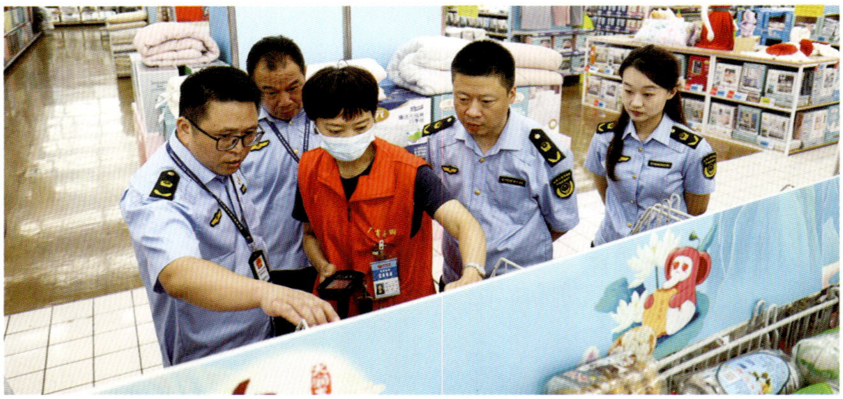

2023年9月28日，开展节前市场价格专项检查

2023年8月11日，开展第二届“个体工商户服务月”活动

2023年5月20日，开展第24个“世界计量日”主题活动

2023年，组建“青春市监 爱心领航”青年志愿者服务队

2023年3月4日，市消协、江苏大学管理学院、中国建设银行镇江分行联合开展“消费教育进校园”大学生金融防诈专题讲座 （市消协 供稿）

【知识产权管理】2023年，镇江市有有效发明专利22000件、有效注册商标超77000件，分别比上年增长16.52%和7.26%；全市驰名商标总数为50件。开展地理标志培育工作，“荣炳大米”“句容草莓”获准注册国家地理标志商标，地理标志总数为16件。全年新增国家知识产权示范企业 1 家、优势企业 8 家。在第二十四届中国专利奖评选中，镇江市获金奖 1 项、优秀奖 8 项。全市完成知识产权质押融资48.8亿元、202笔，分别为上年的2.5倍和1.77倍。

【信用体系建设】2023年，镇江市全面推进诚信镇江建设，出台《镇江市交通运输行业信用管理办法》《关于推动文化和旅游市场信用金融工作的指导意见》《关于在工程建设领域试行信用承诺替代投标保证金的通知》《镇江市口岸服务单位收费及收费清单公示工作信用奖惩实施方案》《镇江市不动产登记领域承诺信息“一诺一码”管理实施细则》《镇江市证明事项告知承诺制信用管理办法》《关于进一步降低工程建设项目招标投标交易成本的通知》《镇江市“信用交通城市”建设方案》等11个新的行业信用管理制度。依托“信用镇江”网站，完成信用承诺信息“一诺一码”全流程闭环监管平台开发建设，实现信用承诺信息“承诺、示诺、践诺、监诺”的闭环管理，累计归集信用承诺信息42.1万条。召开“信用赋能文旅 畅游美好镇江”镇江市文旅信用经济高质量发展大会。

农 业

【概况】2023年，镇江市加快建设现代农业强市，推动粮食和重要农产品稳定安全供给能力持续增强。新增高标准农田4.4万亩（2933.33公顷），农作物耕种收综合机械化率90%。全年粮食总产量超过上年，实现“四连增”。新增市级“戴庄经验”试点村16个，绿色优质农产品占比提高到71%。实施农业龙头企业“金凤行动”，孵化市级农业龙头企业11家，省级以上龙头企业年销售（交易）额合计超过600亿元。成立“新农人”发展联盟，首批遴选31名青年农民纳入优秀“新农人”培养计划。村集体经营性收入平均增长5%，98个经济相对薄弱村集体稳定性收入全部达到或超过120万元。农村居民人均可支配收入增长7.1%，超过城镇居民人均可支配收入增幅2.1个百分点。推进乡村建设行动，农村危房、危桥全面消险解危；建成幸福河湖60条，生态河道覆盖率54%；新增全国乡村治理示范村 4 个、省级特色田园乡村 7 个。

2023年4月27日，2023“苏韵乡情”乡村休闲旅游农业（镇江）专场推介暨乡“望”未来·大宝堰福第二届镇江农业嘉年华启动仪式在丹徒区宝堰镇举行。活动聘请镇江市乡村休闲旅游推介官，发布第七届宝堰美食节活动，推介大宝堰福区域公用品牌系列产品 （《镇江壹周》 供稿）

2023年9月24日，2023中国农民丰收节镇江・扬中开幕式暨旅游高质量发展现场会举行 （《镇江壹周》 供稿）

【种植业】2023年，镇江市种植粮食137014公顷，比上年增长0.97%；粮食平均单产7142.82千克/公顷；实现粮食总产978664吨，增长1.62%。播种夏粮49922公顷，增长1.82%；单产5141.16千克/公顷，增长0.68%；总产256655吨，增长2.51%。播种秋粮87092公顷，增长0.49%；单产8290.18千克/公顷，增长0.82%；总产722010吨，增长1.31%。播栽油菜15088公顷，增长12.84%；油菜籽单产2805.82千克/公顷，增长1.74%；总产42335吨，增长14.81%。

2023年8月24日，镇江市农业农村局召开全市水稻穗期病虫防控工作推进会 （《镇江壹周》 供稿）

亩产576千克！镇江创苏南地区小麦高产新记录

2023年5月27日，在丹徒区世业镇举办的镇麦15小麦示范片现场观摩和产量实测活动中，镇江镇麦15示范片小麦实测平均亩产576千克，创造苏南地区小麦的高产新纪录。此次活动由市农业农村局邀请有关专家进行，经机具检查、丈量面积、实收、称重、测定水分、估算损失、折算实产等程序后，农业部小麦专家指导组组长郭文善说，镇麦15示范片平均亩产576千克，创造苏南地区小麦的高产纪录。示范片小麦576千克/亩的单产比全市小麦平均亩产340千克，提高230多千克。

2023年5月27日，镇麦15小麦示范片现场观摩和产量实测活动现场 （柳放 供稿）

2023年12月29日，镇江市粮食生产成效新闻发布会召开 （柳放 供稿）

增产1.57万吨！镇江2023年粮食产量再创新高

全年粮食生产呈现面积、总产、单产“三增三高”良好态势，粮食总产再创近年新高，产量增加量首次突破万吨大关。12月29日，镇江召开的粮食生产成效新闻发布会信息：2023镇江全年粮食面积205.52万亩（13.7万公顷）、增加1.96万亩（1306.67公顷），总产97.87万吨，增加1.57万吨，单产476.20千克/亩，增加3.07千克/亩。2023年，镇江农业部门及时发放耕地地力、一次性种粮农户、稻谷、带状种植、秸秆还田、农机购置、规模种豆等各类惠农补贴1.73亿元，安排粮食高质高效创建、“一喷三防”、“一喷多促”等专项资金近2000万元；实施10个粮油“1+1+N”项目，建成16个粮油科技示范基地、3 个粮油产业技术体系，耕地土壤培肥改良和测土配方施肥技术推广面积累计超过408万亩次（27.2万公顷），占粮食播种面积的100%。2023年，镇江市落实规模经营主体单产提升奖补资金500余万元、农业保险保费补贴1093万元等扶持政策，稳定种粮效益、提升种粮积极性。

2023年，镇江市农村粮食良好长势及其收割场景 （柳放 管奇璠 供稿）

镇江市水稻中期田管暨绿色高质高效示范片创建现场推进会召开

2023年7月21日，2023年镇江市水稻中期田管暨绿色高质高效示范片创建现场推进会召开。活动邀请扬州大学农学院教授霍中洋作现场指导。与会人员现场观摩扬中市油坊镇、八桥镇、西来桥镇3个水稻绿色高质高效示范片的水稻长势、田管情况及水稻新品种、新产品、新技术的试验示范情况。

2023年7月21日，在镇江市水稻中期田管暨绿色高质高效示范片创建现场推进会上，专家在指导农户做好田间管理 （《镇江壹周》 供稿）

2023年4月17日，镇江农业农村局农业技术人员到江苏润果公司，指导农户做好小麦赤霉病防治工作 （《镇江壹周》 供稿）

【园艺业】2023年，镇江市果树总面积11432.6公顷；总产量20.36万吨，比上年增长5.6%；总产值29.25亿元，增长12.1%。茶园总面积5140公顷；总产量1749.2吨，增长4.9%；总产值6.67亿元，增长16.9%。花卉及其他园艺作物销售总额12.46亿元，增长4.8%，其中鲜切花类105.3万元、盆景0.15亿元、观赏苗木4.28亿元、草坪草皮5.65亿元。

“苏韵乡情”乡“望”未来丹阳市第五届杏虎仙桃采摘节在司徒镇杏虎村举行

2023年6月24日，以“杏虎桃心永向党　司徒仙桃美名扬”为主题的2023“苏韵乡情”乡“望”未来丹阳市第五届杏虎仙桃采摘节在杏虎村举行。主办方发布评选活动“十佳美丽村落”名单；公布镇江优质早熟桃评比金、银奖获得者名单。阿里巴巴、上海小区团购等平台与司徒镇签订近 5 万千克农产品购销协议。

2023年6月24日，2023“苏韵乡情”乡“望”未来丹阳市第五届杏虎仙桃采摘节启动现场　（《镇江壹周》 供稿）

2023年7月13日，2023丹徒文化时光嘉年华暨江心洲无花果节开幕式举行　（《镇江壹周》 供稿）

镇江市“白富美甜瓜”获2023第五届江苏“好西（甜）瓜”品鉴推介活动“好产品”类特金奖

2023年5月，由镇江市句容、扬中、丹徒等地合作社选送的“白富美甜瓜”获2023第五届江苏“好西（甜）瓜”品鉴推介活动“好产品”类特金奖。甜瓜名“镇甜二号”，俗称“白富美”，白净好看，果肉软糯香甜，平均糖度达19.3。成熟售卖期从 5 月持续到 6 月中旬，普通农户亩均效益可达10万元。

2023年5月，第五届江苏“好西（甜）瓜”品鉴推介活动现场 （柳放 供稿）

2023年8月14—15日，2023年镇江市优质水果品鉴暨应时鲜果标准化技术培训活动举行 （《镇江壹周》 供稿）

2023年镇江金山翠芽茶正式开采

2023年3月26日，镇江金山翠芽茶开采节活动举行，现场举行了为2022年度江苏省生态茶园南山茶林研究所授牌等活动，与会嘉宾现场体验金山翠芽茶鲜叶采摘，观摩手工制作。

金山翠芽是1985年研制成功的全国新创名茶，曾三度在全国“中茶杯”评比及评价中获金奖，是江苏省首批国家农产品地理标志，并注册“镇江金山翠芽”地理标志证明商标。

2023年3月26日，镇江金山翠芽茶开采节现场手工制作表演 （《镇江壹周》 供稿）

【**林业**】2023年，镇江市一体化推进林地用途管制和林木采伐、重点公益林管理，审核上报使用林地项目45批次120.70公顷，未发生违规审核审批或超定额使用现象。重点保障江苏大学B组团、京航路、扬州—镇江±200千伏直流线路工程、中储粮等系列重大基础设施、公共服务和民生工程、市级重大产业项目等用林需求，为项目按期开工提供用林保障。

2023年3月16日，镇江市征润洲水源地原水水质保障工程现场鸟瞰 （《镇江壹周》 供稿）

【畜牧业】2023年，镇江市出栏生猪32.08万头、家禽3951.83万羽、羊3.77万只；年末存栏生猪29.42万头、家禽1195.8万羽、奶牛1696头、羊3.43万只；肉、蛋、奶产量分别为9.01万吨、3.5万吨和0.77万吨。

【渔业】2023年，镇江市水产养殖面积1.27万公顷，实现水产品总产量10.28万吨，比上年增长3.94%，全市特种水产品养殖面积占比80.18%，实现渔业一产产值41.16亿元，增长0.45%。严格监管长江干流镇江段及通江河道禁捕区等重点区域，出动渔政执法人员4062人次，执法船艇598艘次，开展联合行动168次，巡查检查水产、渔具销售单位160家，清理“三无”船舶（无船名船号、无船舶证书、无船籍港）7艘、网具钓具2439个（套），查办涉渔违法行政案件864起，涉案人员866人，罚没款22.376万元，司法移送案件 6 起。

2023年11月3日，“苏韵乡情”2023“大全杯”江苏金蟹宣传推介活动在扬中举行 （《镇江壹周》 供稿）

“苏韵乡情”2023“大全杯”江苏金蟹宣传推介活动在扬中举行

2023年11月3日，“苏韵乡情”2023“大全杯”江苏金蟹宣传推介活动在扬中举行，镇江市 8 家水产养殖单位在金蟹评比展示活动中获“十大金蟹奖”等奖项。“江苏金蟹宣传推介”活动是江苏省唯一集河蟹区域公用品牌宣传与河蟹质量评比推介于一体的省级行业交流平台，活动吸引江苏省50余家水产养殖单位和一批江苏河蟹区域公用品牌参加。经评选，镇江 8 家水产养殖单位获 9 个奖项，其中扬中市万红江鲜养殖专业合作社、镇江市大全现代农业发展有限公司的河蟹获“十大金蟹奖”，江苏永优扬水产有限责任公司、扬中豚岛农业有限公司等 5 家单位获“最佳生态养殖基地奖”，江苏江心源生态农业有限公司选送河蟹获“最佳口感奖”。

扬中河豚抢"鲜"上市

2023年，临近春分，"河豚之乡"扬中的河豚大规模上市。扬中最大的生态水产养殖基地——江之源生态养殖基地每年产出50万～80万尾河豚。

扬中有特色水产养殖面积1.92万余亩（约0.13万公顷），年产量7700余吨，形成以河豚、刀鱼、鲥鱼、螃蟹为主的四大特色水产产业，成为江苏现代渔业特别是特色水产发展的产业高地与研创中心。

2023年3月，江之源生态养殖基地的工人捕捞河豚现场 （《镇江壹周》 供稿）

【生态农业】2023年，镇江市新增产业研究院（共建试验示范基地）4家。推进生态循环农业试点村建设，放大"戴庄经验"示范效应；承办全国第二届农业生物多样性培育与利用论坛；推进16个第三批市级试点村项目建设。镇江市天成农业科技有限公司入选2023年国家级生态农场名单，丹阳市入选第四批国家农业绿色发展先行区创建名单。推进受污染耕地安全利用工作，全市受污染耕地安全利用率98.58%，秸秆综合利用率97.45%。

江苏省中国科学院植物研究所专家从句容草莓栽培基质中找到有效抑制草莓灰霉病等病害的菌株，为实施草莓绿色生态技术推广提供新的技术支撑。2023年4月24日，江苏省中国科学院专家与镇江农科院人员就这一阶段性成果展开研讨 （《镇江壹周》 供稿）

第二届农业生物多样性培育与利用论坛在镇江召开

2023年5月22—23日，第二届农业生物多样性培育与利用论坛在镇江召开。农业农村部、中国生态学学会、华南农业大学有关专家和“全国脱贫攻坚楷模”赵亚夫等围绕“农业生物多样性与乡村振兴”的主题作报告，分享农业生物多样性培育与利用最前沿的研究成果，提供全国各地发展农业生物多样性的经验做法。论坛期间，与会专家还前往句容市戴庄村白沙生态高标准农田项目等地进行实地观摩、考察。

2023年5月22—23日，第二届农业生物多样性培育与利用论坛现场 （《镇江壹周》供稿）

【农业品牌建设】截至2023年年底，镇江市有市级以上农业龙头企业145家，其中国家级4家、省级37家、市级104家。全市有市级以上农业品牌57家、休闲农业经营主体877家。全国休闲农业精品线路4条、省级休闲农业精品线路9条。全年全市休闲农业综合收入22.12亿元，从业人员17930人，年接待游客1396.44万人次。

【农业机械化】2023年，镇江市有中大型拖拉机4624台、联合收割机2359台、插秧机5348台、粮食烘干机1388台、植保无人机676台。全市农作物耕种收综合机械化率90%，设施农业、畜牧业、渔业、林果业、农产品初加工综合机械化率总体为70%。

【乡村振兴】2023年，镇江市推进全市农村宅基地线上审批和闲置宅基地及闲置住宅线上流转交易省级试点，扬中市宅基地监管做法被省农业农村厅在全省推介。推进集体经营性建设用地入市交易，全年挂牌4期，成交项目18宗，面积181.6亩（12.11公顷），成交金额5458.4万元。深化农村集体产权制度改革，推进“政经分开”，全市农村产权交易平台成交额9.6亿元，比上年增长6.1%，溢价2044万元。推进金融支持乡村振兴“金穗行动”，全市涉农贷款余额3362亿元，增长14.09%，高于各项贷款同比增速。

第七届镇江市农村创业大赛举办

2023年8月9日，第七届镇江市农村创业大赛举办。比赛设综合初创组、休闲农业初创组、综合成长组、休闲农业成长组，16名选手参加现场大赛，参赛选手中有返乡农民工、大中专毕业生、退役军人、科技人员等在县域进行创业的人员。每组评出一等奖、二等奖、三等奖各1名，其余为优胜奖。获一等奖的项目代表镇江市参加江苏省第七届农村创业大赛。

20232年8月9日，第七届镇江市农村创业大赛现场 （《镇江壹周》 供稿）

句容市边城镇获“镇江市2023年度乡村振兴工作先进集体”称号

2023年，句容市边城镇完成地区生产总值49.5亿元，比上年增长5.8%；一般公共预算收入1.477亿元；制造业投资7.2亿元，增长18%；固定资产投资22.67亿元，增长10.58%；规模以上工业增加值8.6亿元，增长6.2%；农民人均可支配收入达到3.3万元。项目建设加快推进，深化驻点招商、专题招商、链群招商，以宁武新材料为“链主”，引进西城静电科技、聚发新材料、中纤复合材料制品3家企业。10个市级以上重点产业类项目年度投资完成率120%，江苏句容抽水蓄能电站超额完成年度投资任务。乡村振兴走深走实，全市党建引领乡村振兴试点工作现场推进会在边城召开。申报国家级示范合作社1个、省级示范家庭农场1家、县级示范家庭农场5家，获评镇江市科普助力乡村振兴基地1家。民生福祉不断增进。镇、村居家养老服务中心完成提档升级。开展“百姓大舞台”“文化送万家”等活动，累计服务群众13.4万人次。举办“边城镇第七届体育旅游登山节”“第十三届LTW国际路亚大奖赛”等体育旅游活动，打造“梧桐大道”“望仙潭”等网红景点，夯实仑山湖省级旅游度假区创建基础。获评江苏省优秀劳动关系和谐乡镇、镇江市2023年度高质量发展争先进位镇、镇江市2023年度乡村振兴工作先进集体，获句容市2023年度高质量发展重要贡献奖。

2023年，句容市委领导调研宁武新材料股份有限公司（本版照片均由边城镇提供）

2023年9月17日，百姓大舞台暨“东乡有约”文艺晚会举行

2023年，国家火炬新材料特色产业基地外景

2023年秋天，边城镇粮食丰收收获现场

2023年5月14日，“跑遍句容”第五站——魅力边城马拉松在仑山湖开跑

丹徒区高桥镇获“镇江市2023年度乡村振兴工作先进集体”称号

丹徒区高桥镇区域面积42.79平方千米（含长江航道中心线内侧水域面积13.93平方千米），辖 6 个行政村、1个居委会。年末总户数6939户、总人口18656人。2023年，高桥镇树立“项目为王”理念，润祥油品、孟家港码头两大项目试运行，推动启美装饰项目竣工及设备进厂；发展雪地靴制造特色产业，举办雪地靴文化节，助力产业转型升级，扩展更大市场。先后获评裘皮产业创新创业示范基地、江苏省生态文明建设示范镇、省农村青年电商创业培育示范基地、首批江苏省乡镇电子商务特色产业园、社会治理现代化先进镇等。

2023年，村庄环境整治现场观摩暨工作推进会召开 （本版照片均由高桥镇提供）

2023年，高桥镇镇扬村千亩良田一派丰收景象

2023年，高桥镇全景俯瞰图

2023年12月24日，第六届高桥雪地靴文化节启幕

2023年，高桥镇全民终身学习活动周启动仪式举行

2023年，“书法送福进万家”文化惠民公益活动举办

2023年，高桥镇加强生态环境保护工作，为生物提供良好的栖息地

丹阳市皇塘镇获2023年度“全国综合实力千强镇”称号

皇塘，古名黄塘，具有2700多年历史，位于丹阳市东南部，水、陆、空交通较为便利，具有较好的区位优势和良好的经济发展环境。全镇总面积80.54平方千米，辖11个行政村，常住人口5.5万余人。皇塘镇是全国重点镇、“全国综合实力千强镇”、国家卫生镇、中国家纺名镇、全国小城镇发展与改革综合试点镇、江苏省文明乡镇、江苏省健康镇、江苏省创新型试点乡镇、江苏省电子商务示范镇、首批江苏省绿色蔬菜产业特色镇（以食用菌——草菇、鹿茸菇为特色，其他蔬菜以叶菜为主，包含芦蒿、芹菜、苋菜、青菜等）。2023年，实现一般公共预算税收收入1.91亿元，增幅42.9%；规模以上工业总产值221.81亿元，增幅12.8%；固定资产投资12亿元，增幅15%；制造业投资9.7亿元，增幅30%。2023年，建立镇江市第一家亚夫工作站，创成省级特粮特经特色产业小镇——土元特色小镇，“八姑娘民兵班志愿服务队”入选国家“传承红色基因·赓续红色血脉”——退役军人关爱青少年志愿服务项目队伍名单。

2023年1月9日，学习贯彻党的二十大精神市委宣讲团宣讲报告会在皇塘镇举行（本版照片均由皇塘镇提供）

2023年5月6日，丹阳市委领导在皇塘镇调研园区项目建设及村庄集聚建设工作

2023年11月18日，丹阳市吴塘实验学校100周年发展大会举行

2023年6月12日，江苏省农业科学院亚夫科技服务皇塘工作站揭牌仪式举行

2023年9月28日，2023年中国农民丰收节镇江·丹阳主场活动在皇塘镇举行

镇江经开区丁岗镇获2023年度“全国综合实力千强镇”称号

丁岗镇位于镇江经济技术开发区南部，面积35.36平方千米，下辖 4 个行政村、9个社区，常住人口5.2万人。2023年，完成规模以上工业产值105.41亿元，完成率102.1%，比上年增长12.38%。重点服务业及规模以上批发、零售业分别实现增幅31.6%、13.7%和19.6%。完成固定资产投资30.45亿元，完成率居全区第三名，其中制造业投资15.25亿元，新签约投资1.8亿元。完成一般公共预算税收收入1.75亿元。完成新签约亿元以上项目11个，利信电池技改、宝韵新能源、联博新能源等一批项目成功落地，新能源产业类项目占比54.55%，创历史新高。2023年，丁岗镇获评“全国综合实力千强镇”、镇江市基层党建优质书记项目、经开区“高质量绩效考核一等次”。

2023年4月7日，镇江经开区党建引领末梢疏通工程现场会在丁岗镇新茂社区召开 （本版照片均由丁岗镇提供）

2023年11月23日，镇江市政协领导现场了解丁岗新街菜场运营管理情况

2023年7月12日，经开区“巡回法庭”为平昌社区居民普法

2023年1月26日，丁岗镇葛村村党总支连续34年为70岁以上老人举办集体敬老祝寿活动

2023年6月8日，镇江市小剧场演出——新瑞社区“觅·乡情”扬剧专场举办

2023年3月3日，吕城镇第十九届人民代表大会第三次会议召开 （本版照片均由吕城镇提供）

丹阳市吕城镇获2023年度“全国综合实力千强镇”称号

吕城镇地处丹阳市东南部，京杭大运河、沪宁城际铁路、沪蓉高速公路、312国道等穿境而过，常州机场坐落境内。2023年，吕城镇实现规模以上工业总产值68.68亿元，比上年增长15%；工业应税销售80.93亿元，增长14.39%；一般公共预算收入首次迈上2亿元新台阶，为20371万元，增长45.66%。图南合金、丹毛纺织、国镍新材料等公司获“2023年度丹阳市优秀纳税企业奖”；图南合金纳税总量突破1亿元。全镇大力发展现代高效农业，粮油加工贸易集中区被列为首批江苏省省级农产品加工集中区，有国家级6万吨食用油储备库及大型粮食码头、省级粮食储备库各1座、省市农业龙头企业4家。2023年，吕城镇获评“全国综合实力千强镇”、镇江市社会治理现代化先进镇；近年来先后获评国家级生态乡镇、江苏省文明镇、江苏省重点中心镇、江苏省创新型乡镇、江苏省特色文化镇、江苏省耕地保护激励单位等称号。

2023年10月12日，丹阳市领导调研园区产业项目建设情况

2023年7月29日，吕城镇荷花池小区三村项目奠基仪式举行

2023年6月20日，“党建引领 警民同心 携手共建”——“平安丹阳”“大爱丹阳”活动举办

2023年2月14日，“拥抱苏锡常 携手共发展”交流座谈会举行

2023年，省级特色田园乡村中心村恽家村全景

京口区象山街道获“2023年度镇江市高质量发展先进镇（街道、园区）”称号

2023年，象山街道坚持稳中求进工作总基调，着力推进高质量发展，统筹发展和安全，推动实现“京口当排头、全市争先进”目标任务。加强产业招引，提升经济运行质效；坚持问题导向，优化城市建设管理；抓好督查整改，提升生态环境治理；整合多方力量，落细落实民生实事；坚持齐抓共管，守牢安全红线底线；深化党建品牌，提升服务群众能力。通过展现“亲和力”、提高“判断力”、增强“执行力”，高效完成各项工作任务，体现象山的责任和担当。2023年，象山街道获评镇江市深入打好污染防治攻坚战先进集体，象山街道残疾人之家服务中心被评为“江苏省‘美丽工坊’示范点”。

2023年8月18日，中国（镇江）跨境电子商务综合试验区综合服务平台正式上线 （本版照片均由象山街道提供）

2023年4月20日，象山街道党工委与农行京口支行党委党建共建联建签约仪式举行

2023年3月，东城社区党总支在城“新”驿站给外卖员带来一堂“驿站里的微党课”

2023年9月20日，“爱在金秋 情满象山”象山社区第五届邻里文化节举行

2023年10月26日，京口区“三官一律”进网格排风险解纠纷护平安集中服务在象山街道开展

工　业

·综　述·

【**概况**】2023年，镇江市规模以上工业增加值比上年增长7%，高于地区生产总值增幅0.7个百分点；制造业增加值增长6%，占地区生产总值的比重为39.6%，列Ⅱ类地区第二名；工业应税销售6705亿元，增长1.9%。镇江市入选“全国先进制造业百强市”（第36名），较上年提升9名，列全省第六名。完成工业投资633.3亿元，增长17.8%，列全省第三名；完成工业技改投资158.7亿元，增长21.7%，列全省第二名。工业投资占固定资产投资比重55.2%，较上年提高6.9个百分点，拉动固定资产投资增长8.2个百分点；工业技改投资占工业投资比重25.1%，提高0.9个百分点。41个省重大工业项目完成投资146.3亿元，超序时19.8个百分点；222个市重点制造业项目完成484.6亿元，超序时5.8个百分点，其中76个项目竣工投产或试生产；71个新增长点项目新增销售167亿元。工业“百强”企业总销售规模较上年扩大95亿元，新增营业收入超百亿企业2家，大全集团成为镇江市首个本地应税销售超200亿元的企业，孚能科技公司新进入“百亿俱乐部”，北汽麦格纳公司应税销售首次突破50亿元。新增工业“小进规”企业（小微工业企业成长为规模以上工业企业）超410家。

2023年度镇江市产业发展“金山奖”名单

（一）贡献类企业

先进制造业企业

大全集团有限公司

鱼跃医疗集团

江苏沃得集团有限公司

天工国际有限公司

蜂巢动力系统（江苏）有限公司【包含蜂巢传动系统（江苏）有限公司】

江苏鼎胜新能源材料股份有限公司

大亚科技集团有限公司

瑞肯耐特流体控制系统（镇江）有限公司

中储粮镇江粮油有限公司

江苏亿能电气有限公司

威腾电气集团股份有限公司

江苏新泉汽车饰件股份有限公司

镇江东方电热科技股份有限公司

江苏常青树新材料科技股份有限公司

江苏林泉汽车零部件股份有限公司

恩坦华汽车零部件（镇江）有限公司

服务业企业

镇江港务集团有限公司

诺得网络科技股份有限公司

江苏瑞祥科技集团有限公司

高效农业企业

江苏润果农业发展有限公司

（二）成长类企业

江苏联博精密科技股份有限公司

镇江贝斯特新材料股份有限公司

丹佛斯动力系统（江苏）有限公司

江苏火蓝电气有限公司

2023年度镇江市产业发展“金山奖”先进制造业企业——威腾电气集团股份有限公司 （孙悦萌 供稿）

2023年度镇江市产业发展“金山奖”先进制造业企业——大亚科技集团有限公司 （孙悦萌 供稿）

2023年度镇江市产业发展“金山奖”先进制造业企业——镇江东方电热科技股份有限公司 （杨锡玲 供稿）

2023年度镇江市产业发展“金山奖”企业——中储粮镇江粮油有限公司

中储粮镇江粮油有限公司地处镇江市京口区，位于长江与京杭大运河交汇处，是中企联合油脂有限公司长三角产业圈的核心企业。公司主要以服务中央储备油脂油料轮换为中心，同时利用资源开展市场化经营，确保国有资产保值增值。经10余年发展，油脂油料年加工能力413万吨，主要产品“福豆来”豆粕和“金鼎”品牌系列食用油在华东市场有一定影响力。企业先后获“全国农产品加工业百强企业”“全国放心粮油示范工程示范加工企业”“江苏省模范职工之家”“镇江市放心消费创建示范单位”等称号。

2023年，公司获2023年度镇江市产业发展“金山奖”先进制造业企业称号

2023年，公司开展技术练兵活动

2023年，公司“迎中秋庆国庆”会议召开

2023年4月9日，“创新杯”足球友谊赛举办

2023年，镇江中储粮生产的食用油等产品

2023年，中储粮镇江粮油有限公司全景 （本版照片均由中储粮镇江粮油有限公司提供）

2023年度镇江市产业发展“金山奖”高效农业企业——江苏润果农业发展有限公司种植基地 （孙悦萌 供稿）

2023年镇江市工业应税销售百强企业 名录（一）

地区	企业
扬中市	大全集团有限公司
丹阳市	江苏沃得集团有限公司
京口区	江苏鼎胜新能源材料股份有限公司
镇江经开区	孚能科技（镇江）有限公司
丹阳市	天工国际有限公司
丹阳市	江苏鑫海高导新材料有限公司
镇江经开区	镇江奇美化工有限公司
镇江经开区	金东纸业（江苏）股份有限公司
京口区	中储粮镇江粮油有限公司
扬中市	蜂巢动力系统（江苏）有限公司
扬中市	江苏美科太阳能科技股份有限公司
丹阳市	大亚科技集团有限公司
句容市	华电江苏能源有限公司
丹阳市	江苏鱼跃医疗设备股份有限公司
京口区	国家能源集团谏壁发电厂
京口区	江苏索普（集团）有限公司
镇江经开区	中节能太阳能科技（镇江）有限公司
京口区	江苏鸿泰钢铁有限公司
丹阳市	丹阳龙江钢铁有限公司
丹徒区	北汽蓝谷麦格纳汽车有限公司
扬中市	江苏中海粮油工业有限公司
丹阳市	江苏飞达集团
镇江经开区	江苏通达铜材有限公司
镇江经开区	镇江东方电热科技股份有限公司
句容市	建华建材（中国）有限公司
丹阳市	江苏新泉汽车饰件股份有限公司
丹徒区	镇江焦化煤气集团有限公司
扬中市	威腾电气集团股份有限公司
镇江经开区	镇江均和重工有限公司
镇江经开区	镇江联成化学工业有限公司
丹阳市	大力神科技集团有限公司
丹徒区	江苏镇江发电有限公司
扬中市	江苏亿能电气有限公司
镇江经开区	镇江江南化工有限公司
丹徒区	江苏恒顺集团有限公司
润州区	江苏船山集团有限公司
扬中市	香江科技股份有限公司
扬中市	江苏新韩通船舶重工有限公司
句容市	句容协鑫光伏科技有限公司
镇江经开区	道达尔润滑油(中国)有限公司
丹阳市	江苏肯帝亚木业有限公司
镇江经开区	索尔维（镇江）化学品有限公司
扬中市	江苏大津重工有限公司
丹阳市	江苏同力日升机械股份有限公司
丹阳市	大赛璐安全系统（江苏）有限公司
高新区	中船动力镇江有限公司

2023年镇江市工业应税销售百强企业 名录(二)

润州区	镇江华润燃气有限公司	丹徒区	二重（镇江）重型装备有限责任公司
句容市	句容宁武新材料股份有限公司	丹阳市	迅驰车业江苏有限公司
扬中市	江苏通灵电器股份有限公司	丹徒区	帝高力装饰材料(江苏)有限公司
镇江经开区	江苏天奈科技股份有限公司	丹阳市	江苏辰阳电子有限公司
句容市	江苏中晟电磁科技有限公司	丹阳市	江苏炎昌新型材料有限公司
镇江经开区	江苏聚由新材料科技有限公司	句容市	江苏联博精密科技股份有限公司
丹阳市	江苏长丰纸业有限公司	镇江经开区	江苏常青树新材料科技股份有限公司
镇江经开区	优利德（江苏）化工有限公司	扬中市	江苏火蓝电气有限公司
扬中市	爱士惟新能源技术（扬中）有限公司	丹徒区	江苏镇江燃气热电有限公司
镇江经开区	江苏正丹化学工业股份有限公司	镇江经开区	凯途必机械工业（镇江）有限公司
丹阳市	江苏超力电器有限公司	丹阳市	万新光学集团有限公司
扬中市	中电电气集团有限公司	丹阳市	海昌隐形眼镜有限公司
京口区	诺贝丽斯铝业（镇江）有限公司	丹阳市	江苏联江高新材料有限公司
丹阳市	常诚车业江苏有限公司	镇江经开区	镇江南帝化工有限公司
丹阳市	江苏图南合金股份有限公司	丹阳市	江苏恒神股份有限公司
句容市	巨宝精密加工（江苏）有限公司	高新区	江苏柳工机械有限公司
扬中市	江苏天舜金属材料集团有限公司	丹阳市	江苏华凯比克希线束有限公司
扬中市	江苏太阳集团	镇江经开区	巴斯夫特种材料（江苏）有限公司
丹阳市	恒宝股份有限公司	镇江经开区	瑞肯耐特流体控制系统（镇江）有限公司
高新区	江苏省镇江船厂（集团）有限公司	丹阳市	丹阳港华燃气有限公司
丹阳市	江苏林泉汽车零部件股份有限公司	丹阳市	冈田智能（江苏）股份有限公司
镇江经开区	恩坦华汽车零部件（镇江）有限公司	镇江经开区	江苏金斯瑞生物科技有限公司
句容市	句容台泥水泥有限公司	镇江经开区	镇江赛尔尼柯自动化股份有限公司
丹徒区	江苏振光电力设备制造有限公司	镇江经开区	江苏吉贝尔药业股份有限公司
扬中市	金海新源电气江苏有限公司	句容市	江苏中容电气有限公司
京口区	镇江强凌电子有限公司	丹阳市	江苏仅一联合智造有限公司
扬中市	大航有能电气有限公司	镇江经开区	镇江大东纸业有限公司

2023年，镇江市工业应税销售百强企业——万新光学集团有限公司 （汪露 供稿）

·“四群八链”建设·

【概况】2023年，镇江市高端装备制造、新材料、数字经济和生命健康四大主导产业集群实现应税销售4114.4亿元，比上年增长6.9%，高于规模以上工业平均增幅7.8个百分点；占全市比重75.8%，提高1.8个百分点。其中，高端装备制造、新材料和数字经济集群超千亿元，分别为2116.7亿元、1123亿元和1095亿元。新型电力（新能源）装备、汽车及零部件（新能源汽车）、高性能材料、医疗器械和生物医药、新一代信息技术、航空航天、船舶海工装备、智能农机装备等八条重点产业链实现应税销售3594.1亿元，增长10.3%，高于规模以上工业平均增幅11.2个百分点；占全市比重66.2%，提高5.6个百分点。194个“四群八链”市级重点制造业项目完成投资420.49亿元，占制造业项目数量的87.4%、投资量的86.8%。新签约亿元以上“四群八链”项目210个，占制造业项目总数的95.9%。举办全国船舶与海洋工程装备产业链融合发展大会，各产业链工作专班组织召开“镇信助企”产业链供需系列对接活动12场。新增省级中小企业特色产业集群 2 个，扬中市中低压智能电气产业集群创成国家级中小企业特色产业集群。

主体培育工作。新增“四群八链”百亿企业 1 家，累计13家，其中“四群八链”企业11家。实施“三帆两金一甘露”（扬帆行动、云帆行动、金帆行动，金穗行动、金链行动和甘露行动）金融赋能高质量发展行动，新增 1 家主板上市企业为“四群八链”企业。新增工业“小进规”企业410家，其中“四群八链”占比75%。新增22家国家级专精特新“小巨人”企业，均为“四群八链”企业；新增省级专精特新企业152家，其中“四群八链”占比90%。制定工业领域碳达峰实施方案，加快绿色制造体系建设，实施绿色化改造重点项目35个，

“构建现代化产业体系”新闻发布会专场举行

2023年9月8日，镇江市政府召开“构建现代化产业体系”专场新闻发布会，介绍镇江如何在强链补链延链上展现新作为。发布会透露，2021年至2023年7月底，“四群”“八链”分别实现应税销售2313.4亿元和1968亿元，占镇江全市规模以上工业比重分别为75.2%和64%，较2020年年底分别提升12.7个和15个百分点，两年平均增速均高于规模以上工业3个百分点以上。

2023年9月8日，“构建现代化产业体系”专场新闻发布会举行 （《镇江壹周》 供稿）

其中“四群八链”28个，占比80%；创建国家级“绿色工厂3家”、省级15家，其中“四群八链”13家，占比72.2%。围绕化工新材料领域，开展老旧装置更新改造行动，共辨识评估11家企业、49套老旧装备，“一装置一策略”实施更新改造。镇江市获评国家级工业设计特色类服务型制造示范城市。

【智能农机装备产业链】2023年，镇江市智能农机装备产业链27家规模以上企业实现应税销售190.3亿元；税收7.4亿元，增长28.4%。新认定沃得农机公司4LZ-6.0E再生稻联合收获机、DK2604大马力电驱动无级变速混动拖拉机为镇江市首台（套）重大装备，其中DK2604大马力电驱动无级变速混动拖拉机获省首台（套）认定。中福马“二工段长刨花制备关键设备”获2023国际木工展优质展品奖银奖；镇江农科所、江苏大学等单位联合开展的“丘陵山区果蔬茶灌溉装备关键技术与应用”项目获2022年度江苏省科学技术三等奖。

智能农机装备产业链专班会议召开

2023年2月7日，智能农机装备产业链专班会议召开，会议指出，智能农机装备产业是落实产业强市“一号战略”、加快农业农村现代化建设的重要支撑。会议对各地各部门精准用力培育壮大智能农机装备产业链、扩大链内企业数量、用好用足资本市场“扬帆计划”、打造更多专精特新“小巨人”“单打冠军”和暖企惠企政策落地见效等提出要求。

2023年2月7日，智能农机装备产业链专班会议召开 （《镇江壹周》 供稿）

【航空航天产业链】2023年，镇江市有规模以上航空航天产业链企业32家，实现应税销售106.8亿元，比上年增长9.6%。多家涉航企业入选中国商飞C919大飞机协作配套供应商或潜在供应商行列，合计提供C919总装所需约10%的零部件、50%的复合材料结构件、50%的铝材、90%的客货舱内饰件。其中，海鹰特材公司年均投入千万元进行复合材料创新研究，承担着C919后机身前段和后段、副翼、垂尾复材等4个工作包，占机身所有复合材料零部件份额的45%以上；美龙航空公司作为C919的装修公司，承接C919主货舱内饰整体工作包、部分客舱内饰工作包；江苏锐天信息公司是C919空地宽带无线传输关键技术研究与验证项目的唯一供应商；菲舍尔航空公司承担大飞机客舱内饰系统集成项目。

2023年，承担大飞机客舱内饰系统集成项目的菲舍尔航空公司（文广经开区记者站 供稿）

【医疗器械和生物医药产业链】镇江市的医疗器械产业链主要集中在诊疗设备、康复护理器械、医用辅耗材等中游产品制造领域，医药产业链产品集中在中药（药材）生产、化药生产、生物医药、药用辅材等领域。2023年，镇江市有医疗器械和生物医药规模以上企业68家，实现应税销售收入154.2亿元，比上年增长13.4%。其中，50家医疗器械企业实现应税销售收入120亿元，增长21%；18家生物医药企业实现应税销售收入34.1亿元，与上年基本持平。2023年，16个医疗器械和生物医药产业链项目入选市级重点产业项目计划，其中，省级重大项目2个、总投资 5 亿元以上项目 9 个。全年完成投资52.9亿元，超过年度计划投资22个百分点。

【**船舶海工装备产业链**】2023年，镇江市有船舶与海工装备企业81家（船企14家、配套企业67家），其中，规模以上企业41家，年造船能力110万载重吨（列全省第四名）。全市造船完工量69艘、59.5亿元，比上年增长37.4%；产业链主营业务收入281.4亿元，增长16.7%；实现规模以上企业应税销售148.1亿元，增长16.5%，高于全市规模以上工业增幅17.4个百分点，高于8条重点产业链平均增幅6.2个百分点，列第三名。拥有制造业“单项冠军”企业1家、国家级专精特新“小巨人”企业6家、省级专精特新中小企业12家。

2023年7月14日，船舶和海洋工程装备产业链融合发展大会在镇江召开（王朋 供稿）

【高性能材料产业链】2023年，镇江市有高性能材料产业链企业106家，实现应税销售801.0亿元，总量列全市8条产业链第一名，占全市规模以上工业应税销售的14.8%。高性能合金产业链实现应税销售484.9亿元，高分子材料产业链实现应税销售258.2亿元，高性能复合材料产业链实现应税销售40.4亿元，其他（主要建材）实现应税销售17.5亿元。15家产业链重点企业入围“全市工业百强企业”，完成应税销售655.0亿元，占全市“工业百强企业”的21.8%，鼎胜新材、鑫海高导、奇美化工应税销售分别列全市“工业百强企业”第一名、第三名和第四名。2023年，高性能材料产业链重点项目37个，完成投资77.4亿元，占当年度全市制造业重点项目总投资的16.0%。众钠能源公司年产5万吨硫酸铁钠正极材料量产基地、索尔维公司6万吨/年过氧化氢纯化等一批项目开工建设，欧圣新材料公司黑科技新材料、云阳新材料公司无机防水新材料IWF地板/墙板等一批项目竣工投产。

2023年，镇江市高性能材料产业链企业——奇美化工有限公司 （赵燕鸣 供稿）

2023年，镇江市高性能材料产业链企业——索尔维（镇江）化学品有限公司 （文广记者站 供稿）

【新一代信息技术产业链】2023年，镇江市新一代信息技术产业链主营业务收入705.1亿元，比上年增长16.8%，占8条产业链营收的19.6%。链上建成省级以上专精特新企业31家、省级以上示范工厂（车间）12家、省级以上创新公共服务平台18家，省级及以上重点实验室、工程技术研究中心、企业技术中心46家，省级产业基地（集聚区） 8 个。2023年，全市新一代信息技术领域重点项目17个，完成投资30.5亿元。官塘创新社区举办数字经济（杭州）招商推介会、2023阿里云创峰会暨长三角（镇江）数字经济高峰论坛等活动，引进中国节能（镇江）低碳科创园等重点项目；联东U谷·官塘科技港一期项目奠基，网易（镇江）联合创新中心正式开园。大禹山数字文创区以建设省级信息技术应用创新先导区为切入点，引进华为（镇江）数字联合创新等一批优质项目，招引华为镇江总部、嘉环科技、嘉志德科技等一批生态圈企业落户，加快推进总投资10亿元的大禹智谷、总投资10.2亿元的天盛智能网联等多个数字经济项目。

“数实融合 智引润州”—— 阿里云创峰会暨长三角（镇江）数字经济高峰论坛在润州区举办

2023年6月28日，“数实融合 智引润州”——2023阿里云创峰会暨长三角（镇江）数字经济高峰论坛在润州区举办。峰会邀请中国工程院院士沈昌祥，国务院参事、发展中国家科学院院士、国际欧亚科学院院士石勇等专家进行主旨演讲。燕波科技自助系统设计项目、中国电信5G数字城市建设项目等10个项目签约落户润州。

2023年6月28日，“数实融合 智引润州”——2023阿里云创峰会暨长三角（镇江）数字经济高峰论坛举行 （《镇江壹周》 供稿）

2023年9月27日，总投资5亿元的联东U谷·官塘科技港一期项目开工仪式举行 （柳放 供稿）

联东U谷·官塘科技港一期项目在官塘创新社区开工

2023年9月22日，联东 U 谷·官塘科技港一期项目在官塘创新社区开工。联东 U 谷·官塘科技港一期项目总投资 5 亿元，占地84亩（5.6公顷），总建筑面积约9.6万平方米，建设内容全部为标准厂房。项目启动现场，12家数字经济和智能制造领域新入驻企业签约。

2023年9月27日，在联东U谷·官塘科技港一期项目开工仪式上，首批入驻企业签约仪式举行 （柳放 供稿）

镇江市大禹山创意新社区“江苏省信息技术应用创新先导区”通过验收，镇江市跨境电商产业园开园

2023年，大禹山创意新社区着力构建“3+1”数字经济产业发展体系，产业呈现高质量蓬勃发展。加快“大禹山数字文创区”建设，培育出嘉创、元理、睿动等一批优质企业。列入重点产业在建项目11个，开工率100%。引智招才激发活力。国家级人才完成10人次申报，市“金山英才”计划通过7人次，省“双创计划”4人进入答辩。与江苏大学、东南大学、南京信息工程大学等高校开展校地合作。举办江苏省船舶工业软件大赛、镇江首届跨境电商创新创业大赛、2023微软“创新杯”全球学生科技大赛镇江区域赛决赛等，以赛引才。品牌特色不断彰显。省级信创先导区通过验收，建成1个国家级、5个省级公共服务平台，开展8场国家级、6场省级交流研讨会以及大赛；镇江市跨境电商产业园开园，中国（镇江）跨境电子商务综合试验区综合服务平台上线。

2023年3月31日，镇江市跨境电商产业园启动仪式举行（本版照片均由大禹山创意新社区提供）

2023年1月30日，微软“创新杯”全球学生科技大赛中国赛区镇江区域赛决赛举办

2023年3月28日，江苏省商务厅领导调研走访大禹山数字文创区

2023年7月11日，江苏省船舶工业软件大赛决赛暨镇江市信创产业发展推介大会举办

2023年12月28日，省委宣传部领导调研走访大禹山数字文创区

2023年6月5日，首期镇江市亚马逊孵化班开班仪式在跨境电商产业园举行

【新型电力（新能源）装备产业链】2023年，镇江市新型电力（新能源）装备主要涵盖智能电气及光伏领域，有规模以上企业307家。镇江市新型电力（新能源）装备产业链企业完成应税销售776.58亿元，比上年增长16.3%，在八条重点产业链中列第四名，增幅高于八条产业链平均增幅6个百分点，高于全市规模以上工业企业17.2个百分点；完成税收15.6亿元，增长27.9%。有24个项目入选2023年度市级重点项目，项目完成投资47.9亿元。江苏美科公司投资35.9亿元建设绿色高效超薄硅片生产线，项目分三期实施，一期、二期实现产能，三期厂房竣工、设备进场。哈电镇江公司投资20亿元生产水电用抽水蓄能主机并建设南方总部基地。

2023年，在建的江苏句容抽水蓄能电站项目 （柠檬 供稿）

2023年，江苏美科太阳能科技股份有限公司在扬中市的渔光互补基地 （汪露 供稿）

【汽车及零部件（新能源汽车）产业链】2023年，镇江市汽车及零部件（新能源汽车）产业链高速增长，275家规模以上企业实现应税销售712.1亿元，比上年增长31.5%，增幅列"八链"第一名；应税销售额10亿元以上企业12家，较上年增加 3 家。全市整车（含改装车）生产3.2万辆，增长18.4%；销售3.2万辆，增长19.0%。

【高端装备制造业】2023年，镇江市高端装备制造产业集群实现应税销售比上年增长15.6%，增幅高于全市规模以上工业平均8.7个百分点；占全市规模以上工业比重较上年提高5.6个百分点。加大重大装备研制培育。突出工业母机、航空航天、农机装备等重点领域，组织开展核心技术装备攻关，1 个农机项目获国家专项支持，中船动力450毫米缸径单缸技术集成验证平台点火。加大"首台套"培育工作，新增省认定"首台套"6个，数量列全省第五名，占全省当年认定总数的7.9%，占比较上年提高2.1个百分点，累计获省认定91个；新增市认定"首台套"14个，累计41个。江苏大全长江电器股份有限公司、镇江默勒电器有限公司、江苏索普新材料科技有限公司、天工爱和特钢有限公司等 4 家企业入选2023年"江苏省智能制造示范工厂"名单。镇江市大全集团入选2023年"中国机械工业百强企业"名单，列"全国机械工业百强"第九位，列全省第一名。

2023年，江苏索普新材料科技有限公司 （汪露 供稿）

2023年，航空航天企业菲舍尔航空部件（镇江）有限公司生产车间 （虞澜 供稿）

【新材料产业】2023年，镇江市新材料产业规模以上工业企业204家，应税销售1123.0亿元，比上年下降10.8%。常青科技公司（股票名称常青科技）成为主板注册制全国首批上市企业之一。镇江经开区新材料产业园通过全省化工园区复核评定，入选全国化工园区高质量发展综合评价“中国化工园区30强”。奇美化工公司在半导体显示领域解决国家光刻胶材料“卡脖子”问题。鼎胜新材公司拥有有效专利175件。海鹰特材公司牵头恒神股份公司、美龙航空公司等产业上下游企业，联合南京航空航天大学共同组建“航空复合材料及部件”创新联合体。全年组织实施新材料重点项目48个，总投资465.5亿元，占全市制造业重点项目总投资的27.0%，全年完成投资101.6亿元。爱姆欧公司国内首套百吨级电子级高纯三甲基铝及3000吨级烷基铝催化剂项目投产。贝斯特公司“N’BASS声学增强材料”、江苏三超公司“40μm以细超精细晶硅切片金刚石线的研发及产业化”项目入选“中国好技术”项目库。24个新材料项目入选市“金山英才”计划。全年新材料行业新增国家级专精特新“小巨人”企业5家、省级以上企业技术中心2家、省级以上“绿色工厂”7家、省级示范智能车间（工厂）11个。

2023年4月11日，镇江市新材料工业企业常青科技公司上市，成为上交所主板注册制首批挂牌企业 （镇江经开区 供稿）

【电力工业】截至2023年年底，镇江市各类发电总装机容量1117.73万千瓦，其中：统调燃煤发电企业3家，装机容量820万千瓦；统调燃气热电企业2家，装机容量113.31万千瓦；公用热电联产企业3家，装机容量7.2万千瓦；生物质发电企业1家，装机容量3万千瓦；垃圾发电企业3家，装机容量6.1万千瓦；风力发电企业1家，装机容量1.6万千瓦；各类光伏发电总装机容量166.52万千瓦，较2022年增长26%，其中，地面光伏电站装机容量38.44万千瓦，屋顶分布式光伏发电装机容量128.08万千瓦，较2022年增长36.5%。

【国能江苏谏壁发电有限公司】2023年，国能江苏谏壁发电有限公司实现利税7.12亿元，全口径发电量155.08亿千瓦时，供热量218万吨，供电煤耗276.74克/千瓦时，新能源项目储备267兆瓦、开工76兆瓦、投产61兆瓦，新能源收入4043万元。

2023年，国能江苏谏壁发电有限公司外景 （张元景 供稿）

【国网镇江供电公司】2023年，镇江市全社会用电量306.80亿千瓦时，比上年增长2.79%；供、售电量分别为279.78和274.39亿千瓦时，分别增长1.57%和1.67%；调度最高用电负荷502.35万千瓦，下降0.46%。全市有35千伏及以上变电站155座，其中，500千伏4座、220千伏33座、110千伏96座、35千伏22座；变压器296台，主变容量2778.3万千伏安；35千伏及以上输电线路长度5331千米，其中，500千伏667千米、220千伏1792千米、110千伏1957千米、35千伏915千米。2023年，公司连续安全生产6850天。截至2023年年底，公司服务电力客户229.7万户。全市累计申请业扩报装容量2312.1兆伏安。

【中国能源建设集团江苏省电力建设第三工程有限公司】2023年，中国能源建设集团江苏省电力建设第三工程有限公司完成市场签约102.79亿元、营业收入62.87亿元、利润总额7030万元。公司全年在建项目226个，分布于国内28个省、市、自治区以及马尔代夫、土耳其和孟加拉3国。全年移交投产项目303个，完成装机容量2837.1兆瓦，移交投运变电站17座计1230兆伏安，完成输电线路折单里程235.38千米，完成非电项目建筑面积30.5万平方米；完成国内首个跨地级市核能供热工程、国家电投“暖核一号”三期900兆瓦核能供热项目、亚洲煤电最大CCUS工程、泰州碳捕集示范项目、华能集团首个大型能源基地工程——华能北方上都风电项目等突破性工程。

对外及对港澳台经济贸易

【概况】2023年，镇江市实际使用外资及港澳台资4.26亿美元，比上年下降24.9%。新批准设立外资及港澳台资企业70家，增长4.5%。协议使用外资及港澳台资2.86亿美元，下降24.9%。全年进出口总额986.4亿元，下降5%。办理境外投资及港澳台投资备案项目40个，比上年增长166.7%；镇江方协议投资7.41亿美元，增长163.24%。承接服务外包执行额41.5亿美元，增长13.6%。

【使用外资及港澳台资】2023年，镇江市实际使用外资及港澳台资4.26亿美元，比上年下降24.9%；占全省比重为1.7%，下降0.2个百分点。新批准设立外资及港澳台资企业70家，增长4.5%。协议外资及港澳台资2.86亿美元，下降24.9%。制造业实际使用外资及港澳台资3.5亿美元，比上年上升15.1%，占全市比重为83%，比重上升40%。新引进金斯瑞生物科技、新视客科技、鹰普流体控制、亨峰隆新材料、视准医疗、伟峰精密等一批总投资超2000万美元的先进制造业项目。服务业实际使用外资及港澳台资0.72亿美元，比上年下降72.1%。

丰鲜季语和香港华远万通签约合作

2023年11月8日，第六届进博会现场，江苏丰鲜季语食品供应链有限责任公司和香港华远万通国际贸易有限公司签约合作，为镇江市市场引入红酒等高品质产品。

丰鲜季语是位于镇江高新区的一家合资企业，在冷链物流等方面具有明显优势，近年来成长为全市外贸的一个亮点。丰鲜季语在第六届进博会形成意向性采购5000万美元。

2023年11月8日，江苏丰鲜季语和香港华远万通签约仪式举行 （桑娄 供稿）

【对外及对港澳台贸易】2023年，镇江市有进出口实绩企业3296家，比上年新增531家。进出口总额986.4亿元，占全省进出口总额的1.9%，比上年下降5%。全市前三大市场欧盟、美国、东盟出口分别增长10.7%、−11.7%和−19%，合计出口占比过半（53.1%）；全市加工贸易进出口182.4亿元，增长23.3%，高于全市进出口增幅28.3个百分点。民营企业拉动全市外贸进出口增长，外资及港澳台资企业占比下降。全年全市民营企业进出口占比58.7%，增长7.6%。外资企业进出口下降11.7%，比上年减少46.6亿元，占比35.8%，下降2.7个百分点。国有企业进出口下降46.6%，减少46.7亿元，占比5.4%，下降4.3个百分点。

【对外及对港澳台经济技术合作】2023年，镇江市办理境外投资备案项目40个，增幅166.7%；中方协议投资7.41亿美元，比上年增长163.24%。主要投资项目有：江苏新泉汽车饰件股份有限公司在墨西哥的投资项目，以汽车零部件的研发、设计、制造和销售为主；江苏联博精密科技股份有限公司在塞尔维亚的投资项目，以精密五金、汽车零部件、金属构件、模具研发、加工、销售等方面为主。工程承包市场分布在欧盟、东南亚、南亚、非洲等的10多个国家和地区。劳务市场主要分布在日本，工种以建筑工、缝纫工为主。全市签订对外承包工程合同额5468万美元，下降20.7%；完成营业额2.69亿美元，增长27%；新派劳务211人，增长83.48%。外经服务工作开展沙龙活动、专题培训、对外合作交流会等，打造全市外经企业的交流服务平台。

【服务贸易】2023年，镇江市承接服务外包执行额41.5亿美元，比上年增长13.6%。其中，离岸外包执行额16.2亿美元，占外包执行额的39%。新增服务外包从业企业68家，新增从业人员14312人；截至2023年年底，全市有服务外包企业1237家，从业人员13.13万多人。新增服务外包企业注册资金超过千万元的有55家，占全市新增服务外包企业的80.9%。

2023年度重大产业项目招引推进奖名单

重大产业项目招引奖

扬中市西门子S8开关柜及智慧家居项目招引团队

镇江经开区众钠硫酸铁钠钠离子电池正极材料项目招引团队

镇江经开区航发优材高温合金技术中心二期项目招引团队

句容市安能苏皖总部项目招引团队

丹阳市大亚新能源材料建设项目招引团队

润州区网易（镇江）联合创新中心项目招引团队

重大产业项目推进奖

哈电储能技术创新产业基地项目推进团队（镇江高新区）

威腾储能系统集成项目推进团队（扬中经开区）

蓬勃生物抗体药及基因细胞治疗药物研发生产基地项目推进团队（镇江经开区）

鼎一年产800套生箔一体机生产线新建项目推进团队（丹阳高新区）

联博年产20万吨新能源汽车电驱动核心零部件智能制造项目推进团队（镇江经开区）

金宇生物医药基地项目推进团队（丹阳经开区）

镇江海关获评镇江市垂直管理部门“优质服务奖”和“禁毒工作先进集体”称号

2023年，镇江海关监管进出口货运量4746.99万吨；监管进出境船舶1837艘；税收入库76.85亿元；截获有害生物234种、2.32万种次，其中全国首次截获的有害生物 2 种、3 种次。

加强国门安全监管，严格实施口岸卫生检疫，配备快检设备、生物安全柜提升病原体快速检测能力；深入开展“打击进出口危险品伪瞒报”专项行动，阻断“滞、瞒、逃、骗、害”风险隐患，检出进出口不合格危化品93批。重拳打击走私，刑事立案15起，案值2.93亿元，“猎狐行动”缉捕 1 名外逃20年“红通人员”并遣返押解回国；行政立案127起，案值2797.20万元。支持经营主体发展，发挥海关党委委员挂钩联系企业机制效能，支持丁庄葡萄出口量连续 3 年倍增，全省首家企业对日本出口氧化锌、全省首家企业获明胶类产品出口欧盟注册资质。

2023年10月30日，镇江海关领导赴企业调研，开展“关长送政策上门”服务 （本版照片均由镇江海关提供）

2023年6月21日，镇江海关组织党员重温入党誓词

2023年7月25日，镇江海关关员在眼镜生产企业进行海关政策指导

2023年6月19日，镇江海关关员对进口钾肥实施查验

2023年8月14日，镇江海关关员在句容茅山镇丁庄村对葡萄开展田间检疫，支持革命老区乡村振兴

2023年9月14日，镇江海关关员在粮油企业对进口食用油存储情况进行安全检查

2023年8月31日，丹阳经济开发区招商推介会在深圳举行 （本版照片均由丹阳经开区提供）

丹阳经济开发区2023年规模以上固定资产投资81.50亿元，比上年增长16.8%

丹阳经济开发区成立于1992年，1993年升格为省级经济开发区。开发区建有生命健康产业园、精密制造产业园、中日（丹阳）智造创新合作园、众创产业园、高新技术创业园等特色产业园区，是丹阳重要的对外开放窗口、主要的工业经济集聚区。2023年，开发区聚焦产业强市“一号战略”，加大招商引资力度，加快人才引进速度，加大助企纾困精度成绩显著。完成地区生产总值427.62亿元，比上年增长6.6%；规模以上固定资产投资81.50亿元，增长16.8%；制造业投资52.20亿元，增长16.0%；实际使用外资及港澳台资9492万美元。

2023年12月1日，全省开发区信息宣传工作会议暨专家讲座在丹阳经开区召开

2023年4月24日，丹阳经开区与南京航空航天大学机电学院开展产学研合作交流

2023年8月22日，丹阳经开区政银企对接活动暨金融工作大会召开

2023年10月28日，丹阳经开区农民丰收节暨男耕生态稻米艺术节在“香海琴枫”举办

句容经济开发区获2023年度句容市级综合考核第一等次、高质量发展“重要贡献奖”

2023年，句容经开区把握高质量发展的首要任务，围绕“产城融合示范区，高质量发展引领区”目标，推动一批打基础、利长远的战略性工作，办成一批补短板、聚民心的实事项目。园区改革迈出新步伐，创新“三重塑一聚焦”举措，成立“一区四园一片区”大党工委，推出“红色聚力·融合赋能”党建品牌，获评全国年度百佳园区党建品牌案例。聚焦产业强市“一号战略”，坚定“融入南京、接力镇江”，驻点招商、组团招商、校友招商，累计外出招商超150次，签约亿元以上项目22个，总投资107.8亿元，储备亿元以上项目20个。为民服务彰显新作为。帮助企业解决断头路、道路开口、土地证办理、融资等“急难愁盼”问题。

2023年7月1日，“七一”表彰、党建大会暨作风效能建设大会召开

2023年12月，句容经开区重大产业项目建设掠影（本版照片均由句容经开区提供）

2023年8月2日，句容市委和开发区领导调研玖润光通信技术有限公司光纤通信项目

2023年12月12日，句容市产城融合组团产业园在句容经开区挂牌成立

2023年，开发区商会“政企银”户外交流活动举行

2023年5月19日，开发区领导送证上门，妥善解决困扰群众多年的黄梅新村安置房办证问题

2023年，容泰半导体生产线掠影

2023年7月7日，京口经济开发区举行第二季度产业项目集中签约仪式（本版照片均由京口经开区提供）

2023年4月19日，诺贝丽斯铝业（镇江）有限公司十周年暨累计25万吨发货启动仪式举行

2023年，京口经济开发区获批镇江市首批且唯一通过市级绿色园区认定的开发区

2023年以来，京口经济开发区紧紧围绕高质量发展目标，坚持以党建为引领，凝聚发展动能，取得显著成效。党建汇聚发展动能。开展多种形式的主题教育活动，注重加强民营经济统战工作，通过组织企业参加网络培训、开展企业信用体检等多种方式，助力民营企业健康发展。城乡融合发展示范村建设初见成效。推进农村人居环境整治，打造多个城乡融合发展示范点。开展河湖治理等工作，改善生态环境质量。产业项目加速推进，新建项目开工率100%。招商引资持续发力。围绕主导产业，成功签约多个亿元以上项目，部分项目被列入市重点项目。推动科技创新，多家企业获得省级以上荣誉。体制改革稳步推进，学习先进经验，推动管理体制优化整合，提高园区管理效能。

2023年12月5日，市人大常委会主要领导带队调研“富民强村”帮促工作

2023年2月6日，京口区政府主要领导赴金亿达能科技有限公司兑现产业政策“30条”奖励

2023年2月19日，京口经济开发区“新春第一会”召开

2023年9月14日，全市开发园区管理体制改革工作推进会在京口经开区召开

丹阳高新区（云阳街道）连续四年在江苏省科技企业孵化器绩效评价中被评定为优秀（A类）等次

“云阳上征去，两岸饶商贾”，唐代大诗人李白在《丁督护歌》中，展现了古城丹阳发达的漕运和繁荣的商贸业。云阳作为古城所在地，依河而建、曲水绕城。2013年，古镇云阳更名为云阳街道，同年以云阳街道为主体创建江苏省丹阳高新技术产业开发区，并于2018年9月获省政府批复设立，代管云阳街道，行政管辖总面积72平方千米，重点建设区域49平方千米，辖16个行政村、31个社区，常住人口近22万人。园区核心区集聚鱼跃医疗、恒宝股份等各类工业企业400余家，2023年实现地区生产总值242.9亿元，一般公共预算税收收入9.39亿元，工业应税销售56.45亿元，规模以上工业总产值48.53亿元。园区入选全国第三批“企业创新积分制”实施单位、江苏省知识产权建设示范（园区），慧创医疗公司获第八届“创客中国”暨江苏省中小企业创新创业大赛“十佳双创好项目”称号，倍浮力精密机械公司获“中国创新创业大赛江苏赛区优秀成长型企业”称号。

2023年8月25日，2023丹阳高新区秋季集中签约仪式举行 （本版照片均由丹阳高新区提供）

2023年3月7日，丹阳市产学研对接交流会暨江苏国际技术转移机构丹阳行活动在高新区举办

2023年2月22日，丹阳丹耀光学股份有限公司光学功能组件生产项目开工仪式举行

2023年1月6日，丹阳市中医院迁建项目主体封顶仪式举行

2023年8月18日，九房村口袋公园建成开放。该项目入选省“乐享园林”名单

丹徒经济开发区（高资街道）获“2023年镇江市深入打好污染防治攻坚战先进集体”称号

作为丹徒经济项目建设主战场，丹徒经开区启动并实施项目建设年、园区环境改善年、作风效能提升年三大行动，抓好难题破解和问题化解，务实行为，持续发力。2023年，完成工业总产值155.28亿元；固定资产投资10.57亿元，其中制造业投资6.92亿元。作为丹徒经济开发区的驻地街道，高资街道融入园区经济建设，为项目落地建设、企业良性发展做好后勤保障服务。围绕项目保障、社会治理、乡村振兴等重点工作，坚持实干、稳中求进，以实际行动书写高资现代化建设新篇章。2023年，获评社会治理现代化先进街道、镇江市创建国家公共文化服务体系示范区先进集体、丹徒区产业项目建设先进单位。

2023年6月30日，庆祝中国共产党成立102周年座谈会暨“两优一先”表彰会议举行（本版照片均由高资街道提供）

2023年，重点项目集中签约仪式举行

2023年，鑫泰绝缘新厂区鸟瞰

2023年2月4日，“礼赞党的二十大 凝心聚力谋发展”文艺会演举行

2023年春季，巫岗村四海樱花园花开盛景

丹徒高新技术产业园获“丹徒区产业项目建设先进单位”“丹徒区商务（招商引资）工作先进单位”称号

2023年，丹徒高新园贯彻产业强区“第一战略”，主要经济指标全面完成。全年完成一般公共预算收入5.12亿元，比上年增长37%；完成固定资产投资15.1亿元、制造业投资12.6亿元，规模以上工业总产值完成209亿元，工业应税销售219.26亿元，限额以上批发业商品销售额增长0.3%，限额以上零售业商品销售额增长14.9%，制造业到位外资及港澳台资694万美元。丹徒高新技术产业园以“转作风、优服务、提效能、抓落实”专项整治行动为契机，持续开展“作风效能建设年”活动，严格落实网格化服务、暖企走访等为企服务举措，持续提升服务质效。2023年，丹徒高新技术产业园党建工作获评丹徒区基层党建优质书记项目。

2023年10月31日，丹徒高新园重点产业项目集中签约仪式举行 （本版照片均由丹徒高新园提供）

2023年11月8日，举行健力宝和中国移动5G+智慧工厂项目签约仪式

2023年9月30日，镇江大力液压马达股份有限公司年产150万台摆线液压马达及其配套产品生产线智改数转及迁建扩能项目开工

2023年2月15日，党的二十大精神主题知识竞赛举办

2023年9月14日，高新园领导到企业督导大气污染防治工作

2023年9月28日，中国·丹徒新材料创新创业大赛兰州分站赛举办

2023年4月28日，高新园领导到企业检查节前安全生产工作

2023年7月14日，丹徒人力资源服务产业园党支部、丹徒刑警大队党支部党建联盟签约仪式举行

2023年8月1日，比泽尔旋转式压缩机生产项目投产

2023年，江苏力凡胶囊有限公司全景俯瞰

服务业

·数字镇江建设·

【概况】2023年，镇江市注重发挥数字经济的赋能效应，推进“智改数转网联”，加快推进现代服务业与先进制造业深度融合，“四群八链”骨干企业实现数字化转型全覆盖。新增省智能制造示范工厂（车间）29家、省工业互联网标杆工厂 4 家、省服务型制造示范企业（平台） 5 家，涵盖新材料、航空航天、电力、眼镜等领域。网易（镇江）联合创新中心落户润州并投入运营。镇江获评国家工业设计特色类服务型制造示范城市。镇江高新区获“全国数字智慧园区”称号。

【数字基础设施建设】2023年，镇江市建设5G基站1462座，全市累计建设9378座，每万人基站数29.3座。在全市各个行政村建设5G基站，实现“村村通5G”。镇江市5G工厂总数为 5 家。港务集团的“5G‘智慧云脑’助力散杂货港口数字化转型”项目、广电集团的“5G智能前端关键技术在长江水域公共安全防控中的研究及应用示范”项目分别获工业和信息化部第六届“绽放杯”交通运输专题赛和公安应急专题赛一等奖，天海特种装备公司和富联通讯公司分别获江苏区域赛三等奖。

2023年11月15日，镇江市制造业智能化改造数字化转型网络化联接工作推进会召开（朱卯 供稿）

【**产业数字化发展**】2023年，镇江市推进新型工业化进程。两化融合发展水平66.6，较上年提高0.9。全年下达市级以上专项资金3779万元，其中市级专项资金2579万元。全市数字经济核心产业收入突破700亿元。完成省下达“村村通5G”的工作目标。推动制造、物流、港口等领域“5G＋工业互联网”场景应用，全年新增省级及以上5G工厂 4 家。发布镇江市工业互联网标识解析应用平台，接入企业数5243家。

2023年6月29日，2023阿里云创峰会暨长三角（镇江）数字经济高峰论坛在镇江润州区举行 （柳放 供稿）

【**数字政府建设**】2023年，镇江市出台《2023年镇江市数字政府建设工作要点》《市级信息化项目建设管理办法》，明确市大数据管理局扎口管理市级信息化项目建设，管理范围从建设类项目延伸到服务类（含运维类）项目，管理深度从项目申报、审核延伸到验收、监督。全年审核各类信息化项目600余个，项目资金 3 亿元。

【政务服务体系建设】2023年，镇江市出台《镇江市政务服务“一网通办”运行工作规范（试行）》。重点打造重大项目审批调度服务平台、中介超市等亮点栏目；新增“特色创新”“一件事套餐”“跨省通办”等办事模块；对接企业登记档案系统、城建电子档案馆，打造“一企一档”法人服务；设立线上医保服务、社保服务、不动产集成服务、公积金集成服务等线上分大厅。推进“苏服办”App建设，印发《关于积极做好“苏服办”移动端标准应用上线工作的通知》。市县两级政务服务中心及分中心均设立“跨省通办”专窗，开展“免证办”服务。

【社会治理工作数字化转型】2023年，镇江市将300多万人口划分为3000多个网格，并设置微网格，配备网格员。与“12345”热线、“互联网+监管”等重点业务平台完成互联互通，实现市域范围事件工单的统一受理。

【中国电信股份有限公司镇江分公司】2023年，中国电信股份有限公司镇江分公司开通5G室外物理站点2927个、室内分布713个。建设10GPON端口5699个。建成镇江天翼云“一城一池、安全能力池”（互联网专线和IDC场景），完成云堤·抗D网络与镇江安全能力池割接部署。完成新型城域网建设，可承载全区60万用户。

【中国移动通信集团江苏有限公司镇江分公司】2023年，中国移动通信集团江苏有限公司镇江分公司投资超3.5亿元，系统打造以5G、算力网络、智慧中台为重点的智能化综合性新型

2023年，移动“5G赋能智慧矿山·句容台泥矿山智能化管理项目”获全国三等奖（镇江移动公司 供稿）

数字信息基础设施。拓展5G覆盖深度与广度，开展行政村5G覆盖专项，实现全市行政村的5G全覆盖。11月，中国移动通信集团江苏有限公司镇江分公司与健力宝（镇江）工厂联合打造民族品牌“5G+数字化工厂”。

2023年，镇江移动通信公司大楼 （镇江移动公司 供稿）

中国移动通信集团江苏有限公司镇江分公司获“2023年度镇江市央企国企十佳工会工作示范单位”等称号

2023年，中国移动镇江分公司积极响应“强富美高”新镇江现代化建设号召，着力推动高质量可持续发展，赋能千行百业转型升级，推进“5G+工业互联网”建设和应用、推动“企业上云”，网络根基、连接能力、算网服务不断升级，客户规模持续提升。2023年，移动镇江分公司获“镇江市省部属企事业工会先进集体”、省首批“江苏省示范档案室”、“镇江市放心消费创建工作示范单位”等称号。

2023年，镇江移动公司丁卯智能化仓库投入使用 （《镇江壹周》 供稿）

2023年11月8日，健力宝与中国移动 5G+智慧工厂项目签约仪式举行 （本版照片均由镇江移动公司提供）

2023年，镇江移动迎雪而上做好抢修保障工作

2023年5月4日，“青春学悟二十大 镇江移动青年行”主题活动举行

【中国联合网络通信有限公司镇江市分公司】2023年，中国联合网络通信有限公司镇江市分公司移动网规模5G提升23.3%、4G提升15.2%；5G覆盖率提升9.9%至95.77%，4G提升至98.95%。贯彻落实乡村振兴工作，数字赋能句容市白兔镇解塘村；联合句容农商行打造12个乡村数字化平台，服务村民近3000户。

【中国铁塔股份有限公司镇江市分公司】2023年，中国铁塔股份有限公司镇江市分公司全部加入属地国土空间规划委员会，参与信息通信基础设施规划建设。牵头落实全市老旧小区整治奖补方案发文，全年为全市信息通信行业争取奖补近800万元。全年获取运营商需求1297个，塔类需求获取率100%。

中国铁塔股份有限公司镇江市分公司获“2023年度市总工会先进集体”称号

2023年，镇江铁塔公司统筹全市通信基础设施建设，进一步支撑全市5G建设，深化“一体两翼”战略，持续构建“五化”运营体系，聚焦全面深化转型。深化行业改革，筑牢一体业务。积极推动有线、无线类相关国家标准、地方标准在本地贯彻建设。全市各市区全部加入属地国土空间规划委员会，参与信息通信基础设施规划落地。深耕行业拓展，做精智联业务。针对十大重点行业，市和区协同加强垂直行业在区域落地，对街道及所辖社区组织开展重点客户拜访。加强发展动能，做专能源业务。持续巩固邮政、顺丰、德邦B端换电市场主导地位，全年用户669户，比上年增长101%。

2023年8月15日，江苏省通信管理局领导在镇江铁塔公司调研　（本版照片均由镇江铁塔提供）

2023年，镇江铁塔公司、镇江电信公司联合开展“党建联盟”活动

2023年夏天，镇江铁塔公司党委向镇江武警支队和消防支队赠送消暑物资

2023年8月，镇江铁塔公司参加市通信行业第一届“通协杯”羽毛球赛

2023年冬季，镇江铁塔公司开展“暴雪冰冻”应急通信保障工作

【江苏有线镇江分公司】2023年，江苏有线镇江分公司成为全省第二家完成全区域智慧乡村工程全覆盖工作的单位，实现家庭宽带1000兆比特接入能力。2023年，江苏有线镇江分公司“5G智能前端关键技术在长江水域公共安全防控中的研究及应用示范”项目入选国家广电总局项目库，获工业和信息化部第六届“绽放杯”专题赛一等奖，并被第五届全国广电政企业务峰会评为“5G创新应用优秀案例”。

•交通运输•

【概况】2023年，镇江市城乡交通运输一体化发展水平连续四年获省评AAAAA级。新增农村物流服务点100余个，实现城乡物流县、镇、村三级全覆盖。新增成片造林面积近1600亩（106.67公顷），因地制宜打造23个节点，全市境内京沪高铁、连镇高铁全线创成华东地区“铁路沿线安全环境治理示范线”。稳定运行公铁联运线路 6 条、江海河联运线路 6 条、海铁联运线路1条。完成铁路发运量122.6万吨、水路货运量1395.1万吨，分别比上年增长3%和12.7%。集装箱多式联运量4.27万标准箱，比上年下降2.1%。五峰山长江大桥获评2022—2023年度国家优质工程金奖。镇江市创成“铁路沿线安全环境治理示范线”，“轻微违法失信豁免信用监管机制”入选江苏交通运输现代化示范区建设示范案例，镇江市道路

2023年，获评2022—2023年度国家优质工程金奖的五峰山长江大桥 （王荣明 供稿）

运输行业工会联合会成立。京杭运河苏南段航道“三改二”暨谏壁一线船闸扩容改造工程开工。深化“四好农村路”建设，完成“茅山福道”市域中环和各小环规划，农路提档升级203千米，实施生命安防工程814千米，在普通国省道服务区、停车区新建充电桩近30个，“畅安舒美”农路不断完善。协调完成市县直达公交运营补贴，市公交公司以及丹阳、扬中为规模企业、学校、医院新辟优化公交专线30余条，丹徒一次性更新镇村公交30辆，镇江经开区投放适老化新能源公交20辆；全市更新巡游出租车716辆，在镇江南站探索设置网约车上客点；联合开展火车站周边非法营运整治，完成长江·泡泡岛音乐节等大型活动运力保障，乘客体验持续改善。统筹开展交通“四沿”环境治理，厚植“美丽镇江”底蕴。

2023年4月15日，苏南运河丹徒段沿河环境提升共建暨绿化项目启动仪式举行（王朋 供稿）

辖区内铁路里程360.18千米，完成客运收入97510.1万元，日均267.2万元，比上年增加56405.6万元，增幅137.2%；平均客单价87.5元/人，比上年减少1.9元/人；发送旅客1113.8万人次，日均3.1万人次，比上年增长654.4万人次，增幅142.5%。公路总里程6984.04千米，公路网密度181.55千米/百平方千米。公路二级以上客运站场 4 个，长江汽渡 5 个（镇扬汽渡、新扬高汽渡、五峰山汽渡、江心汽渡、大全旅游）。境内公路客运量1005万人次，旅客周转量59254万人千米；公路货运量6116万吨，货物周转量959579万吨千米。内河航道（不含长江）70条，总里程597.2千米，航道网密度15.5千米/百平方千米，通航船闸 1 座，港口 2 个（镇江港、镇江内河港），码头泊位326个，码头总延长30884米。其中万吨级以上泊位58个，5 万吨级以上泊位37个；专业化集装箱 5 万吨级泊位 3 个，设计通过能力100万标准箱。

【交通基础设施建设】2023年，镇江市完成交通建设投资47.93亿元。公路方面：宁镇段快速化改造工程主线基本贯通，项目纳入交通运输部“十四五”公路建设补助计划；扬溧高速改扩建工程正式开工，谷阳互通、韦岗互通节点改造项目启动。铁路方面：沪宁沿江高铁开通运营，实现句容主城通高铁，同时建成投用全国首个县级“零换乘”的综合客运枢纽，实现多种出行方式无缝衔接。水运方面：沿江 4 个 5 万吨级、1 个 4 万吨级码头投入运营；丹金溧漕河丹阳段“五改三”航道整治工程竣工验收、丹金溧漕河桥完成改造通车，全线1000吨级船舶可畅行无阻；谏壁一线船闸扩容改造工程创新工作模式，实现 3 个月开工。航空方面：建成长江流域首个水上机场，镇江大路飞行服务站验收运营，为镇江航空产业和低空经济发展奠定基础。此外，镇江东货场迁建项目前期工作取得突破性进展，丹金高速、238省道经开区段快速化、丹阳陵口铁水联运码头、大路机场二期等规划项目有序推进。

丹金溧漕河桥（312国道桥）建成通车

2023年11月6日，丹金溧漕河桥（312国道桥）南半幅桥面正式通车，至此丹金溧漕河桥全面建成通车。丹金溧漕河桥位于横塘南侧的312国道上，横跨丹金溧漕河。丹金溧漕河桥是丹金溧漕河“五改三”航道整治的最后一座桥梁。2020年12月启动老桥左幅拆除，开始新桥左幅建设。工程总投资9389万元，主要工程包括主桥工程、引桥工程、匝道桥、接线工程、老桥拆除、桥位处航道工程、附属设施等。新建丹金溧漕河桥上部结构主桥为104.4米单跨钢管混凝土系杆拱结构，左幅主桥宽12米、右幅主桥宽16米，全桥长度为540.4米。施工以来，建设单位施工采用半幅封闭半幅通车方式进行，桥下不断航。

2023年11月7日，丹金溧漕河丹阳段新建312国道桥全线通车（丹阳市政府办 供稿）

2023年，沪宁沿江高铁开通运营，列车驶过句容茅山段（陈庆 供稿）

【**公共交通**】2023年，镇江市城乡交通运输一体化发展水平获评AAAAA级。全市拥有城乡公交线路403条，其中城市公交线路173条、车辆1831辆；新辟、优化城乡公交线路40条，改造适老化公交站台5对，打造敬老爱路城市公交线路5条。全市购置新能源公交车58辆，其中20辆为低地板或低入口公交车，新能源公交车占比90%。镇江市区有巡游出租汽车企业10家、巡游出租汽车1550辆、出租汽车驾驶员1700余人；市区有网络预约出租汽车企业23家，车辆3289辆，驾驶员9700余人；全年市区出租车客运量3475.11万人次，其中，巡游出租车客运量为1475.11万人次，网约车客运量约2000万人次。

【**谏壁船闸**】截至2023年12月31日，谏壁船闸全年开放18556闸次，通闸217次；放行单船14.2万艘，船队2007拖；船舶通过量1.69亿吨、货物通过量1.03 亿吨，安全运行15800余天。

【**镇江市交通工程建设管理有限公司**】2023年，镇江市交通工程建设管理有限公司完成出资人变更，实现合并重组，正式形成以建管公司为主体、润通公司、恒信公司、桥检公司、设计公司、巽安公司5个子公司独立运营的五位一体的集团化管理模式。全年公司累计新签合同额7785.52万元，超额完成年度经营目标。

2023年12月25日，镇江市港口高质量发展新闻发布会介绍2024年起实施的《镇江市港口高质量发展实施方案》（《镇江壹周》供稿）

70多家单位汇聚合力，做优镇江港口发展共同体

2023年2月3日，镇江交通部门联合职能部门和高校、银行、研究机构、港口企业等70多家单位，围绕突出质量效益高、枢纽作用强、绿色安全、集约发展等课题，形成港口共建，助力镇江港口走好高质量发展之路。镇江港集中全市75%以上的经济总量和80%以上的外资企业，逐步形成绵延40多千米的沿江产业带，成为拉动区域经济发展的重要引擎和带动产业集群崛起的重大载体。

2023年2月3日，镇江交通部门联合多部门，围绕港口共建、走高质量发展之路形成共识，并签订相关共建项目协议（柳放 供稿）

镇江交通产业集团获“江苏省厂务公开民主管理先进单位”称号

镇江交通产业集团主要承担交通基础设施的投资建设、交通运输产业的运营等功能，并围绕交通运输发展产业经济，向上下游及其他行业和领域拓展，形成以国有资本为主，跨所有制、跨领域，集交通产业投资、建设、运营于一体的综合性大型集团公司。2023年，集团注册资本20亿元，业务领域涵盖基础设施、片区开发、城市运营、智慧交通、港口物流、创投金控六大板块。作为国有资本市场化运作的专业平台，交通集团贯彻镇江市产业强市“一号战略”，聚焦转型发展使命任务，全力奋战“双提双争”三年行动计划（2022—2024年），对接市场，以交通基础设施投资建设为龙头，在交通主营板块发展产业经济，实现经营业绩增效扩量、产业链做强做大、全领域综合管理迈上新台阶，打造镇江市交通全产业链和片区投资开发综合服务商。

2023年12月29日，“党旗‘镇’红 交汇融通”党建联盟成立仪式举行（本版照片均由镇江交通产业集团提供）

2023年，镇江交通集团路桥公司建设的建兴高速JHX-21标项目

2023年8月25日，开展“践行二十大，建功在一线”干部综合能力素质提升培训

2023年，镇江交通集团路桥公司建设的京沪高速新沂河大桥项目

2023年4月6日，集团召开高质量改革转型暨项目建设提速年动员大会

五峰山汽渡取得交通运输部颁发的交通运输企业安全生产标准化一级达标证书

镇江市丹徒区五峰山汽渡有限公司是从事长江客轮渡运输的企业，位于镇江经开区大港镇西侧，南接338省道、312国道及沪宁高速公路，北通扬州沿江快速、京沪高速公路等。年渡运量车辆约150万辆次，旅客约350万人次。建有全国首家基于“北斗”导航的船舶避碰安全预警平台。五峰山汽渡24小时为社会车辆提供安全、优质、快捷的渡运服务，取得交通部颁发的交通运输企业安全生产标准化一级达标证书，标志着汽渡的安全管理水平跃上新台阶。近年来，五峰山汽渡先后获评江苏省优秀管理先进单位、优质服务先进单位、服务质量推荐示范单位、优秀劳动关系和谐企业、全国百强无投诉诚信示范单位、省交通行业先进基层党组织、中国交通企业管理协会轮渡行业先进单位、市文明单位、区文明单位、安全生产先进单位、镇江市交通运输行业“十佳诚信单位”等。2403渡船获全国“安康杯”竞赛优胜班组、江苏省“安康杯”竞赛优胜班组称号。

2023年，丹徒区全民国家安全教育日宣传活动暨国安号轮渡起航仪式举行（本版照片均由五峰山汽渡提供）

2023年，与大港海事处等单位开展“党史学习教育”联合主题党日活动

2023年，开展消防安全演练

2023年，开展“苏心春运”交通志愿服务活动

2023年，五峰山汽渡入口处

• 金融业 •

【概况】截至2023年12月末，镇江市有银行业金融机构36家，其中，政策性银行 1 家（农业发展银行），国有商业银行 6 家（工商银行、农业银行、中国银行、建设银行、交通银行、邮储银行），股份制商业银行10家（华夏银行、浦发银行、民生银行、招商银行、中信银行、兴业银行、广发银行、光大银行、平安银行、浙商银行），外资银行 1 家（大新银行），城市商业银行 3 家（江苏银行、南京银行、苏州银行），法人农村商业银行 4 家（镇江农商行、丹阳农商行、句容农商行、扬中农商行），异地农村商业银行分支机构 6 家（紫金农商行、常熟农商行、丹阳张家港农商行、丹阳江南农商行、句容苏州农商行、扬中太仓农商行），村镇银行 5 家（丹徒蒙银、丹阳苏银、句容苏南、扬中恒丰、润州长江），下设分支机构650个，银行从业人员11237人。全市银行业金融机构各项存款余额8551.67亿元，比上年增长14.47%；各项贷款余额9034.74亿元，增长13.78%。有市级保险机构62家，其中财险公司29家、寿险公司33家。全年全市保费收入163.28亿元，比上年增长7.7%。产险、寿险赔款与给付支出56.08亿元，增长37.4%。保险深度3.08%，增长0.06个百分点；保险密度5067元，增长7.57%。

2023年度镇江市金融服务贡献奖名单

银行业金融机构

工商银行镇江分行

农业银行镇江分行

中国银行镇江分行

建设银行镇江分行

交通银行镇江分行

邮储银行镇江市分行

江苏银行镇江分行

中信银行镇江分行

南京银行镇江分行

金融服务管理部门

国家金融监管总局镇江监管分局

镇江市企业征信服务平台上线

2023年2月13日，镇江市企业征信服务平台上线，这标志着镇江正式加入“长三角征信链”这一跨地区的征信共建平台。该平台从解决信用信息不对称问题着手，通过从相关政府部门和公共事业单位采集企业信息，整理加工提供给银行，便于银行了解企业的真实情况和发展潜力，为银行给企业贷款提供信息支撑。自上年10月试运行以来，该平台经过6轮优化完善，采集企业授权书3.3万份，归集各类型数据13项，入库信息企业100万家，采集各类信息1400多万条。有5家试点金融机构通过平台为200户企业新增贷款52亿元，其中纯信用贷款2.3亿元。同时，镇江平台建成后同步接入“长三角征信链”，实现查询用户对平台和长三角的上线城市进行“一站式”查询，进一步丰富了链上数据资源，为金融机构拓宽业务服务半径、优化线上融资提供便利。

2023年2月13日，镇江市企业征信服务平台上线暨接入“长三角征信链”活动举行 （王朋 供稿）

镇江举行企业征信服务平台专场“政银企”对接会

2023年7月26日，镇江市发改委、人民银行镇江市中心支行在镇江农商行举办镇江市企业征信服务平台专场“政银企”对接会议。会上，举行镇江市企业征信服务平台专属产品“镇信贷”上线启动仪式。对接会就社会信用体系建设及“信易贷”工作开展情况作专题介绍。在现场正式上线发布“镇信贷”，专为全市小微企业服务免抵押担保。

2023年7月26日，镇江市企业征信服务平台专场“政银企”对接会举行（王朋 供稿）

【金融监管】2023年，镇江市强化金融业高质量发展的政策指引，牵头制定《推动镇江金融产业高质量发展“金帆计划”》；围绕金融支持乡村振兴战略，主导出台《镇江市金融支持乡村振兴“金穗行动”》，通过17条举措落实金融支农惠农的各项政策。聚焦重点产业链、专精特新、“智改数转”等领域，全市制造业贷款余额1259亿元，比年初新增120亿元，比上年增长10.6%。推动金融系统加大对省市级重大产业项目贷款融资力度，累计发放贷款196.24亿元，贷款融资额新增89亿元，增长35.1%。

2023年9月，邮储银行镇江市分行开展2023年“金融消费者权益保护教育宣传月”活动。活动主题为“汇聚金融力量 共创美好生活”，从金融基础知识入手，普及基础金融产品和服务内容，宣传金融惠民政策及消费者权益保护监管制度（邮储银行 供稿）

【证券期货业】2023年，镇江市新增上市挂牌企业71家，其中，A股上市公司1家，新三板挂牌企业 2 家，江苏股权交易中心挂牌企业68家。新增股权融资44.72亿元。培育储备上市后备企业121家，比上年增长21%。截至2023年年末，镇江市 5 家 A 股上市公司市值为百亿元， 2 家 A 股上市公司通过发行可转债、定向增发等方式实现融资23.03亿元，专项用于技术改造。上市公司核心竞争力增强，A 股上市公司实现营业收入787.15亿元，比上年增长9.11%；利润总额81.48亿元，增长14.45%。2023年，全市样本证券公司13家，设证券营业部25家。指定与托管证券市值958.7亿元。全年市场交易量、净利润一升一降，股票基金交易量12646.38亿元，手续费及佣金收入1.73亿元，全行业实现净利润0.22亿元。

【其他非银行金融机构】截至2023年年末，镇江市有地方金融组织113家，分别为小额贷款公司44家、典当行31家、融资租赁公司12家、商业保理公司 4 家、小微企业转贷公司 5 家、担保及再担保机构17家。

中国农业发展银行镇江市分行年末各项贷款余额增幅走在全市同行业前列，受到中国人民银行表彰

2023年，中国农业发展银行镇江市分行（简称农发行镇江分行）发放贷款134.81亿元，比上年增加20.33亿元，增幅17.76%；年末各项贷款余额392.92亿元，比年初增加69.91亿元，增幅21.64%，在镇江市综合金融服务平台的信贷覆盖面走在全市银行业金融机构前列，受到中国人民银行表彰。以服务乡村振兴统揽新发展阶段支农任务，推动政策性金融工具在镇江落地落实。全力服务粮食安全，积极支持政策性收储和市场化收购，累计发放粮棉油贷款31.01亿元。全力服务乡村振兴战略，围绕全市乡村建设行动、农村人居环境改善、生态环境建设与保护、城乡融合发展、水利建设等重点领域发放中长期贷款95.49亿元。全力服务农业产业发展，积极融入镇江“产业强市”战略路径，发放农业产业贷款17.56亿元。

2023年10月17日，总行领导参加市分行党委主题教育读书班（本版照片均由农发行镇江分行提供）

2023年4月5日，农发行镇江分行开展消防演练活动

2023年7月，农发行镇江分行2023年年中工作会议召开

2023年3月29日，农发行镇江分行开展“春风化雨 润泽春蕾——爱心结对活动”

2023年7月27日，农发行镇江分行开展“守正笃实 再建新功”主题党日活动

·商贸流通·

【概况】2023年，镇江市社会消费品零售总额1481.74亿元，比上年增长8.6%，高于全省增幅2.1个百分点，增幅列全省第二名，比上年度上升 1 名。春节期间，镇江市商务局联动市财政局、市文广旅局等部门举办“嗨购畅游迎新春”系列活动，开展百货、餐饮、家电、酒店、景区等不同场景促销活动300余场次，参与商铺2000余家次，累计让利5000万元。组织发放两轮178万元的惠民消费券，激发消费活力，消费券核销率超70%，直接拉动消费金额约2000万元。市商务局组织锅盖面企业“走出去”参加第五届中国（江苏）老字号博览会，现场设置镇江锅盖面品鉴区，8 家锅盖面名店现场烹饪，是该届老字号博览会面积最大的单一品牌展区。

2023年1月15日，2023镇江锅盖面产业发展与安全论坛举行 （《镇江壹周》 供稿）

2023镇江锅盖面产业发展与安全论坛举行

2023年1月15日，由镇江市商务局、镇江商业联合会、镇江市锅盖面行业协会联合举办的2023镇江锅盖面产业发展与安全论坛举行。分析镇江锅盖面的行业发展现状，规划布局未来发展，让锅盖面走出镇江，把正宗的镇江锅盖面分享给全国乃至全球消费者。镇江市锅盖面行业协会介绍镇江锅盖面行业的发展现状和未来布局，交通银行镇江分行发布锅盖面金融支持方案，镇江商联会发布餐饮安全、电气化安全倡议，镇江市餐饮服务行业协会发布反餐饮浪费倡议。现场为2022镇江锅盖面大赛“十佳金牌”锅盖面、“十佳网红”锅盖面、“镇江味道·锅盖面”进行颁奖。

【餐饮服务业】2023年，镇江市餐饮协会开展以“镇江餐饮文化挖掘——镇江餐饮业定位”为主题的座谈会。7月25日，第五届镇江市餐饮服务行业协会换届选举大会举行，吴荣生当选会长。由镇江市锅盖面行业协会牵头起草，经市市场监督管理局核准发布的首个镇江锅盖面地方标准《镇江锅盖面制作规程》实施。

镇江千人龙虾宴开席

2023年6月9日晚，一场千人龙虾宴在镇江经开区圆梦湖广场举行，120个排列整齐的圆桌前坐满食客，每桌有五种口味的龙虾，除经典的十三香、蒜泥、清水，还有梅干菜和冰醉口味的。该次千人龙虾宴消费2300斤小龙虾。

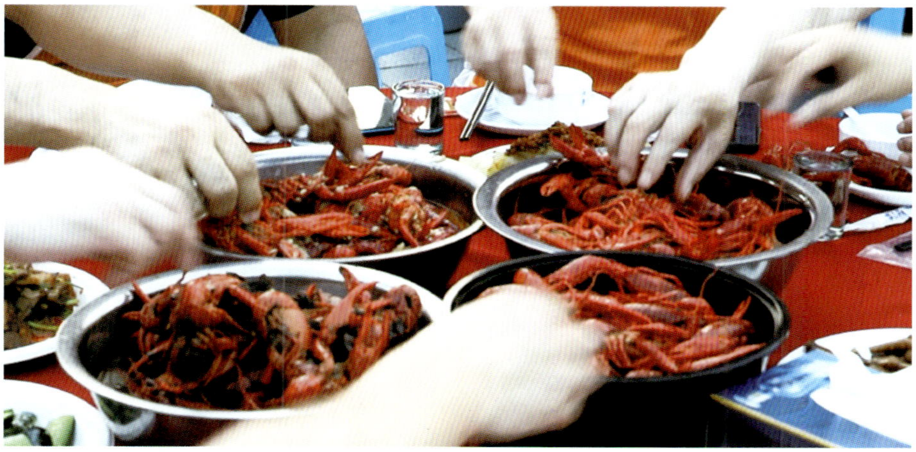

2023年6月9日晚，千人龙虾宴在镇江经开区举行 （柳放 供稿）

【供销合作】2023年，镇江市供销社系统实现销售总额409.25亿元，比上年增长8.11%；报表利润8042.85万元，增长2.17%；资产总额13.46亿元，增长5.81%；所有者权益6.79亿元，增长11.86%。新增基层社社员10192人，社员总数5.16万人。全系统销售化肥68739.8吨、农药898.25吨、农膜233.4吨，农资销售总额2.97亿元，全市农资销售占比60.4%。

2023金秋农产品广场集市在西津渡举行

2023年9月15—16日，由镇江和扬州两市供销合作总社联合主办的金秋农产品广场集市在西津渡音乐厅门前广场开办。丹阳桃酥、句容水果蔬菜、扬中红薯粉丝、扬州黄珏老鹅和酱牛肉、新疆风味牛肉、陕西猕猴桃等300余种特色农产品，吸引众多市民驻足品尝、询价购买。市供销社以此次活动为契机，加强镇江和扬州两地交流合作，在消费助农的同时让市民在家门口就能买到绿色、安全、营养的优质农产品。

2023年9月15—16日，2023金秋农产品广场集市在西津渡音乐厅门前广场开办 （孙悦萌 供稿）

【成品油销售】2023年，中国石化销售股份有限公司江苏镇江石油分公司有加油站130余座，成品油销售总量超55万吨，销售额超40亿元，汇缴各类税费近3351万元，市场占有率约70%。中国石油天然气股份有限公司江苏镇江销售分公司是中国石油天然气股份有限公司的全资子公司。该公司全年销售成品油16.31万吨，其中纯枪销量10.67万吨，全年实现销售收入13.33亿元（非油收入7039.25万元），上缴利税1083.16万元。

【电子商务】2023年，镇江市有国家级电子商务进农村综合示范县 3 个、国家级电子商务示范企业 1 家、省级电商示范基地 1 个、省级县域电商产业集聚区 1 个、省级数字商务试点社区 2 个、省级电商示范镇 6 个、省级电商示范村21个、省乡镇特色产业园（街）区 7 个、省级电商示范企业 5 家、省级数字商务企业 6 家。镇江通过举办电商比赛、对接会和专业培训提升电商发展规模和质量。9月22日，市商务局牵头，联合市委网信办、团市委举办2023镇江市电商直播技能大赛。11月23日，组织召开2023市电子商务生态合作对接会，会上

中国（镇江）跨境电子商务综合试验区综合服务平台上线

2023年8月，中国（镇江）跨境电子商务综合试验区综合服务平台上线启用，平台为跨境电子商务企业提供通关、政策、信用、物流、培训、大数据等全产业链式综合服务，实现智能通关、统计监测、数据订阅、人才服务、跨境电商学院、政务信息共享等功能的线上运行。该平台联动海关、税务、外管、财政、市场监管、邮政管理、金融等部门，既是跨境电商企业的一站式外贸服务平台，也是跨境电商企业统一的政务服务窗口。企业通过平台就能便捷完成跨境电商业务申报。综合服务平台还增加人才服务模块，为学校、企业搭建桥梁，解决学生就业实习和企业招人难、留人难的问题。

2023年8月，中国（镇江）跨境电子商务综合试验区综合服务平台上线发布仪式举行（《镇江壹周》 供稿）

启动镇江市电子商务生态联盟。2023年，惠龙易通国际物流股份有限公司再次获评国家级电子商务企业；惠龙易通、鱼跃医疗、谭木匠、诺得网络和瑞祥科技获评江苏省电子商务示范企业。3月31日，镇江市跨境电商产业园正式开园，截至年底入驻企业20余家。8月18日，中国（镇江）跨境电商综合试验区线上综合服务平台正式上线，截至年底入驻企业99家；10月20日，网易（镇江）联合创新中心正式开园。全市全年完成国际及港澳台快递业务量64.13万件，比上年增长26.23%；国际及港澳台快递业务收入1.53亿元。全市有开展跨境电商业务的企业近600家。

2023年8月17日，第二届镇江农产品电商直播技能大赛决赛于阿里和润数字产业园举行（柳放 供稿）

2023年，获评“江苏省电子商务示范企业”的瑞祥科技集团 （瑞祥科技 供稿）

【物流服务】2023年，镇江市公路货运量6116.01万吨，比上年增长13.66%，公路货物周转量959578.81万吨公里，增长11.29%；水路货运量1395.08万吨，增长12.68%，水路货物周转量495726.18万吨公里，增长14.65%；铁路货运量122.56万吨，增长3%。长江货物吞吐量25868.28万吨，增长14.76%；集装箱吞吐量39.97万标准箱，增长5.61%。推进物流载体平台建设。全市累计建成国家示范园区 1 家、省级示范园区 2 家、省级物流基地 7 家和省级物流企业17家。扬中市粮油食品加工及粮食物流产业园通过省重点物流基地认定。协调推动志宏物

2023年，镇江港国际集装箱码头 （曹丽娟 供稿）

流园等 3 家本地省级物流基地加入省物流园区联盟。润祥物流综合提升项目等 8 个物流业市级重大产业项目完成投资26亿元。推进苏南运河“三改二”节点性工程谏壁一线船闸扩容改造工程、镇江新丰沪宁铁路桥改建工程、上隍铁路货场改扩建工程、丹阳陵口港内河集装箱码头工程、惠龙港电子商务平台及智慧物流与枢纽场站工程等物流通道基础设施建设。丹金溧漕河丹阳段航道工程完成竣工验收，丹金溧漕河桥完成交工验收。强化“快递进村”质效，推进“一点多能”村级寄递物流综合服务点建设。实施快递服务现代农业项目 7 个、重点项目 3 个（丁庄葡萄、扬中河豚、天王黄桃），全年项目业务寄递量180万件，带动经济产值约1.62亿元。

【邮政】2023年，镇江市邮政行业完成业务收入（不含邮政储蓄银行直接营业收入）41.72亿元，比上年增长17.06%，其中快递业务收入33.08亿元，增长17.97%。邮政行业寄递业务量48813.20万件，增长16.12%，其中快递业务量（不包含邮政公司包裹业务）完成33365.53万件，增长18.24%。

2023年9月28日，沪宁沿江高铁句容站正式开通运营。句容邮政联合句容市交通管理局发行高铁开通纪念邮折300套、纪念信封1200枚
（句容邮政 供稿）

【快递业】2023年，镇江市快递业务收入33.08亿元，比上年增长17.97%。快递业务量突破200万件的企业有24家，增加 7 家。快递业务收入突破2000万元的企业有26家。全市规模以上快递服务企业快递业务投递量34348.85万件，增长17.26%；日均投递量94.11万件。“双11”高峰期间，日均处理量312.17万件，日均派件量151.49万件。同城快递业务量完成1772.55万件，收入1.08亿元，分别增长50.64%和30.40%；异地快递业务量完成31528.86万件，收入21.30亿元，分别增长16.81%和18.47%。国际及港澳台快递业务量完成64.13万件，增长26.23%；收入1.53亿元，下降3.67%。依法取得快递业务经营许可证的企业33家、一级分支机构15家、二级分支机构57家、末端网点1225个。邮政快递服务加快完善县、乡、村三级农村物流体系，全市所有建制村实现 4 个及以上快递品牌服务100%直接通达；新建寄递物流综合服务站92个，全市村级寄递物流综合服务站建制村覆盖率为70.53%。9月5日，由镇江市总工会、市人社局、市妇联、市邮政管理局等单位共同主办的第三届快递员职业技能大赛举行。

• 房地产业 •

【概况】2023年，镇江市房地产开发投资比上年下降7.0%，其中住宅投资下降8.4%。商品房施工面积2311.60万平方米，其中住宅施工面积1884.47万平方米。商品房竣工面积380.42万平方米，其中住宅竣工面积308.58万平方米。商品房销售面积506.72万平方米，其中住宅销售面积416.56万平方米。有物业服务企业约400家，市场化住宅小区超800个，管理面积超1亿平方米。

【房地产开发经营】2023年，镇江市有房地产开发企业457家，其中，京口区34家、润州区54家、镇江高新区5家、丹徒区62家、镇江经开区44家、丹阳市62家、句容市145家、扬中市51家。全市新增房地产项目21个。出台《关于进一步促进我市房地产市场健康稳定发展的通知》。

2023年市级示范物业管理项目公示，17个小区入选

2023年7月，镇江市住房和城乡建设局发布《关于2023年度市级示范物业管理项目的公示》，润州区“太古城二区”、镇江经开区“港中新村二区”、扬中市“吾悦迎宾府”、丹阳市“碧桂园·樾府”等17个居住物业管理项目上榜。

2023年，镇江经开区“港中新村二区” （本版照片均由《镇江楼市》提供）

2023年，丹阳市“碧桂园·樾府”小区

2023年，扬中市“吾悦迎宾府”小区

2023年，润州区“太古城二区”

•旅 游•

【概况】截至2023年年底，镇江市有国家A级旅游景区30家，其中，AAAAA级2家（金山焦山北固山景区、句容茅山景区）、AAAA级 7 家（西津渡历史文化街区、南山风景区、宝华山国家森林公园、镇江博物馆、醋文化博物馆、米芾书法公园、江苏茶博园）。有省级全域旅游示范区 3 家［句容市、润州区（含镇江高新区）、丹徒区］，省级旅游度假区 3 家（茅山湖旅游度假区、世业洲旅游度假区、水晶山旅游度假区）；有全国乡村旅游重点村（镇）4家（句容市茅山镇、丁庄村，丹徒区五套村、世业村），省级乡村旅游重点村11家（丹阳市柳茹村、九里村，句容市戴庄村、陈庄村、丁家边村、唐陵村，扬中市利民村、新治村，丹徒区卫星村、宝堰村、先锋村）。镇江市文广旅局、市财政局联合出台《镇江市旅游业发展奖励办法》，奖励总额增长约30%。鼓励争创省级旅游度假区等省级品牌，培育A级景区等国家级品牌；重点鼓励发展过夜旅游；注重旅游人才培育；鼓励文旅新业态发展。全年实现旅游业总收入513.46亿元，接待国内游客4777.41万人次，实现国内旅游收入508.56亿元；接待入境过夜游客3.44万人次，实现旅游外汇收入7111.85万美元。建立全市文旅产业项目库，48个项目入库；摸排22个市级年度重点文旅项目，2个项目入选省重点文旅项目。全市28个在建文旅项目计划投资总额110.7亿元，完成投资14.7亿元，比上年增长56%。开展文旅项目招引活动35场次，签约文旅项目48个，签约总金额93.7亿元。

2023年9月20日，全市旅游高质量发展工作推进会召开 （《镇江壹周》 供稿）

"宜游镇江 与侬相约"2023镇江文化旅游（上海）招商合作推广周在上海启动

2023年12月9日，"宜游镇江　与侬相约"2023镇江文化旅游（上海）招商合作推广周在上海启动。启动仪式发布了以长江国家文化公园大运河文化带建设、文化产业示范园区文化企业入驻等为代表的旅游区提质扩容八大类36个重点项目的招商信息，遴选并集中签约仑山湖旅游综合开发项目等16个文旅项目，签约总金额73.9亿元。现场开展镇江—上海文博场馆交流合作活动，集中展示镇江部分省级非物质文化遗产代表性项目。

2023年12月9日，"宜游镇江 与侬相约"2023镇江文化旅游（上海）招商合作推广周启动仪式在上海举行　（《镇江壹周》 供稿）

2023年3月17日，镇江市文化广电和旅游局、镇江市总工会举办“宜游镇江‘甬’向春天”2023镇江文化旅游（宁波）推介会，会上，镇江向宁波市民赠送1万张镇江AAAAA级景区免费门票 （《镇江壹周》 供稿）

“万名上海市民冬游镇江季”首批游客到镇江旅游

2023年12月16日，在茅山脚下，镇江市迎来“万名上海市民冬游镇江季”首批600余名游客，镇江市文广旅局、镇江市旅游协会等组织开展欢迎仪式。

2023年12月16日，镇江市文广旅局等举行仪式，欢迎“万名上海市民冬游镇江季”首批600余名游客 （《镇江壹周》 供稿）

【**旅游高质量发展**】2023年，中共镇江市委、市政府制发《镇江市旅游高质量发展领导小组工作规则》《镇江市旅游高质量发展领导小组办公室工作细则》等工作章程；印发《镇江市文化和旅游深度融合高质量发展的实施意见》；出台《2023年镇江市旅游高质量发展工作要点》。2月10日，镇江市委、市政府召开全市旅游高质量发展大会。镇江醋文化博物馆获评第二批国家级工业旅游示范基地（全省共 5 家，第二批 3 家）、省级智慧旅游景区。镇江市在2023中国特色旅游商品大赛中获 1 金、 1 银、 1 铜。

镇江在2023中国特色旅游商品大赛现场决赛中获奖

2023年9月，2023中国特色旅游商品大赛现场决赛在天津举行，45名专家对进入决赛的1893套、2万多件参赛商品进行分组、分类评审，镇江市选送的商品10套入围，斩获 1 金、1 银、1 铜，创历史最好成绩。该次镇江入围决赛的商品涵盖非遗技艺创新、传统工艺再造、记忆美食焕新等。其中老字号品牌恒顺选送的“每日花醋”系列和“小菜一碟”系列分获 1 金、1 银，创意丝绸品牌和蚕丝被系列摘得铜牌。

2023年9月，在2023中国特色旅游商品大赛决赛中镇江市获奖的部分商品 （《镇江壹周》 供稿）

2023年9月1日，2023中国特色旅游商品大赛决赛颁奖仪式 （《镇江壹周》 供稿）

镇江“三山·三怪”精品礼盒上市

2023年9月26日，江苏镇江三怪经济贸易发展有限公司推出以“三山•三怪”为商标的“三怪”精品礼盒。据产品上市发布会信息，镇江“三山•三怪”R标经国家市场监督管理总局批准启用，礼盒内有肴肉、恒顺香醋和镇江锅盖面。

2023年9月26日，以“三山·三怪”为商标的精品礼盒上市（《镇江壹周》供稿）

2023年11月，镇江市醋文化博物馆被确定为国家工业旅游示范基地（杨克俭 供稿）

【乡村旅游】 2023年，镇江市“乡村旅游集聚区服务标准化试点”以优秀等次通过省级验收，入选国家级标准化试点。启动全市乡村文化旅游年，实施乡村文化旅游“五百”（百村百碗、百村百品、百村百宿、百村百景、百村百场）工程。句容市唐陵村、丹徒区先锋村创成省级乡村旅游重点村，句容市浮山村、扬中市普济村入选培育单位。句容落地实施乡村民宿规范发展实施办法，备案乡村民宿超40家。句容市“三十六季客栈”“依山傍水农庄”分别入选全国甲级、丙级旅游民宿，丹徒“山水间·又见浮玉”民宿通过乙级民宿复核，镇江成为全省唯一甲、乙、丙级民宿全覆盖地区。推进乡村旅游主题村建设，扬中利民河豚主题村实现整村运营，句容李塔红色主题村带动游客超50万人次。扬中市兴阳村“村晚”入选文化和旅游部全国秋季“村晚”示范点。

2023年，省级乡村旅游重点村丹阳市九里村 （孙悦萌 供稿）

2023年，丹徒区先锋村创成省级乡村旅游重点村 （先锋村 供稿）

江苏省乡村旅游重点村丹阳市柳茹村用好古村资源，持续走好农旅融合发展的路子

坐落在丹阳市延陵镇的柳茹村始建于南宋年间，距今有近1000年历史，宋、元、明、清时期建筑散落其间，现有贡氏宗祠、节孝坊、王公祠、贡氏书院和友于堂5处丹阳市文物保护单位。2013年，丹阳市柳茹村被列入国家古村落保护名录，2017年，柳茹村被评为江苏省历史文化名村，2021年，被评为江苏省乡村旅游重点村。近年来，柳茹村遵循“挖掘历史遗迹、保护文化遗产、延续柳茹文脉、合理永续利用”原则，先后投入1000余万元，对贡氏宗祠、眭氏节孝坊等古建筑进行修缮。通过精细保护修复，基本还原古建筑本身的面貌。柳茹村相继恢复柳茹大刀、柳茹舞蹈队，举办以农耕文化为主题的贡氏文化节、开镰仪式和丰收节。柳茹按照镇、村规划，用好古村资源，持续走好农旅融合发展的路子，着力打造吃、游、购绿色生态产业，增加群众收入。

2023年11月，丹阳市延陵镇柳茹村村容村貌（张闻 供稿）

2023年，全国乡村旅游重点村句容市丁庄村 （孙悦萌 供稿）

2023年，省级旅游度假区丹徒世业洲旅游度假区 （孙悦萌 供稿）

ZHENJIANG
TUJIAN
(2024)
ZHENGZHI
JIANSHE
PIAN

镇江图鉴（2024）
政治建设篇

中共镇江市委员会

• 综　述 •

【概况】2023年，镇江市实现地区生产总值超5000亿元，增速超省均0.3个百分点。组织开展学习贯彻习近平新时代中国特色社会主义思想主题教育，1.2万个基层党组织开展“铭嘱托　铸忠诚　强动力”主题党日活动4.9万次。召开项目攻坚暨产业强市大会，发布2022年度镇江市产业强市“十件大事”“十佳民生实事”“十佳服务品牌”，市级机关“十佳服务先锋岗”“十佳效能标兵”，社会治理现代化先进镇、街道，“十佳招商能手”等名单；印发《2023年镇江市重大产业项目清单》《2023年全市开发园区高质量发展重点任务》。召开全市旅游高质量发展大会，推动文旅深度融合发展。通报全市生态环境突出问题整改情况，解读《关于开展“强化四铁作风　抓落实促整改”专项行动的方案》。召开全市生态环境保护大会，表彰打好污染防治攻坚战的先进集体、先进个人，加快建设人与自然和谐共生的美丽镇江。召开全市新型工业化推进会议，强调要落实全国、全省新型工业化推进会议部署要求，走好新型工业化之路，加快推进制造强市建设。

【学习贯彻习近平新时代中国特色社会主义思想主题教育】2023年，中共镇江市委组织开展学习贯彻习近平新时代中国特色社会主义思想主题教育。召开主题教育领导小组会议 8 次和主题教育工作推进会、市（区）委书记座谈会。常委会剖析“进一步深化和推广‘戴庄经验’，聚力发展特色鲜明的现代高效农业”正面典型案例和“大肆举债盲目搞建设”反面案例，总结提炼正面案例的做法、经验、启示，梳理分析反面案例的性质、危害、教训，树牢“新官要理旧账”理念，超额完成年度化债任务。1.2万个基层党组织开展“铭嘱托　铸忠诚　强动力”主题党日活动4.9万次。全市解剖正反典型案例188个，获全省调研成果选编收录 4 个。县处级以上领导干部下基层5500多人次，现场解决实际问题2000多个。压实检视整改重要环节，县处级以上领导班子成员梳理问题946个，形成专项整治项目36项，上下联动落实“政绩观偏差突出问题”“加重村级组织负担突出问题”等专项整治，基层党组织查找问题近6600个。

【政策研究】2023年，镇江市委政策研究系统起草市委各类文稿116篇、43.2万字，全年刊发《调查研究》57期，形成调研报告108篇。制发《市委深改委2023年工作要点》，推进17项市领导牵头、140项板块领导牵头的重点改革任务；联合市委网信办举办“致敬改革开放45周年——让世界爱上镇江”活动。镇江市“系统推进全市域‘一区多园’管理体制改革”入选中国改革年度地方典型案例。筹备召开市委财经委会议 4 次，形成全市月度经济形势分析报告11期。举办《创新》改版30周年征文活动。优化升级“创新镇江”微信公众号，线上线下开展“第二届国家安全知识有奖竞答及微感言征集”、“6・9”档案日有奖竞答等活动，参与人数35.7万人次。

2023年9月6日，市委研究室召开调查研究工作推进会 （《创新》 供稿）

2023年度优化营商环境“甘露奖”名单

市税务局

市发改委

市财政局

市政务办

镇江供电公司

市地方金融监管局

市住建局

市中级法院

市市场监管局

市公安局

市人社局

市检察院

·重要会议和工作·

【市委八届五次全会】 2023年7月31日，中国共产党镇江市第八届委员会第五次全体会议召开。全会重点从八个方面就做好下半年工作作出部署，审议并通过《中国共产党镇江市第八届委员会第五次全体会议决议》。会议强调要走好高质量发展之路，为江苏在推进中国式现代化中走在前、做示范贡献镇江力量，奋力谱写"强富美高"新镇江现代化建设新篇章。

2023年10月18日，市委常委会开展进一步深化和推广"戴庄经验"案例解剖式调研　（《创新》 供稿）

市委常委会开展进一步深化和推广"戴庄经验"案例解剖式调研

2023年10月18日，市委常委会开展进一步深化和推广"戴庄经验"案例解剖式调研，深入贯彻习近平总书记关于"三农"工作重要论述，系统回顾和梳理"戴庄经验"的发展脉络，总结经验启示，聚力建设特色鲜明的现代农业都市，强调要感悟思想伟力，做到理论学习、调查研究、检视整改、推动发展相贯通，以主题教育的扎实成效，凝聚高质量发展的强大合力，奋力谱写"强富美高"新镇江现代化建设新篇章。

2023年10月18日，市委常委会召开解剖式调研专题会议　（《创新》 供稿）

【市委八届六次全会】 2023年12月26日，中国共产党镇江市第八届委员会第六次全体会议召开。全会审议通过《中国共产党镇江市第八届委员会第六次全体会议决议》，书面审议《中共镇江市委常委会2023年度落实全面从严治党主体责任情况的报告》。

【项目攻坚暨产业强市大会】 2023年1月28日，镇江市委、市政府召开项目攻坚暨产业强市大会。会上，发布2022年度镇江市产业强市“十件大事”“十佳民生实事”“十佳服务品牌”，市级机关“十佳服务先锋岗”“一佳效能标兵”，社会治理现代化先进镇、街道，“十佳招商能手”等名单；印发《2023年镇江市重大产业项目清单》《2023年全市开发园区高质量发展重点任务》。

2023年1月29日，在2022年度镇江市产业强市“十件大事”和“十佳民生实事”新闻发布会上，为获评2022年度产业强市“十件大事”的13家牵头单位和获评“十佳民生实事”的14家牵头单位授牌 （《镇江壹周》 供稿）

【全市旅游高质量发展大会】 2023年2月10日，镇江市委、市政府召开全市旅游高质量发展大会。会上，为省级以上旅游品牌获奖单位代表颁奖；句容市、市文广旅局、市文旅集团等单位作交流发言。会议强调，要推动文旅深度融合发展，加快打造国际文旅休闲目的地城市，为全面推进中国式现代化镇江新实践贡献更大力量。会议以视频形式召开，各市（区）和镇江新区、高新区设分会场。

【“强化四铁作风 抓落实促整改”专项行动推进会】 2023年4月17日，全市“强化四铁作风 抓落实促整改”专项行动推进会召开。会议通报全市生态环境突出问题整改情况，解读《关于开展“强化四铁作风 抓落实促整改”专项行动的方案》。丹阳市、丹徒区、市生态环境局、市水利局、市住建局作表态发言。

【全市生态环境保护大会】2023年11月3日，镇江市委、市政府召开全市生态环境保护大会。会上，播放生态环境保护专题片；宣读深入打好污染防治攻坚战先进集体、先进个人的表彰决定。丹阳市、丹徒区、市生态环境局、市住建局、市农业农村局作交流发言。会议强调全面贯彻全国、全省生态环境保护大会精神，持续推进“生态要提升”各项任务，加快建设人与自然和谐共生的美丽镇江。

【全市新型工业化推进会议】2023年11月29日，镇江市委、市政府召开全市新型工业化推进会议。会上，播放镇江新型工业化之路专题片。市工信局、丹阳市、扬中市等单位作交流发言。会议强调，要全面落实全国、全省新型工业化推进会议部署要求，走好新型工业化之路，加快推进制造强市建设，为谱写“强富美高”新镇江现代化建设新篇章提供更加坚实的支撑。会议以视频会议形式召开，各市（区）和镇江经开区、高新区设分会场。

【巡察工作】2023年，中共镇江市委巡查系统开展3轮对29家党组织的巡察，八届市委巡察覆盖率62.1%。通过巡察，发现突出问题474个，推动为民办实事79件，被巡察单位问题整改率97%。制定出台《巡察办主任办公会议事规则》《巡察机构办组工作会议机制》《兼职干部管理办法》等制度规定。

2023年11月28日，八届市委第六轮巡察动员部署会召开 （《清廉镇江》 供稿）

【**组织工作**】2023年，中共镇江市委组织系统有基层党组织12141个，有党员233167名，其中当年新发展4947名。相关工作有显著成效，中央第六巡回指导组 3 次、 5 位省委领导先后专题到镇江调研并给予肯定，中央主题教育简报 4 次、《人民日报》《新闻联播》等重要媒体52次推介报道。农村基层党建标准化通过国家级试点验收，为全国首家。中组部基层党建重点任务推进会推广货车司机群体党建“镇江模式”，镇江作为唯一地级市在全国货车网约车司机群体党建工作会上发言，在全国第六届基层党建创新典型案例评选中获 2 个“最佳”、2 个“优秀”。全市695个党群服务中心完成标准化建设。《绽放“她”力量》党教片在“共产党员”公众号刊播，并获评中组部“优秀新媒体作品”。

全省深化货车司机群体党建试点工作总结会议在镇江召开

2023年5月9日，全省深化货车司机群体党建试点工作总结会议在镇江召开，按照中组部和交通运输部工作要求，总结前阶段试点工作，研究部署下阶段货车司机网约车司机群体党建工作。市委书记马明龙出席会议并讲话，他介绍，镇江货车司机群体党建工作作为第一批试点，坚持先行先试、创新作为，探索“永远跟党走 平安行万里”四位一体党建工作模式、“行业党委+网格化党支部”等做法，交流试点过程中“先行先试”要坚持“谋划先行、走在前列”的目标导向，“换位思考、重点突破”的问题导向，“精准发力、守正创新”的实效导向的体会，以及镇江要进一步强基础、强关爱、强传导、强创新，推动组织体系更严密、暖心凝心更有效、责任落实更到位、党建品牌更响亮，为江苏在货车司机网约车司机群体党建工作中走在前列争作贡献的目标。

2023年5月9日，江苏省深化货车司机群体党建试点工作总结会议在镇江召开 （《创新》 供稿）

润州：更多暖心服务来暖“新” 52个村、社区同邀新就业群体“回家”

2023年6月16日，润州区7个街道、52个村（社区）在同一天里，以“专场活动+社区报到+巡回服务”等方式，吸引400余名网约车司机、外卖配送员、快递员、货车司机等新就业群体来社区报到。金山街道西津古渡社区举行“红色领航 融‘新’共治”关爱网约车司机活动，联合公安、交通等部门成立关爱网约车司机联盟，为网约车司机代表送上清凉礼包。在宝塔路街道常发广场“暖‘新’加油吧”门口，教育、卫健等9个部门共同为新就业群体搭起服务市集，服务前来咨询的新就业群体和群众。在该次新就业群体社区集中报到活动中，润州区推出“新”力量积分行动，鼓励新就业群体以服务换积分，以积分兑奖励，激励群体加强理论学习、参与基层治理，让新业态新就业群体成为基层治理共建共治共享的生力军。润州区委组织部介绍，暖“新”服务项目逐步由关爱向赋能转变、从个体向家庭延伸，让新就业群体拥有更多的安全感、获得感、幸福感。“616”是该区与新就业群体的一个约定，希望更多新业态企业到润州“安家”，更多新就业群体相约“回家”。

2023年6月16日，润州区7个街道、52个村（社区）以“专场活动+社区报到+巡回服务”等方式，为400余名网约车司机、外卖配送员、快递员、货车司机等新就业群体提供暖“新”关爱（柳放 供稿）

2023年企业引才用才“伯乐奖”名单

天工国际有限公司

江苏鱼跃医疗设备股份有限公司

江苏超力电器有限公司

大全集团有限公司

江苏沃得农业机械股份有限公司

江苏和正特种装备有限公司

蜂巢传动系统（江苏）有限公司

北汽蓝谷麦格纳汽车有限公司

江苏鼎胜新能源材料股份有限公司

江苏金斯瑞生物科技有限公司

江苏金斯瑞蓬勃生物科技有限公司

孚能科技（镇江）有限公司

2023年，获企业引才用才“伯乐奖”的江苏鱼跃医疗设备股份有限公司生产车间 （任国卿 供稿）

2023年，获企业引才用才“伯乐奖”的北汽蓝谷麦格纳汽车有限公司（朱以忻 供稿）

2023年，获企业引才用才“伯乐奖”的大全集团有限公司（大全集团 供稿）

【宣传工作】2023年，中共镇江市委宣传部门开展宣讲“七进”活动3000余场，举办“学习强国”“学习达人”挑战赛2000余场，组织“新思想文艺宣传队”基层文明实践系列主题活动，优化句容现代农业展示馆等阵地资源，建成镇江市基层党员冬训实境课堂，把年度冬训打造成党员干部理论学习“跨年集中学习季”。编印2本理论通俗读物，拍摄制作《乡村振兴面面观》等5部教学片。印发《关于深入学习宣传贯彻党的二十大精神 深化 “强国复兴有我”群众性主题宣传教育活动的通知》，开展九大类主题宣教活动、114项市级重点活动。推荐第四届镇江金山合唱节优秀曲目参加省紫金合唱节，获1银、1铜、1优秀演唱奖。牵头举办以“月是故乡明 吾心安处是吾乡”为主题的首届镇江文化人才日暨中秋文化人才联谊会活动。

2023年5月8日，全市宣传思想文化人才工作座谈会召开 （《文化金山》 供稿）

【市级机关党建】2023年，镇江市市级机关工委直属管理机关基层党组织72个，其中，机关党委47个、党总支10个、党支部15个；党员9605名（其中预备党员64名），女党员2045名，占党员总数21.3%，少数民族党员120名；大专以上学历党员8062名，占党员总数83.9%；35岁以下党员1200名，占党员总数12.5%；离退休党员3561名，占党员总数37.1%。

【精神文明建设】2023年，镇江市开展“强国复兴有我”群众性主题宣传教育活动，推出九大类114项重点活动。组织开展文化科技卫生“三下乡”集中服务活动。承办“道德的力量——新时代江苏道德模范与身边好人事迹巡演”活动。举办镇江市学雷锋志愿服务集中行动，开展315项特色志愿服务项目、2.3万余场“大爱镇江爱之行”志愿服务活动。养正学堂工作品牌建设获中央文明办推介宣传。实施文明镇江四大行动计划，推动12个重点项目。培育“烟火气　文明风”工作品牌，开展各类晚间活动3200余场次，受众29万余人次。开展“听民意、察民情、解民忧”主题入户走访810余次。举办文心读书节、“增华阁”阅读写作大赛等阅读活动超过5000场，覆盖超百万人次。建成20个“文心书坊”阅读新空间。市级媒体开设近30个全民阅读专栏（题），全年刊播公益广告3000余条。

镇江市文明实践志愿服务展示交流会暨镇江市学雷锋志愿服务集中行动举行

2023年3月5日，是毛泽东“向雷锋同志学习”题词60周年纪念日。当日，为进一步弘扬志愿精神，引导广大干部群众从雷锋精神中汲取营养，引领社会文明新风，镇江市文明实践志愿服务展示交流会暨镇江市学雷锋志愿服务集中行动在南山北入口广场举行。会上，表彰2022年度镇江市学雷锋志愿服务先进典型。现场，来自全市近百支志愿服务团队参加学雷锋志愿服务集中行动。

2023年3月5日，镇江市文明实践志愿服务展示交流会暨镇江市学雷锋志愿服务集中行动举行　（《镇江壹周》 供稿）

镇江启动“文心阅读节”，全年60个项目让阅读无处不在

2023年4月22日，镇江启动第十一届“文心阅读节”。活动现场特别为孩子们搭建了图书集市，小“摊主”们将自己闲置的书籍、杂志在这里售卖、交换，让家中闲置好书“流动”起来，分享知识。在镇江西津渡景区，“阅见西津”全民阅读示范街区正式开街。西津渡社区将图书馆搬进街区各家店铺。“文心阅读节”辐射2023年全年，市县联动，重点推进60余项品牌阅读项目，涵盖各地区、各类人群以及各年龄段的市民。重点围绕“读书的力量”主题，突出青少年群体。通过阅读写作大赛、诵读经典、“梦想小屋”建设等，引导学校、家庭、社会等方面共同发力，引导少年儿童从小养成爱读书、读好书的好习惯。

2023年4月22日，镇江第十一届“文心阅读节”活动现场 （柳放 供稿）

丹阳市“八姑娘”民兵班成立60周年系列活动启动、“八姑娘”民兵班荣誉馆开馆

2023年3月3日，丹阳市“八姑娘”民兵班成立60周年系列活动启动仪式暨“八姑娘”民兵班荣誉馆开馆典礼举行。“八姑娘”民兵班组建60年来，把雷锋精神融入日常、化作经常，与时俱进开展学雷锋活动，先后被江苏省军区评为“拥军工作先进集体”“学雷锋先进集体”，被江苏省政府、省军区命名为“学雷锋模范民兵班”。

2023年3月3日，丹阳市“八姑娘”民兵班成立60周年系列活动启动仪式暨“八姑娘”民兵班荣誉馆开馆典礼举行 （柳放 供稿）

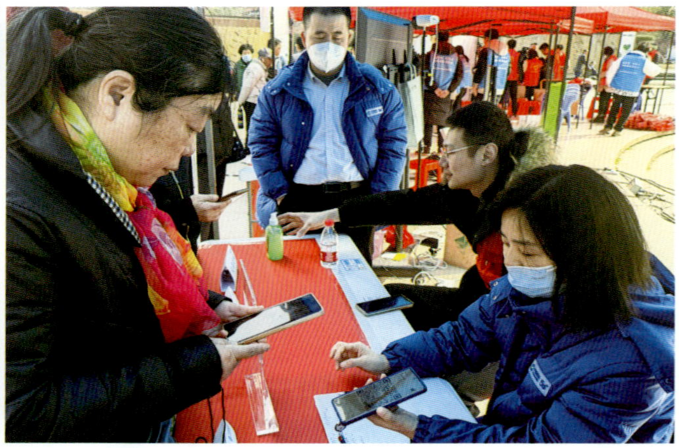

2023年3月4日，“您用网 我用心 让您安全更放心”镇江全市网络安全“学雷锋”志愿服务活动举行（柳放 供稿）

【意识形态工作】2023年，市委宣传部建立意识形态风险防控工作模式。市委常委会会议专题学习研究《问责实施细则》《关于当前意识形态领域形势的通报》，制定落实年度意识形态工作“两张清单”。推动意识形态课程进基层、进机关24场次。聚焦重点领域，推动相关职能部门打好风险防控主动战。开展网络领域“清朗”“净网”专项行动。开展“自媒体”领域“清朗·从严整治‘自媒体’乱象”专项行动。推进“扫黄打非”专项整治和专项行动，协调推动大案要案查办。

2023年4月13日，镇江市总体国家安全观宣讲团成立仪式暨“国家安全根基在人民”主题展，2023年“4·15”全民国家安全教育日活动举行 （《镇江壹周》 供稿）

【统战工作】2023年，中共镇江市委常委会11次专题研究统战工作，市委主要领导 3 次专题调研江苏佛学院建设等统战领域工作。将统战工作、民族宗教工作纳入市委巡察工作内容。举办纪念中共中央发布“五一口号”75周年和市工商联成立70周年等系列活动，组织集体学习213次，现场教学180余次。与市社科联合作设立统战专项课题，形成精品调研成果20余篇。两会信息采用量位列全省统战系统第一名。举办第三届江苏发展大会镇江行、第14届镇江“华创会”等活动，邀请江苏海外联谊会考察团、香港江苏社团总会、台湾工业总会大陆经贸参访团等 7 批次600余人到镇江参观考察。成立香港镇江青年联合会，吸纳会员181人。推进基层侨务工作，万科社区等3家单位获评省“三区”示范点。举办首届“增华阁”海外华裔青少年阅读写作大赛，收到海外华裔青少年参赛作品400余篇，马来西亚《国际时报》对赛事进行整版刊登。建立健全党政领导干部列名联系网络代表人士制度，吸纳“大V”“网红”加入网评员队伍。市各民主党派、工商联负责人和无党派代表人士参加中共镇江市委组织召开的民主协商会、“同心·议事会”、情况通报会10次。各民主党派提交集体议案提案59件、个人议案提案348件；社情民意信息被中央、省、市级采用共464条，省、市领导批示8次。全年全市各民主党派发展新成员197名，截至年底，全市有民主党派成员4484名。市工商联开展“感恩新时代　奋进新征程”——庆祝镇江市工商联成立70周年“七个一”（举行微电影《匆离镇》首映式、优秀企业家典型事迹宣传、召开座谈会、举办图片展、发行纪念册、开展民营企业家市区行、组织民营

2023年5月21日，第三届江苏发展大会镇江行合作恳谈会举行　（汪露　供稿）

企业进高校行动）系列活动。镇江南通商会等8家商会被认定为2023年江苏省“四好”商会。大全集团等12家企业入围“2023江苏民营企业200强”，大亚科技集团等8家企业入围“2023江苏民营企业制造业100强”，鱼跃医疗集团等3家企业入围“2023江苏民营企业创新100强”，建华建材集团等6家企业入围“2023年度绿色发展领军企业”，沃得机电集团等3家企业入围“2023江苏民营企业社会责任领先企业”。9月24—25日，以“崇道尚德，与世偕行”为主题，由中国道教协会、中华宗教文化交流协会主办，香港道教联合会、澳门道教协会、台湾中华道教总会协办的第五届国际道教论坛在茅山举行，来自美国、法国、德国、新加坡、马来西亚等近40个国家和地区的道教界人士、专家学者及相关人士参加活动。论坛期间成立世界道教联合会；选举产生世界道教联合会第一届理事会，产生全球20个国家和地区的52个创始单位会员；发布《茅山宣言》。

镇江市乡贤文化促进会成立大会召开

2023年5月20日，在第三届江苏发展大会开幕之际，镇江市乡贤文化促进会成立大会召开。市领导为乡贤文化促进会揭牌。市政协牵头筹建乡贤文化促进会，确定236名个人、14个团体单位作为首批会员代表。在成立大会前，市乡贤文化促进会召开第一次会员代表大会和一届一次理事会，选举陈履生为首任会长；聘请中国工程院院士王礼恒、北京茅以升科技教育基金会理事长茅玉麟为镇江市乡贤文化促进会名誉会长。

2023年5月20日，镇江市乡贤文化促进会成立大会召开　（王朋 供稿）

第五届国际道教论坛在茅山举行

2023年9月24—25日，第五届国际道教论坛在茅山举行。主题为“崇道尚德·与世偕行”，通过主论坛、电视论坛、新媒体论坛等多场活动，从道教当代价值、人才培养、传承创新、生态治理、国际化实践、世界传播等角度展开讨论。论坛会议期间，世界道教联合会在道教福地茅山成立，全球20个国家和地区的52个道教组织成为世界道教联合会创始单位会员，选举产生世界道教联合会第一届理事会，中国道教协会会长李光富当选为理事长。第五届国际道教论坛在闭幕式上发表《茅山宣言》。

2023年9月24日，第五届国际道教论坛开幕式举行 （王朋 供稿）

【对台事务】2023年，中共镇江市委台办邀请台湾工业总会等12批次118名台商到镇江参访考察，并赴嘉兴、宁波、上海、张家港、厦门等台资密集地区开展招商活动，举办台商恳谈会。邀请台湾中华青年发展联合会等14个团体到镇江交流，接待岛内团组35批660人次到镇江参观访问。开展同心同行·走进两岸交流基地、“万名台胞走江苏”镇江行等9场系列活动。受理涉台求助案件34件，全部办结。开展“镇惠台”服务品牌建设，做好赴台审批，运用多种形式，营造对台宣传氛围。举办《江苏省对台经济文化交流合作促进条例》解读会。

【机构编制管理】2023年，中共镇江市委编办探索权责清单监督评估新路径，构建由5个一级指标、15个二级指标和12个自评指标组成的评估指标体系。推进政府部门全口径权责清单编制试点工作，牵头组织3家市级机关单位开展试点，完成编制171个全口径权责事项。

【党校工作】2023年，中共镇江市委党校（市行政学院）以习近平新时代中国特色社会主义思想为指导，贯彻落实《中国共产党党校（行政学院）工作条例》要求，服务全市高质量发展，推进各项工作。再次获全省党校（行政学院）系统优秀科研工作组织奖。服务全市主题教育，承办市级领导干部主题教育读书班 2 期。召开建校70周年庆祝会，开展青年微党课竞赛、以“砥砺七十载　奋进新征程”为主题的党校70周年图片展、老中青党校人座谈会、“我与党校的故事”征文等系列校庆活动。2023年，中共镇江市委党校获“市级机关先进基层党组织”、全市首批“五星标杆党支部”等称号。

2023年9月15日，中共镇江市委党校建校70周年暨2023年秋季学期开学典礼举行（本版照片均由市委党校提供）

2023年12月14日，南京都市圈党校系统学习贯彻习近平总书记关于党的建设的重要思想交流研讨会在镇江举行

2023年2月15日，全市党校（行政学院）系统校（院）长座谈会召开

2023年6月28—30日，江苏省委党校（江苏行政学院）到市委党校开展五年办学质量评估。评估结果为“优秀”

2023年5月12日，市委党校常务副校长朱定明，市人社局党委书记、局长艾晓晖共同为共建江苏省镇江技师学院马克思主义学院揭牌

2023年11月16日，“信仰・力量・希望”红色学府新成员单位集体签约仪式举行，红色学府成员数突破百家

2023年6月25日，为庆祝镇江市委党校建校70周年，“学思想强党性　铭嘱托守初心”全市党校系统首届微党课竞赛举办

镇江市人民代表大会

【概况】镇江市第九届人民代表大会代表人数为353人。2023年，市人大常委会承办全省各级人大代表“牢记嘱托、感恩奋进”学习实践活动工作会议。修订《镇江市制定地方性法规条例》，出台《镇江市农贸市场管理条例》《镇江市未成年残疾人保障规定》，开展“18部地方性法规回头看”活动，对18名员额制法官、检察官开展述职评议。配套建设全过程人民民主金山街道实践站，集立法建言、民情收集、选民接待、代表活动等功能于一体，群众用手机扫一扫“民情码”，就能直联选区内的人大代表和街道议政代表。开展“五级人大代表统一接待选民日”活动，督办40件民生实事和171件代表建议。开展“帮项目攻坚，让企业敢干”专项工作，作出《关于推动项目攻坚、服务企业发展，更大力度实施产业强市战略的决定》。成立6个工作组挂钩联系19个省、市重大产业项目，梳理形成55项问题建议清单，提交市政府落实。召开政情通报会并组织专题询问，15名委员代表向政府相关部门“一把手”现场提问。

【市九届人大二次会议】2023年1月6—8日，镇江市九届人大二次会议举行，会议应到代表354人，实到代表313人，组成 8 个代表团。会议举行 3 次全体会议、 5 次主席团会议。会议

2023年1月6—8日，镇江市第九届人民代表大会第二次会议举行 （柳放 供稿）

补选镇江市人大常委会组成人员、镇江市人大有关专门委员会主任委员、镇江市人民检察院检察长，选举产生镇江市出席江苏省第十四届人民代表大会代表；票决产生镇江市人民政府2023年民生实事项目。会议听取和审议《镇江市人民政府工作报告》《镇江市人民代表大会常务委员会工作报告》《镇江市中级人民法院工作报告》《镇江市人民检察院工作报告》，审查和批准《镇江市2022年国民经济和社会发展计划执行情况及2023年国民经济和社会发展计划草案的报告》《镇江市2022年预算执行情况和2023年预算草案的报告》，并作相应决议。会议收到市人大代表10人以上联名提出的议案47件，其中，2件并案作为议案办理，8件作为重要建议办理，其余37件转为建议办理。

2023年5月25日，镇江市人大常委会“18部地方性法规回头看”推进会召开 （柳放 供稿）

18部地方性法规实施成效如何？镇江开展“回头看”专题活动

镇江自2015年正式获地方立法权以来，累计制定18部地方性法规。5月25日，镇江市人大常委会在全省率先开展18部法规回头看活动。在“18部地方性法规回头看”推进会上，镇江市人大常委会与省社科院就法规立法后评估开展签约委托协议。“回头看”的重要目的之一是检验镇江这18部法规中哪些有待修改，按立法精神统筹启动修改工作。同时，推进会提出，应及时进行法规解读和立法宣传，让社会公众知悉，推动立法与执法、司法、守法、普法融合发展。

2023年5月25日，镇江市人大常委会“18部地方性法规回头看”专题活动现场视察 （柳放 供稿）

镇江市人民政府

【概况】2023年，镇江经济发展主要预期目标基本实现，115项重点工作任务落实，40项民生实事和军地互办20项实事项目全面完成。全市地区生产总值5264.07亿元，比上年增长6.3%，高于全省平均水平；一般公共预算收入320.71亿元，增长5.5%，增幅排在全省并列第七名。全年新签约亿元以上产业项目总投资额1650亿元，增长66%，亿元以上产业项目新列入统计入库投资额357亿元；省、市重大项目完成年度投资全面超目标，总额594亿元。新增中国“独角兽”企业 2 家、国家级专精特新“小巨人”企业22家、国家高新技术企业525家、省级“瞪羚”企业10家。新增省级工业设计中心 6 家、省级工程（技术）研究中心37家，省船舶与海洋工程设计研究院实体化运营。全市国、省考断面水质优Ⅲ类比例100%，长江镇江段水质保持Ⅱ类，镇江省级豚类保护区内野生动植物物种数量持续增多。新建和改造城市道路34条，提档升级农村公路203千米。城市基础设施生命线安全工程建设加快推进，改造地下老旧燃气管网2.8千米。新建污水管网31千米，修复市政污水管网11千米，城市污水集中收集率84%。

2023年9月26日，省“政风热线·市长上线”镇江专场直播活动举行 （《政行风热线》节目 供稿）

【重要政务会议】2023年，镇江市政府召开会议28场次。会议重点推进“项目攻坚突破年”行动、金融业高质量发展、系统推进中央生态环境保护督察通报典型案例整改、铁路沿线安全环境综合整治、新一轮太湖综合治理等生态环境保护工作，以及防范化解国企经营、信访稳定、金融债务等领域的一系列风险。3月17日，镇江市政府召开全体（扩大）会议，学习贯彻习近平总书记在全国两会期间的重要讲话和全国两会精神，研判镇江发展面临的形势和挑战，研究急需攻坚突破的问题和短板，明确全年目标任务。会上，市政府各分管领导分别对分管工作进行部署，丹阳市政府、镇江经开区管委会、句容市政府、丹徒区政府分别作表态发言。

2023年3月17日，“三强三比加速跑”——镇江市首届 “最美公务员”发布仪式举行 （王朋 供稿）

“三强三比加速跑”——镇江市首届“最美公务员”发布仪式举办

2023年3月17日，镇江市举办“三强三比加速跑”——镇江市首届“最美公务员”发布仪式。活动现场，播放公务员奋进专题片《三强三比加速跑——人民公仆》，发布并表彰镇江市首届“最美公务员”及提名人选。公务员代表诗朗诵《人民公仆“镇”闪耀》。全国“人民满意的公务员”金怡、全国“最美公务员”聂永平和镇江市首届“最美公务员”及提名人选带领新录用公务员代表宣誓。

2023年3月17日，“三强三比加速跑”——镇江市首届 “最美公务员”发布仪式现场 （王朋 供稿）

【营商环境优化】2023年，镇江市加强统筹谋划，贯彻落实《江苏省优化营商环境行动计划》及其配套实施方案、《2023年江苏省优化营商环境工作要点》，牵头制定“镇合意”优化营商环境提升行动方案3.0版，提出68项年度重点任务，明确责任主体、任务清单；制定《2023年镇江市优化营商环境评价指标提升方案》，完善“115”工作推进机制（1个提升行动方案+1个指标提升方案+5项工作推进举措），强化制度保障，加强部门联动，全市“一盘棋”推动营商环境工作落实。深化营商环境重点领域改革，实现市场主体获得感和省级以上创新认可度“双提升”。

【政务服务】截至2023年，镇江市政务服务管理部门推进省级开发园区赋权改革，制定全市省级及以上开发园区行政权力事项赋权清单，涵盖12个部门51个行政权力事项。实现政务服务事项“就近办、家门口办”，打通服务群众“最后一米”。全市完成镇（街道）级网点建设113个、村（社区）级网点建设388个。推进政务服务改革，网上中介超市累计入驻中介机构876家，实现6277个中介采购发布，成交金额1.35亿元。全年受理即办件414635件，办结数量414635件。

2023年11月3日，镇江市基层政务服务体系建设现场会召开 （郑佰 供稿）

【信访】2023年，镇江市信访形势稳中趋好。做好杭州亚运会、亚残运会、道教论坛等25次重大活动信访保障任务。江苏阳光信访系统登记镇江市、县两级群众来信、网上信访、来访来电等14391件（次），其中，市信访局实际受理人民来信2045件4018人次，网上信访11661件11899人次。市人民来访接待中心实际接待群众来访1044批3323人次。群众信访诉求主要涉及城乡建设（房地产、产权证办理、物业管理等）、劳动保障、涉法涉诉、农村农业等领域。

【外事】2023年，镇江市外事系统为第五届国际道教论坛、乌拉圭国家青年队足球邀请赛、2023中国镇江赛珍珠学术研讨会和百隆集团、诺贝丽斯集团、麦格纳集团、比泽尔集团、科林尼集团客商来访等重大外事活动，做好服务保障。“江苏—非洲合作交流会”“江苏—俄罗斯友城交流会”“第二届新时代中日地方民间友好组织交流大会闭幕式”等一批省级以上外事活动在镇江举行。国际友城交流活动积极开展。

2023年11月，镇江与韩国益山市缔结国际友好城市关系25周年庆祝活动举行，9日，镇江市人大常委会领导会见益山市代表团（市外事办 供稿）

【港澳事务】2023年，镇江市开展“2023年澳门大学生江苏实习实践计划之镇江行”活动。市港澳办建立全市港澳资企业名录。香港安老咨询委员会科技应用研究院江苏研发及应用中心、粤港澳大湾区人工智能与自动化学会江苏省研发及推广中心正式进驻苏港澳创意创新基地。

【侨务】镇江市是江苏省重点侨乡之一。2023年，全市旅居海外的华侨华人约有3.6万人，分布在美国、加拿大、澳大利亚、日本等国家和地区；全市范围有归侨侨眷约6.2万人，海外留学人员约1.2万人。全市正常运营的侨港资企业700多家，签约海外人才联络站64家、海外友好社团62家；镇江市获批全国侨务示范单位、为侨服务站14家，中华文化海外交流基地 6 家，华文教育基地 4 家。

政协镇江市委员会

【概况】2023年，政协镇江市委员会深化“五好”党建，巩固和发展“三驾马车”协同发力格局。中共镇江市委常委会会议 4 次听取政协工作汇报、研究政协重要事项，市委、市政府主要领导对政协工作作出批示22次，参加政协会议和活动，督办重点提案，支持委员履职，推动协商和监督成果转化落实。政协镇江市委员会出台《关于加强和改进界别工作的办法》，优化“全员入委”。建成28个界别委员工作室、协商议事室和 9 个专委会中共党支部活动室。增设环境资源界别，增补市政协常务委员 6 名。截至年底，有市政协委员347名、常务委员57名，界别29个。联系走访界别群众5720人次，收集意见527条，为群众办实事、解难题296件。全年政协镇江市委员会举行 6 次常委会会议。

【市政协九届二次会议】2023年1月5—7日，政协镇江市委员会在镇江影剧院召开九届二次会议，全市各条战线的300多名政协委员参会。会议听取、审议并通过市政协主席郭建代表政协镇江市第九届委员会常务委员会所作的工作报告和市政协副主席周文娟所作的提案工作情况的报告。会议选举 6 人为市政协常委。

2023年1月5日，中国人民政治协商会议镇江市第九届委员会第二次会议举行 （柳放 供稿）

【建言资政】九届二次会议期间，镇江市政协收到提案416件，经审查立案358件。其中，市各党派团体、市政协各专门委员会、界别等集体提案78件，委员个人和联名提案280件。

2023年镇江市政协重点提案情况表

序号	重点提案内容	提案者
1	深入推进“低散乱污”企业整治的提案	中共界
2	加快将汽车及零部件产业链打造成国家先进制造业集群的提案	晏培娟
3	进一步优化重大项目推进机制的提案	致公党市委
4	提升镇江市船舶设计研发服务产业集聚水平的提案	民进市委
5	补齐社区矫正短板、防范基层治理风险的提案	徐彩凤
6	加强政务数据共享开放工作的提案	夏军
7	健全审计权力制约和监督机制的提案	庄旭
8	推动镇江市企业经营管理、技能人才队伍建设的提案	市工商联
9	新形势下政府融资平台转型的提案	致公党市委
10	建设镇江市“双拥展览馆”的提案	市政协经科委
11	推行涉企免罚清单优化的提案	王坤
12	建设镇江市跨境电商孵化园的提案	市政协经科委
13	以“微循环”提升老城区道路通行能力的提案	季成宾
14	促进镇江市文旅产业深度融合、高质量发展的提案	市政协文化文史委
15	拟上市企业知识产权管理和保护能力提升的提案	民革市委

2023年10月14日，由镇江市政协、人民政协网主办的“全过程人民民主与政协协商民主实践”研讨会举办 （柳放 供稿）

2023年5月21日，茅以升家乡奖颁奖典礼在江苏科技大学举行（王朋 供稿）

茅以升家乡奖颁奖典礼在江苏科技大学举行

2023年5月21日，由北京茅以升科技教育基金会、镇江市政协共同主办的茅以升家乡奖颁奖典礼在江苏科技大学举行。根据《茅以升家乡教育奖和土木工程奖奖励办法》规定，经评审委员会评审，6名优秀教师、12名优秀学生获2020年度“茅以升家乡教育奖”，16人获2021年度“茅以升家乡土木工程奖”。1992年至今，茅以升家乡土木工程奖、茅以升家乡教育奖交替评选出31届，评选出获家乡土木工程奖的优秀工程61项、优秀工程人才223人，获家乡教育奖的优秀师生246人。颁奖典礼上，江苏科技大学“茅以升班”揭牌。此前，镇江设有茅以升实验学校、茅以升中学。

2023年5月21日，茅以升家乡奖颁奖典礼现场（王朋 供稿）

中共镇江市纪委·镇江市监委

【概况】2023年，镇江市纪检监察机关正风反腐、严格执纪，各项工作均有新进展。全面从严治党群众满意度全省靠前，评分为96.58分。全年市纪检监察工作30次获上级领导批示，其中首次被中央纪委领导批示、2次被省委主要领导批示。相关成果37次被《中国纪检监察报》报道。30余个相关单位到镇江学习交流工作经验。全年承办上级指定管辖案件34件。深化融资领域专项监督，办案挽回损失33.19亿元。全市查处违纪、违法纪检监察干部26人，清理出系统11人。开展“七类风险点”整治，形成《监督检查权风险点防控管理办法》等10项制度性成果。在全省率先出台被留置人员权益保障告知、“领导首谈”、“离点末谈”等制度，获省纪委推广。建立年轻干部以案代训和导师制，实行新进干部信访、巡察跟班锻炼，并分类建立巡察、监督办案、信息技术保障、司法会计4类人才库。

【八届市纪委三次全会】2023年2月2日，中国共产党镇江市第八届纪律检查委员会第三次全体会议召开。全会学习贯彻党的二十大精神和二十届中央纪委二次全会、十四届省纪委三次全会精神；回顾总结2022年全市纪检监察工作，部署2023年任务。全会审议通过《以党的二十大精神引领全面从严治党新征程，为中国式现代化镇江新实践提供坚强保障》工作报告和《中国共产党镇江市第八届纪律检查委员会第三次全体会议决议》。出席会议的市纪委委员34人，150人列席会议。

2023年2月2日，中国共产党镇江市第八届纪律检查委员会第三次全体会议召开 （柳放 供稿）

【监督执纪】2023年，镇江市纪检监察机关项目化推进40个具体任务，查处责任、作风等问题267起478人。监督中央生态环境保护督察问题处置和整改情况，问责34个责任对象。在全市连续九年制发“两个责任”清单，对各市（区）连续四年开展政治生态监测评估，对98人和14个党组织问责。市级派驻机构立案76件，处置问题线索261件，主动发现问题线索占比首次过半、主动发现问题线索增幅翻倍的派驻组占比首次过半。

【保障经济发展】2023年，镇江市纪检监察机关查处平台公司“蛀虫”和资金“掮客”39人，追回赃款挽回损失3.32亿元，推动整合、撤并平台公司100余家。开展排查项目招引失真、政策奖补失实、扶持资金失守等突出问题，立案227件、留置23人，追回赃款挽回损失1.95亿元。健全基金“设、管、控、退”机制，开展政府投资基金问题专项整治，挽回资金2.02亿元。

2023年7月7日，市纪委、监委举办镇江纪检监察战线先进典型分享会 （柳放 供稿）

【“三不腐”一体推进】2023年，镇江市立案1560件，比上年增长2.5%；留置99人，移送检察机关审查起诉73人；挽回损失6.02亿余元。县处级干部立案43件，增长22.9%；承办上级指定管辖线索34件，立案26件、留置52人。在国企领域，与省纪委八室联动办理中海油公司涉外案件，查处华润双鹤药业案件挽回损失1.16亿元，查办省农垦集团系列腐败案件。

【党风廉政建设】2023年，镇江市查处违反中央八项规定精神问题313人。实施“一季度一专项”行动。开展统计造假、脱离实际搞“政绩工程”、服务群众不担当、基层制度执行不严“四项整治”，建立8个基层减负监测点，查处不作为、乱作为问题54起。全市查处“蝇贪蚁腐”216人，重复举报比上年下降19.6%。

民主党派·工商联

【民革镇江市委员会】2023年，民革镇江市委员会为企业数智化转型升级、绿色高质量发展建言献策，助力老年健康服务体系建设。完成《关于加强两岸经济文化交流合作提案与建议》课题报告。全年发展成员25名，截至年底，全市有民革成员457名。民革镇江市委会获评民革全国参政议政工作先进集体。

2023年2月2日，民革镇江市委召开中山议政会（民革 供稿）

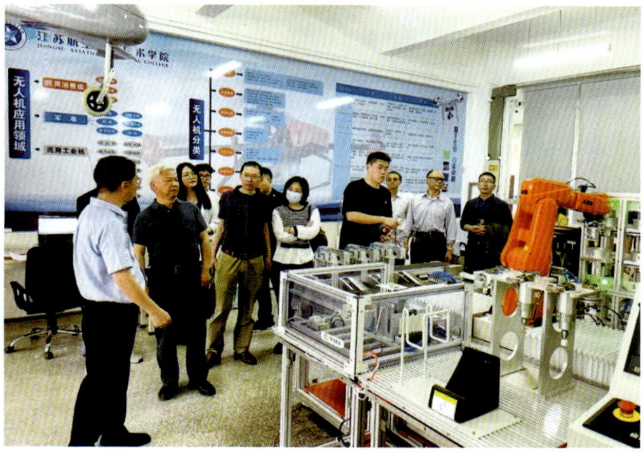

2023年5月25日，民革镇江市委部分支部组织到江苏航空职业学院调研（民革 供稿）

【民盟镇江市委员会】2023年，民盟镇江市委员会发展盟员40名，主界别占比75%，其中10名有高级职称。截至年底，全市有盟员1140名。指导民盟丹阳委员会、江大委员会、句容支部、科技支部等换届，在社会组织中成立镇江首个民主党派基层支部——民盟镇江周艺公益服务中心支部。民盟镇江市委员会和民盟界别各级人大代表、政协委员向市政协提交集体提案8件、个人议案8件、个人提案51件。完成民盟中央立项课题“用法治方式推进全国统一大市场建设研究”。举办镇江民盟第十三届教育论坛。向中央、省、市各级报送社情民意信息96条。

2023年10月31日上午，民盟镇江市十四届八次常委会议召开（胥云飞 供稿）

2023年4月7日，镇江民盟医卫专委会到香江花城社区，开展义诊活动（胥云飞 供稿）

【民建镇江市委员会】2023年，民建镇江市委员会发展会员31名。截至年底，全市有民建会员634名。民建镇江市委员会和民建界别各级人大代表、政协委员提交个人提案31件、集体提案 8 件。完成“江苏省庭院经济助力乡村充分就业的对策研究”“江苏省数字赋能乡村特色产业发展的对策研究”课题。全年编辑上报社情民意信息100余条。

2023年1月13日，民建镇江市十三届四次全委（扩大）会议召开 （民建 供稿）

2023年3月8日，民建镇江大众出租公司温馨车队到镇江市九久老年康复中心开展公益助老活动 （民建 供稿）

【民进镇江市委员会】2023年，民进镇江市委员会 1 名会员获评民进全国思想宣传工作先进个人。向市政协提交集体提案 9 件，其中 2 件提案被市政协评为重点提案，由市领导领衔督办。上报社情民意信息162条。发展20名会员，截至年底，全市有会员502名。

2023年3月10日，民进镇江组织的“京”心守护您的消费权益——“3·15”消费者权益保护法公益宣讲举行 （民进 供稿）

2023年6月24日，镇江民进悦读会的书友如约相见，共读《野地灵光》 （民进 供稿）

【农工党镇江市委员会】2023年，农工党镇江市委员会发展党员35名，截至年底，全市有党员803名，其中新的社会阶层人士18名。农工党镇江市委员会和农工党界别政协委员、人大代表提交市政协集体提案 4 条、市政协个人提案25条，提交市人大个人建议 4 条。上报社情民意信息164条。

2023年11月6日，农工党镇江市十一届六次全委（扩大）会议召开（农工党 供稿）

2023年9月1日，农工党京口基层委员会“农工之家”揭牌仪式举行（农工党 供稿）

【致公党镇江市委员会】2023年，致公党镇江市委员会发展党员21名。截至年底，全市有党员383名。致公党镇江市委员会和致公党界别政协委员、人大代表提交集体和个人议案、提案130余件，上报社情民意信息350余条，2 条被全国政协采用。

2023年10月20日，由致公党镇江市委会和市教育局主办的“丰收正忙”——致公·爱新站公益实践活动在句容天王镇戴庄村举行（致公党 供稿）

【九三学社镇江市委员会】2023年，九三学社镇江市委员会发展社员25名，截至年底，全市有社员565名。九三学社镇江市委员会和九三学社界别政协委员提交集体提案 5 件、个人提案19件，上报社情民意信息128条。

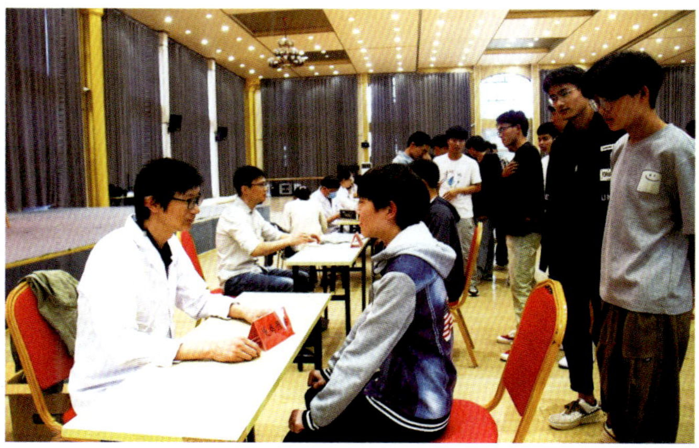

2023年10月12日，镇江九三学社科技服务团校园行活动走进金山职业技术学院（九三学社 供稿）

【镇江市工商业联合会】2023年，镇江市工商业联合会跟踪企业反映问题诉求600多件。收集跟踪会员企业新改扩建项目67个，项目涉及资金超180亿元；邀请市相关部门现场进行政策宣讲和问题答疑办理。全年走访18家商会和30家企业。依托驻润州法院总商会人民调解工作站，诉调结合化解企业矛盾纠纷，受理各类纠纷案件353件，其中成功调解101件。协调组织民营企业家赴南京菲尼克斯电气有限公司学习。全年镇江市工商联系统提交各级各类议案、提案100余件，调研报告30余篇。签约校企产学研项目10余项，达成就业意向毕业生1340人。大全集团、天工集团、沃得机电等12家企业入围“2023江苏民营企业200强”，大亚科技、建华建材、飞达控股等 8 家企业入围“2023江苏民营企业制造业100强”，鱼跃医疗、鼎胜新能源、美科太阳能 3 家企业入围“2023江苏民营企业创新100强”，建华建材、美科太阳能等 6 家企业入围“2023年度绿色发展领军企业”，沃得机电、鱼跃科技、瑞祥科技 3 家企业入围“2023江苏民营企业社会责任领先企业”。4月28日，镇江市工商联成立70周年座谈会召开。

2023年4月28日，镇江市工商联成立70周年座谈会召开 （市工商联 供稿）

2023年7月14日，镇江市工商联联合镇江市税务局举办“春雨润苗”税务政策宣讲会 （市工商联 供稿）

2023年11月8日，镇江市工商联主办的“讲经说法民企行”普法讲座举行 （市工商联 供稿）

群众团体

【镇江市总工会】2023年，镇江市总工会下辖17个行（产）业、局工委（会），4个市属产业集团工会。全市有基层工会组织4351个，其中，独立基层工会3764家、联合基层工会587个。工会会员711207人，其中，女会员292909人，农民工会员253001人。江产改“托星计划”、职工“匠心教育”思政工作法、江苏恒神股份有限公司民主管理、眼镜行业产改“四步工作法”等特色做法在全省、全国推广。市总工会获“‘中国梦·劳动美·幸福路’凝心铸魂跟党走团结奋斗新征程全省职工宣讲比赛优秀组织奖”“全省第一届网约配送员职业技能竞赛优秀组织奖”，获评“全国互联网+工会普惠服务创新型平台”“‘牢记嘱托、感恩奋进、走在前列’全省工会干部网上教育培训组织工作突出单位”。

2023年4月26日，2023年全市庆祝“五一”大会召开　（市总工会 供稿）

【共青团镇江市委员会】2023年，镇江市有共青团团员95878人，各级团组织8495个，其中，团的领导机关6个、团委301个、团工委51个、团总支131个、团支部8006个。各级团干部12490人，其中专职团干部198人。共青团镇江市委员会开展团员和青年主题教育，依托大中小学思政课一体化建设，录制12节团支部专题学习系列团课资源包；联动开展学习、交流、研讨、研学等活动30余场；深入少先队辅导员群体推动小规模、互动式、面对面理论宣讲180余次。全市118家“青年之家”开展读书学习、宣讲分享、志愿服务等各类活动940余场。推动专职团干部370余人与基层团支部一一结对，开展“我为青年办件事”实践活动，实施青年突击队“青春攻关”行动、乡村振兴青春建功行动、“社区有我 青春报到”行动等。

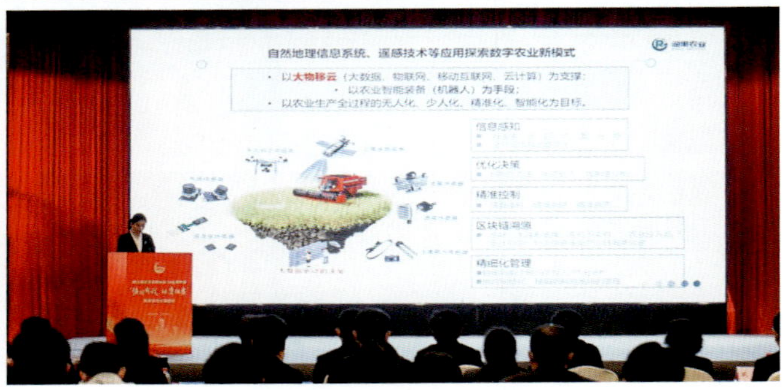

2023年4月27日，镇江市纪念五四运动104周年暨“强国有我 挺膺担当”青春建功主题团日活动举办（团市委 供稿）

【**镇江市妇女联合会**】2023年，镇江市妇女联合会有市、市（区）、镇（街道、园区）、村（社区）四级妇联组织809个，党政机关、事业单位、行业系统妇联组织247个。当年获评全省妇联系统先进集体，7名个人（集体）获评“全国三八红旗手”、“全国巾帼建功标兵”和“全国巾帼文明岗”，创成全国巾帼志愿阳光站1个。镇江市参加中国妇女第十三次代表大会3人，参加省妇女第十四次代表大会43人，产生全国妇联执委1人、省妇联执委8人。市妇联组织开展“巾帼心向党　奋进新征程”主题宣传教育活动，将理论宣传、活动引导与基层实践相结合，进社区、进乡村、进学校、进社会组织、进团体会员单位，开展“巾帼赋能”宣讲1000余场。相关成果获评江苏省巾帼大宣讲“十佳”精品视频、“十佳”优秀课件。联合镇江市总工会，围绕文旅、快递、通信、卫生、交通、金融、家政、教育、税务、公安等10个行业，在全市女职工中开展“巾帼心向党　奋进新征程”十岗百星技能竞赛活动。

2023年10月30日，镇江市妇联召开视频会议，学习传达中国妇女第十三次全国代表大会精神　（市妇联　供稿）

2023年4月25日，镇江市妇联深化“汇爱益她”维权服务品牌建设推进会召开　（市妇联　供稿）

【镇江市科学技术协会】2023年，镇江市科学技术协会新增 2 个社区科普馆，谏壁抽水站被认定为省水情科普教育基地，草莓网上科普馆上线投入运行。市科协开展科普大篷车进乡村、进社区、进学校活动42次，受惠群众33600人次。组织参加2022—2023年度江苏省全民科学素质大赛，获团体二等奖。举办数字农业暨茶产业高质量发展对接活动。举办“慧安行动”启动仪式暨第七个“全国科技工作者日”活动。全国首家农技协科创基地挂牌。举办第十五届江苏省化学化工高峰论坛、第九届全国催化反应与分离学术研讨会。江苏大学科技智库入选省级科技智库。 2 家省级科技服务站在镇江挂牌。

2023年5月18日，镇江市第35届科普宣传周暨2023年全国科技工作者日开幕式在镇江科技馆举行 （夏凯 供稿）

【镇江市归国华侨联合会】2023年，镇江市旅居海外的华人、华侨有3.6万余人，主要分布在美国、加拿大、澳大利亚、新西兰、德国、日本等国家。全市范围内有归侨、侨眷6.2万余人。承办省侨联“追梦中华·奋进新江苏”2023海外华文媒体团江苏（镇江）采访活动、“中国寻根之旅”夏令营、“亲情中华·为你讲故事”网上夏令营等活动，举办2024第二届“江河之声”侨界新年音乐会。短视频《〈所堂字问〉手稿回家了》获中国侨联“追梦中华·奋进新征程”华侨华人短视频大赛优秀作品奖（江苏省唯一获奖作品）。

2023年7月，“遇见镇江——千古江山千古情”2023“中国寻根之旅”夏令营江苏镇江营举办 （市侨联 供稿）

2023年10月13日，市侨联“侨界故事——我的家风家训”分享会召开 （市侨联 供稿）

【镇江市台湾同胞联谊会】2023年，镇江市台湾同胞联谊会组织台籍政协委员开展调研活动，在市、区政协全会上，台联界别政协委员提出提案3件。联合全市涉台单位开展“走近台商 倾听心声”调研活动。举行“推进镇江新区农村宅基地审批工作”民生专题协商议事会。

【镇江市文学艺术界联合会】2023年，镇江市文学艺术界联合会举办第四届金山合唱节、宇文家林书法作品展、“笔走江南 心绘宝堰”——2023振兴“江南抗战第一镇”全国诗书画作品巡展、“青春的叙事”第二届镇江青年美术作品展、李守农山水画作品纪念展等主题文艺活动。“微笔写大千”廖松涛小幅中国画展在中国美术馆展出，柳学健中国画作品展在江西美术馆展出。摄影作品《娘，儿回来了》入选第29届全国摄影艺术展；南乡田歌《车水号子》、民族民间乐器《秋石震玉》、刻瓷《渔翁渔妇图》3件作品获江苏省文艺大奖·民间文艺奖，音乐作品《风口中有我》获江苏文艺大奖·音乐作品铜奖；《77人的“78天”》获第五届江苏报告文学奖；扬剧小戏《伞》获江苏省第五届戏剧小戏小品展演4项大奖；长篇纪实文学《我们的爸妈》和长篇报告文学《上岸记》2部文学作品获评省作协第十批重大题材文学作品创作工程项目。《镇江1937》《野杏花》等多部图书出版发行；《当你老了 何以为家——九个断片中的〈我们的爸妈〉》获得江苏文艺大奖·文艺评论奖三等奖。全年新增15名国家级会员、75名省级会员。对纪实文学《生者对死者的访问——江苏省“时代楷模”、农技推广员糜林素描》、长篇小说《江河汇》等5部重点文艺作品进行立项资助。9月28日，2023（第十七届）中国镇江金山文化艺术·国际旅游节暨扬中市兴阳村第十六届文化艺术节在扬中市兴阳村生态园广场开幕。

2023年3月21日，镇江市文联五届十二次全委（扩大）会召开 （市文联 供稿）

【镇江市残疾人联合会】2023年，镇江市有各类残疾人18.7万人，占人口总数的6.34%，其中持证残疾人6.5万人。“残疾人之家”运行139家，运营率90.25%。《镇江市未成年残疾人保障规定》经江苏省十四届人民代表大会常务委员会第六次会议批准，自2024年2月1日起施行。

2023年1月11日，镇江市残疾人联合会第七次代表大会召开 （本版照片均由市残联提供）

镇江市残疾人联合会更大范围打造服务关爱体系，残疾人精准康复服务率和服务质量走在前列

2023年，镇江市残疾人联合会坚持抓规范、持续打基础、努力提效能，更实举措促进共同富裕，更大幅度加大社会保障，更大范围打造服务关爱体系。提升残疾人康复服务质效，残疾人精准康复服务率和服务质量走在前列，残疾儿童康复工作取得新成效；规范提升辅具适配服务再出新成果；以专业医疗机构为依托，成人康复工作迈出新步伐；落实残疾预防行动计划取得新进展；以康复人才培育为手段，稳扎稳打强化人才队伍。

2023年11月23日，省残联理事长姜爱军一行在镇江调研残疾人工作

2023年8月29日，全国残疾人社会体育指导员系列培训班（江苏）在镇江开班

2023年10月12—13日，省残联调研镇江残疾人法律维权和无障碍环境建设工作

2023年11月29日—12月1日，镇江市残疾人冰雪运动季暨残疾人旱地冰壶比赛举办

2023年5月18日，为镇江孤残儿童开展适配辅助器具集中捐赠活动

【镇江市红十字会】截至2023年年底，镇江市有红十字会基层组织288个、冠名医疗机构10家、团体会员单位100个、会员15.28万余人、注册志愿者5288人。组织参加全省红十字会“学用新思想 ‘苏’写新时代”主题宣传活动，获二等奖1个、三等奖3个、优秀奖1个；组织参加第八届“博爱杯”好新闻评选，获三等奖1个、优秀奖3个；组织参加探索国际人道法项目学生学习成果大赛，获优秀组织奖、二等奖2个、三等奖1个、优秀奖2个。1名志愿者获评“全国红十字志愿服务先进典型”。2名志愿者、2个志愿服务项目获“镇江慈善奖”。

2023年2月16日，在镇江市文化科技卫生“三下乡”集中服务活动现场，市红十字会开展红十字特色服务（《镇江壹周》供稿）

【镇江市关心下一代工作委员会】2023年，镇江市关心下一代工作委员会有各级各类组织1676个，有6.5万多名“五老”（老干部、老战士、老教师、老专家、老劳模）志愿者参加各类关爱活动。有701个村（社区）关工委参加争先创优活动，达标数676个。市关工委开展宣讲党的二十大精神活动，1231名“五老”宣讲员编写宣讲稿522篇，宣讲680余场，参与群众26.9万人次。组织开展“老少心向党、奋斗新征程”主题教育活动。组织参加全省“老少心向党、奋斗新征程”主题教育展演活动中，节目《当国歌响起》获一等奖。组织参加“全省校外教育辅导站优秀活动视频”评比，获特等奖1个、一等奖2个、二等奖2个。组织参加2023年度全省调研报告评选，获一等奖2个、二等奖2个、三等奖1个。

法 治

【政法领域重点政治任务】2023年，镇江市群众安全感为99.42%，连续六年保持上升态势，连续两年居全省第一名。制定实施全市政法系统年度政治轮训工作方案，举办全市政法领导干部研讨班，分层分类开展政治轮训169场次、5011人次。镇江政法普法中心暨镇江政法系统政治忠诚教育馆等7家教育馆建成使用，开展政治忠诚专题剖析45场、358人。重大事项请示报告、工作述职、执法监督等党管政法制度机制有效落地，滚动开展政治督察和纪律作风督查巡查，结合经济责任审计在全省创新开展专项巡查。

【依法治市】2023年，镇江市委依法治市办牵头完成法治建设“一规划两方案”实施情况中期评估、全面依法治市“双提双评”专项行动，中央依法治国办督察反馈的32项整改任务、144项整改措施全部落实到位。开展道路交通安全和运输执法领域突出问题专项整治，139条问题线索全部销号。推动完善执法司法制约监督机制。强化法治惠民、纠纷调处、诉讼服务、检察服务、道路畅通、公安政务管理、远程公证、法律援助、基层普法、未成年人司法保护等领域的10件法治惠民实事有效推进，全国首个“5G可视化110报警服务系统”投入实战。法治镇（街道）建设三年行动计划全面铺开，3个小区入选省级“法治小区”建设示范点，4个项目入选全省市县法治建设典型案例。通过“八五”普法省级中期评估验收。

2023年12月4日，镇江市“第十个国家宪法日 第六个宪法宣传周”主题活动举行　（施法 供稿）

【人大立法】2023年，镇江市人大常委会制定《镇江市农贸市场管理条例》，推动解决食品安全、自产自销等方面问题；制定《镇江市未成年残疾人保障规定》，对未成年残疾人群体进行立法保护。

【法治政府建设】2023年，镇江市制发《关于建立镇江市领导干部应知应会党内法规和国家法律清单制度的实施意见（试行）》。制发《全市政法机关助力法治化营商环境优化提升行动二十一项工作任务》，推出“法助力”“检先行”“警企一警通”“法润商”等子品牌，为全市220件招引协议提供法律服务。开通“一企来办”重大项目热线专席，受理企业诉求2.45万件，综合满意度99.91%，按时办结率99.99%。

镇江市召开全市政法机关优化法治化营商环境新闻发布会

2023年8月10日，全市政法机关优化法治化营商环境新闻发布会召开，发布《全市政法机关助力法治化营商环境优化提升行动二十一项工作任务》。“二十一项工作任务”围绕涉企法治服务，创新提出企业全生命周期法治保障理念，从产业项目招引、审批、建设、运营等环节入手，结合政法机关自身职能，为企业提供全链条式法治保障。工作任务突出对企业和投资者合法权益的综合保护，发挥法治护航作用，多措并举稳定投资预期。

2023年8月10日，全市政法机关优化法治化营商环境新闻发布会召开 （《镇江壹周》供稿）

【公安】2023年，镇江市公安系统侦办各类涉政案件108起。推进净网专项行动，查处敏感线索、网上线索。制定实施《大要案件挂牌督办管理办法》，年内挂牌督办大要案件56起，“两抢”（抢夺和抢劫）案件、侵犯妇女儿童权益案件破案率100%；破获10类“涉黑涉恶”案件437起，获评全省常态化“扫黑”斗争先进地区；刑事案件破案数比上年上升113.4%。全市交警部门现场查处各类道路交通违法101万余件，移送起诉1644人，直接经济损失141.5万元。

2023年1月10日，庆祝第三个中国人民警察节暨全市公安系统表彰大会举行 （本版照片均由市公安局提供）

镇江市公安局获优化营商环境“甘露奖”及市级机关“先进基层党组织”、市级机关“十佳服务品牌”等称号

2023年，镇江公安完成防风险、保安全、护稳定、促发展各项任务。改革兴警释放新活力，成立高新区分局，探索构建“大政保”“准垂管”等实战机制。科技强警增强新动力，实施“镇警数智”一号工程，深化“三大主干平台”建设，全国首个“5G可视化110报警服务系统”投入实战。打击犯罪彰显战斗力，破获电诈案件数比上年上升70.9%，预后被骗率大幅下降。食药环侦支队代表江苏公安参加全国比武获一等奖。稳定防线更加牢固，成功整治23个治安乱点，刑事案件破案率上升113.4%，实现公共安全领域重大事故“零发生”。执法管理更加规范，全面建成县级公安机关速裁法庭，“侦诉审”协作机制更加集约；法治公安建设迈上新台阶，出台22个执法指引和制度规范。制定实施《镇江市公安局全面服务经济高质量发展26项措施》，建成运行市级政务服务网办中心，实施“镇畅行”工程，群众幸福指数持续提升。

2023年，市公安局领导针对市两会提案、建议开展实地调研

2023年，开展“学思践悟新思想 敢为善为建新功”主题党日暨“迎七一”党的二十大知识竞赛活动

2023年5月15日，组织开展“5·15”打击和防范经济犯罪宣传日活动

2023年7月14日，开展“萌娃进警营，童心向警心”暑期夏令营活动

2023年5月19日，镇江公安全面服务经济高质量发展26项措施新闻发布会举行 （《镇江壹周》 供稿）

镇江公安成立政务服务网办中心，29个高频事项实现网上审批

2023年12月8日，镇江市公安局政务服务网办中心成立，“镇警云办”公安政务服务一体化平台上线，实现前台服务一窗受理、线上流转实时提醒、网上审批一键点击。新开发的“镇警云办”微信小程序政务服务一体化平台，以拓展网办功能、提高网办体验、实现全流程网办为出发点和落脚点，实现统一服务门户、统一身份认证、统一电子证照、统一电子印章、统一跨网交互，让群众不出门就可实现智慧办。人口信息查询、临时通行证办理等29项群众需求高频事项上线，其中23项可实现全流程网办。

2023年12月8日，镇江市公安局政务服务网办中心成立仪式举行 （柳放 供稿）

【检察】2023年，镇江市检察机关办理各类案件11091件，35项达标性业务指标全部达标，18项竞争性业务指标有11项位居全省前列，42件案件、13份文书分别获评全国或全省典型案例、优秀法律文书，63人次获省级以上表彰。市检察院获评“全国维护妇女儿童权益先进集体”，年度工作获省检察院嘉奖，获镇江市优化营商环境“甘露奖”；1人获评全国行政检察业务标兵，1人被最高人民检察院记一等功并获评镇江首届“最美公务员”。

2023年7月11日，江苏省政协党组书记、主席张义珍考察未成年人检察工作（本版照片均由市人民检察院提供）

2023年8月31日，江苏省检察院党组书记、检察长石时态调研镇江检察工作

2023年4月25日，市领导调研检察工作

2023年，“检企同心双走进”活动开展

2023年12月21日，镇江政法普法中心揭牌

2023年，镇江市丹徒区“一站式”轻罪治理中心揭牌

2023年，教育培训和实战实训开展

2023年5月30日，“检爱同行 共护花开”检察开放日活动举行（本版照片均由《镇江壹周》提供）

镇江市人民检察院举办多次检察开放日活动

2023年5月30日，镇江市人民检察院、润州区人民检察院举办“检爱同行　共护花开”未成年人刑事执行检察专题开放日活动，发布近年镇江检察对涉罪未成年人司法保护成效。2023年6月20日，以“惩治毒品犯罪　共筑无毒城市”为主题的检察开放日活动举办，部分镇江市人大代表、政协委员、社区居民代表、大学生代表现场了解检察机关在依法打击毒品犯罪、参与禁毒综合治理等方面交出的答卷。

2023年6月20日，以“惩治毒品犯罪 共筑无毒城市”为主题的检察开放日活动举办

【**法院**】2023年，镇江市法院受理案件102975件，审执结94440件，比上年分别增长11.4%和12.1%；法官人均结案291件，比上年增长32件。29个集体、53名个人获省级以上表彰，12项工作获市级以上领导批示肯定，20项工作在全国、全省会议上作经验交流或被省级以上媒体推广。

2023年3月21日，镇江市中级人民法院“为群众办实事示范法院”揭牌仪式举行 （市中院 供稿）

2023年4月26日，镇江市中级人民法院联合相关部门共同为“金山翠芽地理标志司法保护基地”揭牌 （市中院 供稿）

2023年12月4日，在第十个国家宪法日之际，镇江中院举行宪法宣誓活动（本版照片均由镇江中院提供）

镇江市中级人民法院入选2023年度镇江市优化营商环境“甘露奖”单位

2023年，镇江市中级人民法院连续三年获镇江市优化营商环境“甘露奖”。2023年，全市法院持续优化营商环境，审结一审商事案件11304件，其中破产案件513件，化解债务80.7亿元。依法惩治刑事犯罪，审结一审刑事案件3555件，判处罪犯5568人。深入开展司法为民十项工作，审结一审民事案件36137件。监督支持依法行政，审结一审行政诉讼案件568件、行政非诉执行审查案件463件。开展三大执行行动，执结案件33251件，执行到位金额45.5亿元。坚持全面从严管党治院，一体推进政治素质、业务素质、职业道德素质建设，锻造政治过硬、作风优良、履职尽责的法院队伍。

2023年8月10日，首届审判业务专家评选暨“11888”司法人才培育工程新闻发布会召开

2023年12月21日，镇江市企业破产事务公共服务平台启动仪式举行

2023年12月29日，公开宣判蔡某某受贿、利用影响力受贿、滥用职权一案

2023年12月7日，干警到润州区京畿路社区开展普法宣传活动

2023年11月24日，联合公安、妇联签订反家暴联防联动深度合作协议

京口区法院获“全省法院系统先进集体”“镇江市创建模范机关先进单位”等称号

2023年，京口区法院紧扣“公正与效率”工作主题，忠诚履行宪法法律赋予的职责，较好地完成各项任务。全年受理各类案件14249件，审执结13026件，比上年分别增长4.54%和3.39%。聚焦主责主业，依法维护社会公平正义。依法严惩犯罪，全力化解纠纷，兑现胜诉权益，提升群众“安全感”和“幸福感”。坚持能动司法，助推高质量发展。优化法治化营商环境，服务创新驱动发展战略，提升社会法治意识。站稳人民立场，保护群众合法权益。诉讼服务提档升级，执法办案提质增效，矛盾纠纷源头化解。从严管党治警，锻造过硬法院队伍。2023年，京口区法院“一廊三馆”法治体验馆获评江苏省社会科学普及基地。

2023年6月21日，省“八五”普法中期评估验收组在京口法院开展评估验收工作（本版照片均由京口法院提供）

2023年9月6日，京口区法院党组书记、院长许宏亮一行走访鼎盛公司，开展送法进企活动

2023年6月21日，京口区人大常委会组织视察京口法院审判工作

2023年12月8日，关爱未成年人心理健康工作发布会召开

2023年7月26日，开展“‘三官一律’进网格 化解矛盾保平安”主题活动

2023年7月26日，镇江启迪协信远太房地产有限公司申请破产重整案第一次债权人会议在京口法院召开

2023年11月20日，谏壁法庭走进上埠村开展巡回审判

【司法行政】2023年，镇江市新增立法项目《镇江市制定地方性法规条例（修改）》。中央依法治国办市县法治建设工作督察反馈问题144项，整改措施全部落实到位。全年办理各类行政复议和一审应诉案件716件、69件，全市行政机关出庭应诉率100%。新建企业、商会、行业性专业性调解组织96个，调解纠纷5.2万余件，1个调解组织、2名调解员获最高人民法院和司法部表彰，市城区医患纠纷调委会获评“全国平安医院建设表现突出集体”。6121名“三官一律”进网格集中服务，化解矛盾纠纷2295件次。全年办理法援案件4364件，分别新增国家级、省级民主法治示范村（社区）6个和48个，省级法治文化建设示范点3个，省级民主法治示范村（社区）创成率居全省前列。镇江公证处办理公证1.38万余件。

2023年12月29日，全市调解工作会议召开 （市司法局 供稿）

2023年1月，扬中市八桥镇利民村被命名为“全国民主法治示范村” （张闻 供稿）

【仲裁】2023年，镇江仲裁委受理案件量1004件，比上年增长70.7%；标的额9.23亿元，增长3%。全年无一起案件被法院撤裁及不予执行。

2023年5月30日，“镇江市法治镇（街道）建设三年行动”新闻发布会召开 （《镇江壹周》 供稿）

“镇江市法治镇（街道）建设三年行动”新闻发布会召开

2023年5月30日，“镇江市法治镇（街道）建设三年行动”新闻发布会召开。镇江正式启动法治镇（街道）建设三年行动，实现市、辖市区、镇（街道）三级法治建设全贯通。根据方案，镇江力争通过三年时间，实现镇（街道）法治建设体制机制更加健全，行政行为更加规范；法治惠民质效更加优化；基层依法治理成效更加凸显，群众尊法学法守法用法的自觉性有效增强；法治队伍能力全面提升，“法律明白人”培育效果充分体现，打通法治建设“最后一公里”，为法治镇江建设筑牢扎实根基。从2023年到2025年，全市至少有25%、50%、75%的镇（街道）分别达到上述标准，到2025年年底，实现全市镇（街道）基层社会治理法治化水平显著提升，具有时代特征、符合镇江实际、人民群众基本满意的法治镇（街道）建设格局基本形成。

2023年5月23日，全市法治镇（街道）建设三年行动部署会召开 （《镇江壹周》 供稿）

润州区七里甸街道获2023年“江苏省普法先进单位”“法治镇江先进集体”称号

七里甸街道是镇江市、润州区两级行政中心所在地，地处主城核心板块，坐拥南徐优质资源，辖区面积7.8平方千米，下辖10个社区，总人口约8.4万人。南徐大道、檀山路等主要干道贯通东西、南北，城际铁路、连淮扬镇铁路穿城而过，区位独特，交通便利。街道聚集商务A区、国控双子楼、旭辉时代大厦等10座楼宇，是润州区发展生产性服务业的重点板块。2023年，七里甸街道落实“首善七里、标杆七里”2023行动方案，坚持走好高质量发展之路，普及法律工作扎实开展，辖区内社会秩序良好，获2023年“江苏省普法先进单位”“法治镇江先进集体”等称号。

2023年6月1日，润州区“网格合伙人”项目正式启动 （本版照片均由七里甸街道提供）

2023年8月，区政协主要负责人到黄山小区开展商前调研

2023年3月21日，第二届议政代表会第三次会议召开

2023年9月，“一片新天地”建区40周年迎国庆文艺会演举办

2023年6月，首次举办“幸福满‘格’”党员服务集市

2023年2月16日，镇江市暨新区文化科技卫生“三下乡”集中服务活动在姚桥镇举行 （本版照片均由姚桥镇提供）

镇江经开区姚桥镇完成 3 个村省级民主法治示范村复核工作

2023年，姚桥镇聚焦民生福祉，奠定析事明理“主基调”。完成 3 个村省级民主法治示范村复核工作，申报儒里家风家训馆为省级民主法治文化建设示范点；坚持为民初心，开展慈善集中救助487人，发放慰问金18.49万元；阳光信访系统办理案件200件，受理率、按期办结率均为100%。2023年，姚桥镇经济社会协调发展，完成一般公共预算收入8623万元，比上年增长14.5%；累计完成规模以上工业总产值26.4亿元，比上年增长18.4%；固定资产投资13.4亿元，比上年增长32.7%；规模以上企业培育新增13家。精准招商，签约亿元以上项目 5 个，实现10亿元重大项目零的突破，提前 5 个月完成全年招引任务。全年完成新审批项目 3 个、新开工项目 3 个、新竣工项目 4 个。

2023年11月13日，经开区主要领导调研富民强村二作合伙人项目

2023年12月15日，开展“牢记嘱托、感恩奋进、走在前列”讨论

2023年12月22日，年轻干部周末“家”说暨“桥南有声”活动举办

2023年5月17日，“党建引领、村企共建”兴隆村、海纳川村企共建签约仪式举行

2023年，美丽乡村姚桥镇粮食获得丰收

“镇江消防这五年”新闻发布会召开

2023年11月24日，“镇江消防这五年”新闻发布会召开，镇江市消防救援支队发布：改革转制五年来接警2.71万起，出动警力21.31万人次，抢救被困人员1808人，疏散人员1030人，抢救财产价值约1.91亿元……改革转制五年来，镇江消防扎实推进公共安全治理模式向事前预防转型，突出高层、地震、化工、高速和水域5支专业队“尖刀”力量建设，全力锻造消防救援铁军。不断完善专业化救援力量体系，推行“普通站+小型站（1+N）”的力量覆盖模式，同步加强镇级政府专职消防队、小型消防站等多种形式消防力量建设，形成救援合力，全市抗御灾害事故能力较大提升。改革转制后，消防救援队伍的职能任务由原来单一的灭火救援拓展为“全灾种、大应急”。

2023年11月24日，“镇江消防这五年”新闻发布会召开 （《镇江壹周》 供稿）

2023年11月3日，开展化工火灾实战演练

2023年5月10日，水域救援实战演练开展 （本版照片除署名者外，均由市消防救援支队提供）

2023年，开展消防安全宣传进校园活动

镇江市消防救援支队获2023年度垂直管理部门“优质服务奖”、“消防安全专项行动先进支队”称号

2023年，市消防救援支队在困难中解难题、在创新中求突破、在实二中见成效，部署开展“生命至上，隐患必除”消防安全专项行动和消防安全重大风险隐患专项排查整治行动，全市各镇（街道）消委办落实专职人员177人。持续发力“智慧消防”建设，出台全国首部智慧消防服务中心建设地方标准，被省政府纳入2023年数字政府工作要点，并被写入《镇江市人民政府工作报告》。全年接警出动6431起，其中火灾扑救2636起、抢险救援1366起、社会救助2202起，其他出动227起；救出涉险人员327人，抢救财产价值3531.54万元，保护财产价值1.05亿元。

2023年11月4日，镇江市“119”消防宣传月启动仪式举行 （市消防救援支队 供稿）

2023年6月16日下午4时许，丹徒区宜城街道一仓库发生火灾，丹徒消防支队紧急出警奔赴火场，迅速扑灭大火 （景文杰 供稿）

镇江图鉴（2024）文化建设篇

ZHENJIANG TUJIAN (2024) WENHUA JIANSHE PIAN

综　述

【概况】2023年，镇江市突出文化支撑，建设文化强市，推动历史文化遗产创造性转化和创新性发展，发挥文化育人功能。新增省级非遗项目35项。全市AAAA级以上文化旅游景区接待游客人数增长70%，文化场馆接待人数增长80%。成功承办第五届国际道教论坛。

年末共有艺术表演团体 5 个、文化馆 8 个、公共图书馆 9 个、博物（纪念）馆15个、美术馆 2 个；市级广播电视台 1 个、县级融媒体中心 4 个、电视调频发射台 4 座。年末有线电视用户49.91万户，其中数字电视用户49.03万户。完成38个智慧广电乡镇（街道）建设，实现智慧广电乡村工程辖市全覆盖。持续推进“文艺拾光浸润”工程、“何以镇江”文物活化利用工程、乡村文化旅游“五百”工程。开展文化惠民“十百千”工程相关活动1298场，完成省、市各级“送戏下乡”103场。35个非遗项目列入第五批省级非物质文化遗产代表性项目名录。成功举办第三届江苏发展大会镇江行、2023“米芾杯”国际青少年书法大会、第五届国际道教论坛、2023长江·泡泡岛音乐与艺术节。

年末拥有A级旅游景区30个，其中AAAAA级 2 家、AAAA级 7 家、AAA级12家。拥有省级旅游度假区 3 家、省星级乡村旅游区72家。拥有星级旅游饭店11家，其中五星级宾馆 2 家；拥有旅行社139家。全年实现旅游业总收入513.46亿元，接待国内游客4777.41万人次，实现国内旅游收入508.56亿元；接待入境过夜游客3.44万人次，实现旅游外汇收入7111.85万美元。

2023年9月1日，第三届长三角地区国家公共文化服务体系示范区（项目）合作机制大会在镇江举行　（王幻 供稿）

举办2023长江·泡泡岛音乐与艺术节·江浙沪站活动

2023年10月1—2日，由长江国际音乐节和创娱无界联手打造的升级版音乐节——2023长江·泡泡岛音乐与艺术节·江浙沪站在镇江经开区心湖公园举办。此次音乐节邀请24组国内外知名音乐人轮番登台，摇滚、流行、民谣等不同音乐风格让乐迷们畅享音乐盛宴，吸引近5万名乐迷齐聚现场观看演出。据统计，此次音乐节带动国庆节期间经开区旅游接待总人次和总收入均比上年增长60%以上。

2023年10月1日，2023长江·泡泡岛音乐与艺术节举行 （本版照片均由《镇江壹周》提供）

“HIFI 西津渡”与市民一同在飞舞的音符和动人的歌声中开启音乐旅程

2023年8月12日晚，主题为“邂逅理想生活”的“HIFI 西津渡”激情开演。一年一度的“HIFI 西津渡”已连续举办14届。2023年的“HIFI 西津渡”共进行为期8个周末一共16场的演出，跨界融合古典乐器与流行艺术，涵盖摇滚、爵士、流行、说唱等多种形式。

2023年，“HIFI 西津渡”在西津渡鉴园广场演出（《镇江壹周》供稿）

2023年12月28日，“大唐雅韵·钟鸣鼓乐”新年音乐会在镇江西津音乐厅举行（市文广旅局 供稿）

2023年4月24日，镇江市小剧场试点建设暨演出活动启动仪式现场，向10家小剧场授牌 （柳放 张梅 供稿）

镇江小剧场试点建设暨演出活动启动仪式举行

2023年4月24日，镇江为10家小剧场授牌。从5月到12月，镇江街头巷尾的小剧场内，陆续推出戏曲、舞蹈、儿童剧、音乐会等200场小型演出。首批小剧场包括5个社会层面小剧场和5个村（社区）层面小剧场，每2周演出1场。各地小剧场负责人根据各自特点和群众需求，向文艺表演团队预定整台节目。全市有70多支文艺表演团队常年活跃在群众中，经过遴选，其中15支团队被列为小剧场演出团队。

2023年4月24日，镇江市小剧场试验点建设暨演出活动启动仪式演出现场 （柳放 张梅 供稿）

文艺创作与公共文化

【概况】2023年，镇江市推进小剧场建设，实施“文艺拾光浸润工程”，打造文艺精品。丹剧《凤先生》获国家艺术基金项目资助200万元，音乐剧《大田多稼》获省艺术基金资助120万元，锡剧《郭克生》获省舞台艺术精品创作扶持工程一般剧目资助50万元。《凤先生》《太平洲上》参加2023年江苏省新时代舞台艺术优秀剧目巡演暨基层文艺院团优秀剧目展演，《郭克生》参加2023紫金文化艺术节新创剧目展演。举办镇江市小戏小品大赛，小品《毕业》等 6 部作品获奖。完成小戏《伞》创排，在省第五届戏剧小戏小品展演中获优秀剧目、导演、舞美、演员等 4 项大奖。创排小剧场扬剧《门》并首演，完成大型现代扬剧《东风随春归》剧本创作。

年内，镇江市通过国家公共文化服务体系示范区创新发展复核。全市有13个公共文化空间、15支团队入选江苏省文旅厅“双千计划”， 3 个场馆获长三角“百佳公共文化空间奖”，陈履生博物馆获评全国“乡村最美公共文化空间”和“网络人气项目”。文化惠民“十百千”工程获评全市2023年度“十佳”民生实事。举办第三届镇江市“群星奖”暨小戏小品大赛，12件作品获奖。丹阳市文化馆器乐合奏《丹凤朝阳》获首届长三角民族器乐原创大赛银奖；丹徒区宝堰古镇文化艺术团《南乡田歌——车水号子》获2023年江苏省文艺大奖·民间文艺优秀作品奖，并参加2023年首届大运河流域（江苏段）民歌会演；扬中市舞韵芳洲舞蹈团广场舞《水韵江南》入围2023年江苏省广场舞展演。

2023年，陈履生博物馆获评全国“乡村最美公共文化空间”和“网络人气项目” （孙悦萌 供稿）

原创大型锡剧《郭克生》获江苏省紫金文化艺术节“剧目奖”

2023年10月30日，在江苏省紫金文化艺术节闭幕式上，扬中市原创大型锡剧《郭克生》获“剧目奖”，主演缪玉华获优秀表演奖。该剧是扬中市打造的重点文艺精品项目，2022年9月开排，2023年开启巡演。该剧讲述已故全国劳动模范、江苏扬中联合村原党支部书记郭克生的感人事迹，分抗洪抢险、开河治水、解决温饱、工业之路、大爱情怀、病房心声、深情缅怀7场戏，聚焦郭克生最为真切、最能打动人的生动事迹和能触动观众的细节进行集中刻画，将郭克生可亲可敬、一心为民的党员形象展现在舞台之上。

2023年，原创大型锡剧《郭克生》剧照 （文联 供稿）

2023年，小品《把日子过成歌》剧照 （剧协 供稿）

《把日子过成歌》获“新时代颂”江苏省第四届戏剧小戏小品大赛“优秀剧目奖”

2023年1月，“新时代颂”江苏省第四届戏剧小戏小品大赛揭晓。镇江市原创小品《把日子过成歌》获“优秀剧目奖”，郭晓薇、倪开朗获“优秀演员奖”。小品《把日子过成歌》讲述当代社会两代人对家庭责任的认知不同导致的误会和摩擦，告诉人们老年人更需要情感关怀，年轻人要学会换位思考。

2023年，扬剧小戏《伞》在“踔厉新征程”江苏省第五届戏剧小戏小品展演中获优秀剧目等4项大奖 （剧协 供稿）

2023年7月14日，扬中市舞韵芳洲舞蹈团广场舞《水韵江南》参加江苏省广场舞大会展演 （市文广旅局 供稿）

丹剧《凤先生》获国家艺术基金项目资助200万元

2023年2月，经国家艺术基金评审，镇江市创作出品的大型现代丹剧《凤先生》入选国家艺术基金（一般项目）2023年度资助项目。丹剧《凤先生》展现了中国近现代伟大的教育家、艺术家吕凤子先生的一生，吕凤子先生坚持反抗封建礼教，寻求女性解放独立、争取平民教育，一生致力为人民办学。他的艺术造诣、知行合一的境界、教育救国的爱国情怀、淡泊名利的品格，都是留给后代宝贵的精神财富。此前，《凤先生》已入选江苏省艺术基金资助项目、江苏省舞台艺术精品创作扶持工程重点投入剧目，并获江苏紫金文化艺术节“优秀剧目奖”“优秀表演奖”等。

2023年，丹剧《凤先生》剧照 （张梅 供稿）

2023年12月22日，镇江市新创排的小剧场扬剧《门》首演 （《镇江壹周》 供稿）

【第十届“灵秀镇江·逐梦未来”美术、书法作品展】2023年3月31日，由中共镇江市委宣传部、市文广旅局、市文联主办，镇江市美术馆（镇江书画院）、市美协、市书协承办的第十届“灵秀镇江·逐梦未来”美术、书法作品展在镇江市美术馆长江路展厅开展。该届“灵秀镇江”以“逐梦未来”为创作主题，展出作品132件，其中，中国画作品46件、书法作品44件、西画作品42件。“灵秀镇江”系列工程自2013年开始实施，先后举办以“八大山体”“运河风韵”“生态之美”“名城印象”“小镇风情”“美好生活”“全面小康”“百年回眸”“满眼风光”为主题的9届大型美术写生创作展览。

2023年3月31日，第十届“灵秀镇江·逐梦未来”美术、书法作品展在镇江美术馆展出 （书协 供稿）

2023年2月12日，宇文家林书法作品展览在镇江市美术馆新馆展出 （书协 供稿）

【“江风海韵”文艺汇演】2023年8月22日晚，由“江风海韵”沿江沿海城市文艺联盟、江苏省群众文化学会、江苏省文化馆、镇江市文广旅局主办，镇江市文化馆承办的2023“江风海韵”沿江沿海城市文艺联盟巡演（镇江市专场）在丹徒区文化艺术中心上演。该次巡演集舞蹈、曲艺表演唱、原生态表演唱、木偶表演等艺术表演形式，汇聚南京、镇江、盐城、南通、扬州、泰州 6 市文化馆的优秀文化资源，上演舞蹈《海韵》、木偶表演《女驸马》、原生态表演唱《车水号子》、女子群舞《漕帮娘子》、舞蹈《情韵草原》、小锡剧《半天书记》、曲艺表演唱《远去的吆喝声》、男声小组唱《战高沙》等14个具有地域特色的优秀作品。

2023年8月22日，2023“江风海韵”沿江沿海城市文艺联盟巡演（镇江市专场）在丹徒区文化艺术中心上演 （张梅 供稿）

【“润心·印迹”江苏省版画学术邀请展】2023年9月8日，由镇江市文广旅局主办、镇江市美术馆承办的“润心·印迹”江苏省版画学术邀请展在镇江市美术馆（长江路展厅）开幕。该次展览获文旅部水印版画重点实验室及江苏版画院的支持，并入选江苏省文旅厅2023年青年策展人扶持计划项目。展览展出77人的84幅作品；同时，通过播放版画纪录片和实物展示版画工具普及版画创作艺术，并开展版画DIY体验等公共教育活动。

2023年9月，“润心·印迹”江苏省版画学术邀请展在镇江市美术馆展出（孙悦萌 供稿）

2023年4月7—16日，“虽无声却精彩——镇江市聋人摄影学会摄影作品展”在市文化馆展出。10名聋人作者共展出近年创作的近60幅优秀作品，内容包含人物、风景及无人机摄影等。图为10名聋人作者合影 （孙悦萌 供稿）

镇江开展纪念吕凤子主题系列活动

2023年2月20—21日，镇江开展纪念吕凤子主题系列活动，纪念这位一生致力于绘画、教育、办学的中国美术界“百年巨匠”。活动中，镇江无偿获赠一尊吴为山创作的凤先生半身铜像。镇江历时四年打磨的《吕凤子美术全集》（全5卷）正式出版。活动中，编撰者向镇江市教育局、博物馆、图书馆、美术馆赠送该书。另外，还在镇江市高等专科学校和博物馆举办2场吕凤子研讨会。

2023年2月20日，纪念吕凤子主题系列活动现场 （柳放 供稿）

2023年12月10日，镇江市赛珍珠研究会在赛珍珠文化公园举办系列活动，纪念赛珍珠获诺贝尔文学奖85周年 （柳放 供稿）

【2023中国镇江金山文化艺术·国际旅游节】2023年9月28日，2023（第十七届）中国镇江金山文化艺术·国际旅游节暨扬中市兴阳村第十六届文化艺术节在扬中市兴阳村生态园广场开幕，同时，该场活动也是2023紫金文化艺术节群众文化活动镇江分会场举办的活动。开幕式全程现场直播，线上超 5 万人次观看。艺术节活动围绕“千里共金山”主题，串联全市优势文旅资源，举办“悦动舞台、畅游宜地、艺览江山、探寻文脉、炫彩之城”五大板块70余项重点活动。艺术节期间，2023长江·泡泡岛音乐与艺术节·江浙沪站开唱，句容美食节、焦山桂花节、圌山七彩风车美食节、“百村百碗”乡土地标菜评选大赛等同时举办。旅游节期间启动“宜游镇江　康养有道”嘉年华暨“暖心养生”2023宜游镇江文旅消费季等促消费活动，发放文旅消费券17万张，直接带动文旅消费3.3亿元，促进间接消费11.6亿元。12月16日的闭幕式上，首届“美丽乡村·诗意田园”书画摄影大赛举行获奖作品颁奖仪式。大赛由市农业农村局、市水利局、市文化广电和旅游局、市报业传媒集团、市旅游协会联合举办，评出书画类入展作品80件、摄影类入展作品100幅，展现镇江“三农”事业的新成就、新作为。闭幕式还展演小剧场展演季参演剧目京剧《望江亭》。

2023年9月28日，2023（第十七届）中国镇江金山文化艺术·国际旅游节开幕式现场　（市文广旅局 供稿）

2023年12月16日，2023（第十七届）中国镇江金山文化艺术·国际旅游节闭幕式现场　（市文广旅局 供稿）

【文化产业】2023年，镇江市24个文化产业重点项目计划投资23.93亿元，全年完成投资29.08亿元，占年度计划的121.5%。其中，15个续建项目年度计划投资18.78亿元，全年完成投资23.41亿元，金东纸业转型升级、“1912文化商业街区”、丹阳眼镜城项目等 8 个项目推进较快，序时进度均超110%；9 个新开工项目年度计划投资5.15亿元，全年完成投资5.67亿元，镇江长山航空飞行营地项目等 4 个项目序时进度超过110%。

2023年6月29日，全市文化企业发展大会召开　（柳放　供稿）

【张君秋大剧院开馆】2023年12月15日，以著名京剧艺术家张君秋命名的大剧院和纪念馆在镇江经开区落成开馆，剧院的开台戏为《望江亭》。该大剧院及纪念馆总建筑面积约3500平方米，其建设旨在弘扬国粹京剧，传承传统文化。按照大剧院及纪念馆的计划，镇江经开区将联合张君秋京剧艺术研究会，每年定期开展公益演出，并组织“戏曲进校园”“戏曲下乡”等活动。

2023年12月15日，以著名京剧艺术家张君秋命名的大剧院和纪念馆在镇江经开区举行落成开馆活动 （柳放 供稿）

【江苏大学出版社】2023年，江苏大学出版社上报选题298种，其中，首次申报年度选题125种、增补选题173种。出版图书705种，其中新书174种，重印书531种。出版的新书中，高等教育教材99种、学术专著38种、普及读物37种，占比分别为56.90%、21.84%和21.26%。获批“十四五”国家重点出版物出版规划项目1项，首批“十四五”职业教育国家规划教材21种。

2023年5月6日，江苏大学出版社举办“读书节”主题活动非遗传承——中国笛箫制作艺术赏析暨阅读分享会 （江大出版社 供稿）

【**镇江市图书馆**】截至2023年年底，镇江市图书馆有持证读者23.21万人，借还图书35.83万册，服务150.24万人。全年举办各类阅读活动502场，参与人数67.67万人次。其中“文心”系列活动293场、“馆校联盟”活动43场、“阅读+”积分兑换课程77场、全民艺术普及活动72场、“4·23世界读书日”系列活动11场。完成大型镇江历史文献丛书《镇江文库》的学术编、文学编的编撰，共46册，收书270余种，涵盖东汉至民国时期1900余年间历代镇江学者文人的著作。至此，镇江有史以来最大的古籍整理项目《镇江文库》全部完成，全面反映镇江发展的历史轨迹与学术、文化成果。

2023年4月22日，第十一届镇江市“文心读书节”启动仪式暨“读书的力量”阅读分享会举办 （市文广旅局 供稿）

【**江苏大学图书馆**】2023年，江苏大学图书馆接待读者近172万人次，借还图书10.6万册，上机近3000人次。截至年底，该馆藏有中外文图书286.7万册、电子图书143.4万册，中外文纸质报刊1405种、电子报刊61065种，订阅数据库121个，自建特色数据库 9 个。“国际赛珍珠文献资源中心”成为面向全球免费开放的特色文献中心。在《中国图书馆网络影响力评价报告（2023—2024）》中列一般本科院校第一名。举办以“阅无止境　读览星辰”为主题的江苏大学2023读书节等活动。与镇江市图书馆、博物馆、美术馆等各类文化单位共同开展“流动展览”“立体围读”等活动。

2023年4月22日，江苏大学图书馆一楼报告厅举办江苏大学2023年“阅无止境 读览星辰”读书节活动 （江大图书馆 供稿）

【江苏科技大学图书馆】 2023年，江苏科技大学图书馆购置中文图书49224册、外文图书64册、电子图书2267册，订购中文期刊256种、外文期刊22种、电子刊 2 种，订购报纸14种，馆藏纸质文献总量250万册。完成33个数据库平台的采购和续订工作。开通 6 个数据库（平台）试用。

2023年，江苏科技大学图书馆外景 （袁小淇 供稿）

【镇江市高等专科学校图书馆】 2023年，镇江市高等专科学校图书馆建筑面积22450平方米；有馆员36人，其中具有副高级及以上职称人员13人；注册读者9000余人。有纸质图书80.9万册、各类电子图书300万种，订有中外文期刊300余种，有电子期刊全文数据库 1 万多种、8000多万篇，有阅览座位1016个。自建“吕凤子数字图书馆”、镇江地方文化数据库，提供预印本服务、专利、公开课及学术视频等免费试用资源。

2023年，镇江市高等专科学校图书馆一角 （陈捷 供稿）

镇江文化旅游产业集团三大主业精准发力，经营创收逆势向好

2023年，镇江文化旅游产业集团围绕“旅游业、酒店业、旅游综合开发业”三大主业精准发力，通过实施景区品质提升、资源整合利用和新业态消费提质扩容等一系列工作，实现经营创收逆势向好。三山、南山景区全年实现营收1.16亿元，景区游客量345.09万人次，创历史新高。与南京市文投集团合作打造“镇江·南京设计廊焦山店”“南山文心书坊”，共开发2107件不同类型的特色文创产品。推出“机器人新零售”等新潮项目，开通“云开光耀”金山湖画舫游、“西津渡—北固山”水上游新产品。申报省级非遗1个、市级非遗2个。以“红色风景 竞跑文旅”党建品牌为抓手，打造党建融合经营的“1+18”党建品牌集群，集团党建工作获市国资委系统党建考核第一序列第二名，金山党支部获评“五星”党支部，绿城园林、水务公司、股份公司等5家基层党支部获评“四星”先进党支部。金山公园获评省级文明旅游示范单位，南山景区获评省级放心消费创建示范区域，三山股份公司获评省级夜间文化和旅游消费集聚区。

2023年4月25日，镇江文旅集团2023年度工作推进会召开

2023年12月23日，“红色风景 竞跑文旅”景区党建联盟组建

2023年8月4日，“云开光耀”金山湖画舫游活动启动

2023年，景区精品文创店——镇江·南京设计廊焦山店和文心书坊南山店开业

2023年，“金山缘起”穿越快闪秀入选“2022—2023江苏文旅消费热力榜”文旅促消费优秀案例（本版照片均由文旅集团提供）

大众传媒

【报业传媒】2023年，镇江报业传媒构建集团新媒体矩阵、打造“学习强国”镇江学习平台，优化“今日镇江”客户端。“镇江发布”双微（微信、微博）运行维护平稳，阅读量、“粉丝”量提升。“最镇江”公众号迁移整合完成，日阅读量 6 万人次左右。“今日镇江”客户端改版升级完成上线试运行，在中国报业协会主办的2023中国媒体技术创新发展大会中获评全国报业技术赋能媒体融合优秀案例。完成《网尚讲“理”》第二季32个理论宣讲系列短视频。重大主题式媒体融合报道“从春天出发　奋斗正当时”系列融合报道，以及“史志里的镇江”“我们的节日　精神的家园”系列报道，《镇江非遗之美》栏目贯穿全年。“一城山水一城诗：从诗词歌赋中走来的镇江”短视频大赛活动征集视频60余条，点击量50万人次。“创意写作　全城接力”系列活动，开展15季活动，征集作品近40万字，超万人次参与。连续36年举办“增华阁”阅读写作大赛，2023年首次走出镇江奔赴海外推广，首届“增华阁”海外华裔青少年阅读写作大赛有马来西亚、印度尼西亚、德国、意大利、西班牙等20多个国家的500多名华裔青少年参加。

2023年5月10日，镇江报业传媒集团与中国邮政集团有限公司镇江市分公司签署战略合作协议 （黄帅 供稿）

【广播电视】2023年，镇江广播电视事业全媒体联动开设《新时代　新征程　新伟业》《坚决扛起走在前、做示范的镇江使命　奋力谱写“强富美高”新镇江现代化建设新篇章》《牢记嘱托 感恩奋进 走在前列——深入学习贯彻习近平总书记考察江苏重要讲话精神》《学习贯彻习近平新时代中国特色社会主义思想主题教育》《贯彻产业强市“一号战略”·项目攻坚进行时》等专题专栏，推出宣传贯彻党的二十大精神相关报道1031条、主题教育相关报道728条、高质量发展相关报道461条。围绕“一带一路”倡议提出十周年，策划制作电视新闻专题片《春江丝路》，拍摄制作纪录片《流淌千年润古今——大运河科技之光》。推出互动H5《文明行为我打卡》等融媒体产品，制作播放《文明是什么》《阅读的力量》等公益广告近百条；实施“青螺读书”阅读推广项目，打造读书类广播节目《青螺读书》，组织线下阅读分享会7场。全年接听受理市民诉求2535件，办结率97.9%；完成“民呼我应，畅行镇江”“便民利民惠民，推进三代卡换发”“大兴调查研究，办好民生实事”等11场主题直播和活动。公益广告《爱要好好说》《遵规守法才安全》分别获2022年度全国广播电视公益广告广播作品类一类、三类扶持项目；4篇作品获2022年度江苏省广播电视优秀作品奖一等奖，1篇作品获江苏省新闻媒体“走转改”优秀新闻作品一等奖；电视纪录片《陈光甫》《归乡》《风雨百年 逐梦征程》和广播剧《小号手》获镇江市第四届精神文明建设“五个一工程”优秀作品奖。挖掘镇江本土资源，围绕节庆活动、地名建筑、文化旅游等主题创作推出《镇江明天会更好》《宜游镇江 有模有Young》《宝藏镇江》《最美乡愁 地名留痕》《跨越山海 为热爱而来》《不负时光 给心放个假》《十年奔山赴海，这群镇江人逐梦丝路》等一批融媒体产品。开设《金山文化人才》《文化进万家》等专版。整合镇江近40年社会、经济、文化、城市建设发展的珍贵历史影像资料，进行数字化分类保存，并上传至云端在“镇江往事”视频号推送。全年，中央电视台用稿70条，中央广播电视总台用稿33条，江苏卫视用稿653条，江苏新闻广播用稿187条，“学习强国”学习平台用稿285条。截至年底，全市有影院58家、银幕数333块，城市影院放映电影467438场、观影459.02万人次、票房18515.64万元。

2023年4月，镇江广播电视台的健康科普类新媒体品牌《医者一说》获第五届广播影视创新年会2022年度“全媒唱响”广播影视业创新力节目奖 （《镇江壹周》 供稿）

2023年1月，镇江广播电视台《空青村的“绿色之路”》获第十七届小康电视节目工程优秀短视频奖 （《镇江壹周》 供稿）

百名主播、记者探访具有镇江代表性的旅游胜地，沉浸式感受镇江的千年文脉和城市文化

2023年6月14日，中国城市广播联盟《飞越城市》协作体第二十届年会召开，来自海口、三亚、合肥、西双版纳、延边等地及本省内的百名主流媒体代表在 3 天时间里，共同探访具有镇江代表性的旅游胜地，用话筒、镜头记录并传播镇江的城市文化、人文风貌和发展变迁。中国广播联盟《飞越城市》节目协作体是国内最大的广播直播体系，由60多个城市电台组成，遍及全国20多个省、自治区、直辖市，覆盖2.7亿名听众。

2023年6月14日，中国城市广播联盟《飞越城市》协作体第二十届年会在镇江召开 （柳放 供稿）

2023年6月14日，2023“全国百名主播记者看镇江”融媒采访传播活动启动仪式举行 （柳放 供稿）

【网络媒体】2023年，中共镇江市委网信办策划、打造、推广《网尚讲“理”》第二季，《强信心 展图景——党的二十大精神 e 起学》，网上传播量近千万人次。开展“强信心 e 起干”网络主题传播系列活动，贯穿全年推出四大篇章14个特色项目。举办“强信心 e 起拍”网络原创短视频挑战赛，总曝光量近1800万人次。推出的“一眼千年 THIS IS镇江”创意短视频，在“央视频”、江苏卫视等中央、省级平台播放，并入选“我苏网”《江苏发展大会》专题。连续五年开展“网眼看镇江”系列活动，网上传播量破亿人次。举办致敬改革开放45周年之凤凰观察“让世界爱上镇江”网络国际传播活动，向世界传播在镇江发生的中国故事。组织“共建网络文明”分享会暨2023镇江网络嘉年华系列活动，实施“网络文明 蔚然成林”校园播种行动；深化网络素养基地建设，举办“季子故里 诚信之邦”共建网络诚信论坛。实施“公益惠民 e 网情‘生’”网络公益工程，组织“联合联心联赢”情暖网络公益行动等活动，2 个项目入选全省网络公益培育项目。

2023年9月9日，2023镇江市网络社会组织“双十佳”授牌暨网络文明我“健”行活动举行 （《镇江壹周》 供稿）

文史哲与档案

【哲学社会科学】2023年9月27日，镇江市社科联召开第七届二次理事会议，选举孙国林为市社科联第七届理事会主席。全年申报并立项省社科联重点应用课题、省社科院重点课题各1项，重点做好、做精课题5项，一般课题立项164项，评出“应用研究精品工程奖”45项。《镇江社会科学》杂志刊发理论文章80余篇。承办第四届大运河文化带建设智库峰会暨2023年镇江长江大运河文化论坛。打造“金山学术沙龙”品牌，指导市旅游学会、经济学会、教育学会、米芾文化研究会围绕“文旅融合与产业强市”“推进镇江优秀传统文化创造性转化和创新性发展”等主题举办金山学术沙龙4期。举办第二十届社科普及宣传周启动仪式暨2023年“小小社科讲读人”大赛决赛。在抖音平台推出“中国镇江故事”社科普及类短视频100辑，推介镇江地方传统文化、宣传中国式现代化镇江新实践成果。

第二十届社科普及宣传周启动仪式暨2023年“小小社科讲读人”大赛决赛举办

2023年10月8日，市社科联、市教育局举办镇江市第二十届社科普及宣传周启动仪式暨2023年“小小社科讲读人”大赛决赛。活动中，通报表扬10个镇江市社科普及工作先进单位和12名先进个人，为新增 7 个省级社科普及基地授牌。24名小选手参加“小小社科讲读人”大赛决赛，最终评出“十佳小小社科讲读人”和14名“优秀小小社科讲读人”。 9 所学校被授予镇江市“小小社科讲读人”种子学校。本届社科普及宣传周期间，还组织开展“画中探景园中窥画”社科普及宣传周人文研学行、“知乡贤、颂乡贤、做乡贤”讲解比赛等社科普及活动。

2023年10月8日，镇江市第二十届社科普及宣传周启动仪式举行 （《镇江壹周》 供稿）

【史志工作】2023年，镇江市史志工作2项地方志特色创新项目在省地方志办公室关于2023年度市县地方志特色创新项目评定中，分别获志鉴编纂创新类三等和方志文化宣传类三等；《风雨百年　逐梦征程——镇江党史文献纪录片》获评镇江市第四届精神文明建设“五个一工程”优秀作品；《光绪丹徒县志》点校本获评镇江市第十四届哲学社会科学优秀成果一等奖。组织编写《中国共产党镇江历史第三卷（1978—2002）》修订稿，审读30多万字。续写《中国共产党镇江历史第三卷（2003—2012）》，完成纲目初稿 1 编 6 章，收集篇目资料500万字。编印《弯弓射日到江南——新四军在镇江重要战斗》。编印《镇江老字号》。完成《三茅街道志》终审验收工作。推荐《中国丹阳眼镜志》入选2024年度省重点史志作品资助项目。验收通过《镇江茶叶志》。指导《镇江公安志》《江苏大学附属医院志》等部门志编纂工作。编纂出版《镇江年鉴（2023）》，并入选“江苏精品年鉴”。编纂出版《镇江图鉴（2023）》，并获评省地方志办公室特色创新项目志鉴编纂创新类三等。编印《镇江印记（2023）》。编印《我在，我们在——镇江抗疫实录》。市委《创新》杂志刊登党史地情文章18篇；在“学习强国”学习平台投稿28篇，有13篇文章、视频分别被省、市平台采用，3 篇文章阅读量破20万人次，总阅读量超100万人次。参与《江苏省情影像志》“乡土江苏”系列视频拍摄制作，完成《姚桥，水乡古意浓》《宝堰，茅山脚下钟灵地》2期视频制作。推动史志资料数字化，推进智慧方志馆镇江平台建设工作，截至年底，更新信息195条，向省级部门报送稿件130余篇次，采用刊发50余篇次。

2023年7月21日，江苏方志大讲堂暨史志“镇”有益讲坛在镇江博物馆举行　（市史志办 供稿）

【档案工作】2023年，镇江市档案部门接收5.5万余卷、18万余件档案进馆；各级综合档案馆和城建档案馆馆藏总量229万余卷、185万余件，其中市档案馆馆藏420318卷、458827件。全市档案馆接待社会各界利用者1.9万余人次，查阅档案数量5.9万余卷（件），提供复制件15.5万余张，其中市档案馆查档2194人次，为利用者提供档案、资料16128卷（件），复制件20471张。全年各级综合档案馆馆藏档案数字化扫描5334万页，新增数字化扫描244万余页，其中市档案馆新增数字化扫描38万余页，数字化率96%以上。

2023年4月18—19日，全省档案业务指导工作会议在镇江召开　（市档案馆 供稿）

历史文化名城保护

【概况】截至2023年年底，镇江市境内有文物保护单位300处，其中，国家重点文物保护单位13处（含大运河5处）、省文物保护单位54处、市县级文物保护单位233处。有国有博物馆、纪念馆10家，国有博物馆、纪念馆馆藏文物约4万件（套）。镇江商会旧址修缮工程等20个项目争取国家、省级文物保护专项资金2378万元。有国家级非物质文化遗产名录9项、省级名录74项、市级名录136项、区县级名录347项；国家级代表性传承人6人，省级代表性传承人19人，市级代表性传承人95人，县市区级代表性传承人223人。全市建成完善的国家、省、市、区县四级非物质文化遗产保护名录。全市争取省级以上非遗补助专项资金6项、257.3万元。全年受理考古前置项目84个，涉及土地面积1289万平方米，其中文物资源区域评估项目3个、考古调查勘探项目81个。完成各类验收考古项目86个，涉及土地面积705万平方米。各地域文化研究团体围绕历史文化名城保护，取得显著成果。

【物质文化遗产保护】2023年，镇江市嵇直故居、冷遹旧居、王龙烈士墓入选第三批江苏省革命文物名录。镇江醋文化博物馆完成备案。镇江焦山碑刻博物馆馆藏 6 方碑刻被列入《第一批古代名碑名刻文物名录》。镇江博物馆“凤鸣高冈——吕凤子艺术·教育·人生”专题展入选“江苏省博物馆精品展览”项目库。大运河长江国家文化公园建设一体化推进，启动《长江国家文化公园镇江段建设保护规划》编制工作。启动“何以镇江”文物活化利用工程，推出“何以镇江——博物馆里的美好生活”等主题活动，举办陈列展览70多个，活动超500场，参与人次超30万。设置文物解读二维码300处、古遗址阐释解读标识10处。举办“何以镇江·文物会说话”短视频大赛，1.2万人次参与，评出优秀文物短视频作品31件。茅山新四军纪念馆入选“长三角革命文物主题游径”。11月17日，镇江市文物保护和考古研究所、文化遗产保护与传承数字技术联合实验室揭牌成立。

镇江市文物管理委员会会议召开

2023年11月17日，镇江市文物管理委员会全体会议召开。会议提出，把着力点放在文物活化利用和文物旅游融合上，以地域文明探源工程为核心，以“何以镇江”文物品牌为载体，以国家文化公园为格局，最大限度焕发镇江文物资源价值，推动文物工作高质量发展，更好融入中国式现代化镇江新实践。

会上，镇江市文物保护和考古研究所、文化遗产保护与传承数字技术联合实验室揭牌成立，《镇江市地域文明探源工程实施方案》正式发布。

2023年11月17日，镇江市文物管理委员会会议召开（《镇江壹周》供稿）

2023年，冷遹旧居入选第三批江苏省革命文物名录（孙悦萌 供稿）

2023年，王龙烈士墓入选第三批江苏省革命文物名录（卞婕 供稿）

ZHENJIANG
TUJIAN
(2024)
SHEHUI
JIANSHE
PIAN

镇江图鉴（2024）
社会建设篇

综　述

【概况】2023年，镇江市抓好民生社会事业，推动人民群众在高质量发展中共享美好生活。在优先筹措化债资金的基础上，用于保障改善民生的支出占一般公共预算支出的比重达78%。实施就业优先战略，落实全民创业行动计划，就业形势保持总体稳定。建成省级零工市场，发放稳就业政策补贴7亿元，扶持1.7万人成功创业，城镇新增就业5.7万人，零就业家庭保持动态清零。推进教育“双减”试点改革，探索全员导师制，推动义务教育发展更加优质均衡。4项基础教育内涵建设项目成果获评国家基础教育教学成果奖。扬中市创建“全国义务教育优质均衡发展市”通过教育部评估认定核查。巩固国家卫生城市建设成果，加快健全公共卫生体系，推动医疗保障服务能力持续增强。市、县（区）两级疾病预防控制局挂牌成立，全市二级公立医院绩效评价位列全省第一名。心系“一老一幼”，加快推进医养结合养老服务体系建设，新建全国示范性老年友好型社区3个；新增普惠型托育机构18家，“一老一幼”整体解决方案被国家发展改革委推荐为示范方案。开展全民健身活动，成功承办江苏省第二届智力运动会。落实困难群众救助保障标准动态调整机制，兜牢基本民生底线，全年发放救助金4.4亿元，覆盖困难群众7万余人。

2023年度镇江市“十佳民生实事”

1. 镇江市传染病医院应急病房楼建设工程（市卫健委）
2. 打造“15分钟医保服务圈”（市医保局）
3. 为适龄女生免费接种HPV疫苗、适龄儿童水痘疫苗免费接种、老年人免费健康体检、妇女“两癌”免费筛查（市卫健委）
4. 完成1000户困难老年人家庭居家适老化改造（市民政局）
5. 建设100个事实无人抚养儿童“梦想小屋”（团市委）
6. 实施文化惠民“十百千”工程，建设“文心·书坊”城市阅读新空间（市文广旅局、市委宣传部）
7. 全民健身设施惠民提升（市体育局）
8. 346国道镇江城区段城市化改造、312国道镇江至南京段改扩建（市住建局、市交通运输局）
9. 援助8000名就业困难人员就业、开发6600个青年就业见习岗位（市人社局）
10. 市区“菜篮子”工程（市农业农村局）

2023在镇高校联动双选会启动仪式暨江苏科技大学专场活动举行

2023年3月1日，镇江举行2023在镇高校联动双选会启动仪式暨江苏科技大学专场活动，通过校地对接、政策推介、供需双选、座谈交流等方式推荐镇江、推送岗位，激发线下引才市场新活力。全市80家重点企业单位携2100个人才需求进场揽才，岗位覆盖技术研发、生产管理、人力资源、销售采购等。

2023年3月1日，2023在镇高校联动双选会启动仪式暨江苏科技大学专场活动现场（《镇江壹周》 供稿）

2023年7月23日，2023中国镇江金山英才周开幕式举行 （王朋 供稿）

2023中国镇江金山英才周开幕

2023年7月23日，2023中国镇江金山英才周开幕。截至7月28日，举办18场特色主题活动，擦亮“人聚镇江 才享荣光”人才工作品牌。镇江市“金山英才”计划实施以来，先后引进产业类高层次领军人才885名。2023年吸引287个人才（团队）项目申报，其中创业类项目187个、创新类项目100个。开幕式上，一批省、市关键核心技术人才攻关联合体及12家镇江市首批人才特色银行集中授牌。镇江市首批30位优秀“新农人”代表和镇江市“169工程”新入选学术技术带头人代表获颁证书。同时，举行第三届中国•镇江国际菁英创业大赛总决赛颁奖仪式。

2023年7月23日，在2023中国镇江金山英才周开幕式上，向镇江市首批30位优秀“新农人”代表和第三届中国·镇江国际菁英创业大赛总决赛获奖人员颁奖 （王朋 供稿）

镇江市人社局获2023年度优化营商环境“甘露奖”

2023年，镇江市人社局围绕打造“镇合意”优化营商环境服务品牌，为企业群众提供高效便利的人社服务，持续优化人社领域营商环境，政务服务水平不断提升。精准施策，聚焦“最大民生”，推进稳岗扩岗。开展劳务招引、就业援助行动。加强基层人社公共服务能力，在全省率先出台《镇江市区购买基层基本就业公共服务实施意见》。引培并举，聚焦“第一资源”开展招才引智。与全国120所高校建立常态化联系，组织开展“相约福地才聚镇江”名城名校携手行活动，开展在镇高校“双选会”活动，促进更多高校毕业生留镇发展。实施大学生“聚镇”和青年人才“归雁”计划，举办江苏沿江八市联动引才暨百所高校镇江行系列活动。优化服务，持续提升工作质效。开展镇江人力社保标准化国家试点，健全完善人社“一件事”标准化体系。成立人社先锋服务队，实施惠企便民行动，创新实施“退休预审”“工伤联网结算”“视频办”服务举措。人社综合服务大厅获评“全市最佳政务大厅”，“静默叫号”获评市优化营商环境典型案例，政务服务好评率达99.91%。

2023年12月28日，市领导到镇江市零工市场调研民生实事项目（本版照片均由市人社局提供）

2023年12月18日，联合江苏银行镇江分行在全省率先推出社保便民服务

2023年7月22—24日，2023江苏沿江八市联动引才对接会召开

2023年7月22日，第三届中国镇江国际菁英创业大赛总决赛举办

2023年5月8日，开展“尊重劳动 依法维权”劳动保障监察普法宣传活动

2023年9月16—19日，组织16名选手参加第二届全国职业技能大赛，获1金、2银、10个优胜奖

2023年1月31日，2023年镇江市“点对点”返岗复工欢迎仪式举行

2023年1月16日，镇江市举办2023年“创响镇江”春风行动启动暨镇江市零工市场启用仪式，邀请40家企业提供3000余个岗位，同时开展线上直播带岗，发布1000余个岗位，吸引近4万人次在线观看 （镇江人社 供稿）

2023年9月22日，镇江市政府召开坚决扛起走在前、做示范的镇江使命，奋力谱写“强富美高”新镇江现代化建设新篇章系列主题新闻发布会第六场——“保障改善民生和推进社会治理现代化”专场，详细介绍党的二十大以来全市在保障改善民生和推进社会治理现代化方面的工作成效和亮点 （《镇江壹周》 供稿）

2023年度镇江市社会治理现代化先进镇、街道名单

扬中市八桥镇、句容市黄梅街道、京口区谏壁街道、丹阳市司徒镇、润州区金山街道、镇江高新区蒋乔街道、扬中市西来桥镇、丹阳市吕城镇、丹徒区高资街道、丹阳市延陵镇、句容市宝华镇、镇江经开区丁卯街道、丹徒区辛丰镇、丹阳市导墅镇、句容市郭庄镇、润州区南山街道、丹徒区谷阳镇

丹阳市延陵镇获“2023年度镇江市社会治理现代化先进镇”称号

延陵镇位于丹阳市西南部，与镇江市丹徒区、常州市金坛区接壤，属茅山革命老区，是丹阳四大古镇之一。总面积116平方千米，耕地面积0.43万公顷，水面面积0.23万公顷，总人口5.8万人，辖13个行政村、3个社区。延陵历史文化底蕴深厚，境内有6000多年历史的凤凰山遗址、国家AAA级旅游景区九里风景区，是牛郎织女民间故事发源地，拥有国家级、省级非遗保护项目2个。交通便捷，沪蓉、扬溧2条高速公路和312国道、241省道、122省道、丹茅路、丹宝路等干道交汇贯通。2023年，延陵镇实现地区生产总值55.62亿元，增长3.1%，实现农村居民人均可支配收入31002元，增长6.3%，一般公共预算收入首次突破1.5亿元，固定资产投资、制造业投资分别增长28.0%和31.5%。延陵镇还创成江苏省生态宜居美丽示范乡镇，九里村创成首批省级乡村振兴示范村。

2023年3月27日，延陵镇与句容、金坛有关部门的大茅山旅游发展战略合作协议签订仪式举行 （本版照片均由延陵镇提供）

2023年4月18日，延陵镇与浙江博蓝特半导体科技股份有限公司战略合作协议签约仪式举行

2023年，新编革命现代锡剧《陈毅在延陵》首演

2023年，延陵镇嘉贤米业“稻鸭共作”，发展现代高效农业

2023年，柳茹村人居环境整治让古村焕发新颜

句容市华阳街道获2023年江苏省基层社会治理创新成果提名奖等荣誉

华阳街道位于句容城区东部，面积120平方千米，下辖14个村和3个社区居民委员会，总人口近20万人，其中户籍人口5.3万人。2023年，华阳街道坚持以习近平新时代中国特色社会主义思想为指导，牢牢把握高质量发展这个首要任务，立足华阳资源禀赋、区位优势、发展条件，求真务实、真抓实干、奋发有为，统筹做好经济发展、乡村振兴、民生改善、社会治理等重点工作。2023年，华阳街道获江苏省基层社会治理创新成果提名奖、“镇江市乡村振兴先进集体”称号、“镇江市创建国家公共文化服务体系示范区”称号、句容市高质量发展重要贡献奖等。

2023年4月22日，华阳街道2023年度党建工作会议召开 （本版照片均由华阳街道提供）

2023年12月21日，华阳街道企业家座谈会召开

2023年8月16日，“践行二十大 奋进新征程”第七届百姓大舞台文艺会演举行

2023年9月22日，华阳枢纽经济区自治公约、党建惠企实事项目发布会召开

2023年，华阳街道鸟瞰图

2023年8月15日，“贯彻二十大 奋进新征程”微宣讲比赛举行

2023年2月3日，“我们的节日”系列活动·金山街道元宵文化集市举行 （本版照片均由金山街道提供）

润州区金山街道获2023年度“镇江市社会治理现代化先进街道”称号

2023年，金山街道紧扣“文化金山、幸福金山”发展定位，真抓实干谋发展，凝心聚力抓经济，尽心尽力惠民生，各项工作呈现稳中有进、稳中向好的发展态势，在全区“走在前、做示范”中展现担当和作为。街道实现高质量发展绩效评价考核全区第一名，其中10项国民经济指标高效落实，11项GDP支撑指标稳进向好。高质高效完成宝盖山滑坡地质灾害治理和宝盖山体育公园建设。获评2023年度社会治理现代化先进街道、高质量发展先进单位、信访工作示范街道。西津古渡社区书记史梅玲获“江苏最美基层干部”称号。

2023年3月2日，金山街道学雷锋志愿服务活动启动仪式举行

2023年4月27日，省、市人大常委会领导调研人民民主金山街道实践站

2023年4月19日，“‘读’领风尚 阅见西津”润州第十五届“润心读书节”启动

2023年7月1日，开展从“党员全家福”到“党群全家福”七一主题党日活动

2023年1月30日，向“文化金山 幸福金山”出发会议召开

2023年春天，国家AAAA级旅游景区南山风景区　（本版照片均由南山街道提供）

润州区南山街道获“2023年度镇江市社会治理现代化先进街道”称号

南山街道东至沪宁铁路线，转谷阳路、官塘桥路、环山路，南与丹徒区接壤，西到九华山路，北接南徐大道，转至南山路、林隐路。地理位置独特，文化底蕴深厚。坐拥被宋代大书画家米芾赞为“城市山林”的国家森林公园南山风景区。苏东坡、骆宾王、王昌岭、康熙、乾隆等数百位文人墨客和帝王将相留下讴歌南山的华章。辖区总面积16.28平方千米，下辖五凤口、鹤林、檀山白龙湖、回龙、朝阳5个社区及回龙山水库管理所。2023年，南山街道获“2023年度镇江市社会治理现代化先进街道”称号。

2023年，镇江市和润州区领导实地考察南山街道投资环境，现场调度推进农村人居环境和铁路沿线环境整治工作

2023年1月29日，2023年南山街道高质量发展暨项目建设提升年动员大会召开

2023年11月17日，2023年民生实事项目新闻发布会召开

2023年10月23日，南山街道重阳节文艺会演暨医养融合进社区签约仪式举行

京口区谏壁街道获“2023年度镇江市社会治理现代化先进街道”“镇江市深入打好污染防治攻坚战先进集体”称号

2023年，谏壁街道推进街道各项事业全面发展。经济运行高质发展。中储粮智慧粮仓项目与高端医疗压力容器配件及储氢装备生产基地项目完成土地报批等上市前手续；基于5G全连接协同云平台的智能制造工厂开工建设。城乡环境持续优化。加强农村人居环境整治和连镇铁路环境整治，重点整改蒋家建材堆场、培蕾基质彩钢瓦厂房问题。推进谏壁西南片区城镇污水处理提质增效。提档升级谏壁文化馆，打造“最美文化空间”；实施公园路等道路修复工程，提档升级谏壁敬老院，新建谏壁街道未成年人保护工作站。创新基层治理方式。强化“一站式”矛盾调解中心建设，培育“老弗士”“聚和议事”等品牌，打造雩北村全国议事协商创新试验试点项目阵地建设。党的建设全面增强。组建产业发展型党建联盟，推广基层“京口名书记”工作经验，探索抓党建促乡村振兴新实践。

2023年12月8日，省长许昆林（右三）调研京口区谏壁街道矛盾纠纷调解处理中心 （本版照片均由谏壁街道提供）

2023年6月14日，京口区委主要领导督查铁路沿线环境综合整治和农村人居环境整治工作

2023年11月30日，街道召开“老弗士”基层治理品牌新闻发布会

2023年12月1日，谏壁街道政协联络委与民建界界别委员工作室揭牌仪式举行

2023年8月12日，开设月湖社区“红色列车”爱心暑托班并举办多项活动

科学技术

【概况】2023年，镇江市突出科技支撑，深入实施创新驱动发展战略，推动全市科创主体、平台、人才等持续增效扩容。新增中国“独角兽”企业2家、国家级专精特新“小巨人”企业22家、国家高新技术企业525家、省级“瞪羚”企业10家。新增省级工业设计中心6家、省级工程（技术）研究中心37家，省船舶与海洋工程设计研究院实体化运营。引进大专以上人才4万人，其中高层次领军人才178人，“人聚镇江,才享荣光”氛围更加浓厚。全社会研发投入占地区生产总值比重2.7%以上，列全省第七位；高新技术产业产值占规模以上工业产值比重达到54%，列全省第四位。镇江入围“全国城市创新能力百强榜”。丹阳市获评国家创新型县（市）。

2023年8月25日，坚决扛起走在前、做示范的镇江使命，奋力谱写“强富美高”新镇江现代化建设新篇章系列主题新闻发布会第三场“科技创新与人才强市”专场召开（杜娟 供稿）

2023年度镇江市科技创新“梦溪奖”名单

江苏恒神股份有限公司
江苏天奈科技股份有限公司
中船动力镇江有限公司
江苏恒顺醋业股份有限公司
江苏美科太阳能科技股份有限公司
江苏超力电器有限公司
中节能太阳能科技（镇江）有限公司
江苏省镇江船厂（集团）有限公司
江苏仅一联合智造有限公司
江苏金合能源科技有限公司

2023年度镇江市科技创新“梦溪奖”企业江苏恒神股份有限公司 （孙悦萌 供稿）

2023年度镇江市科技创新“梦溪奖”企业中节能太阳能科技（镇江）有限公司 （张闻 供稿）

2023年度镇江市科技创新“梦溪奖”企业江苏超力电器有限公司 （汪露 供稿）

2023年度镇江市科技创新“梦溪奖”企业江苏仅一联合智造有限公司 （曹利 供稿）

【**技术合同成交情况**】2023年，镇江市登记技术合同4437项，成交额152.02亿元，比上年增长20.85%。其中，技术开发合同1541项，合同成交额41.1亿元；技术转让合同274项，合同成交额2.71亿元；技术许可合同61项，合同成交额13.7亿元；技术咨询合同129项，合同成交额0.37亿元；技术服务合同2432项，合同成交额94.14亿元。

【**科技创新**】2023年，镇江市的国家高新技术企业认定通过率为68.9%，列全省第二名；高新技术产业产值占比提升至54%，列全省第四名；“中国独角兽”企业数量进入全国第19名、全省第四名；获省科学技术项目奖35项。

【**科技合作**】2023年8月12日，第八届中国创新挑战赛（镇江）暨2023年高校院所走进镇江产学研合作大会在镇江举办。有30个科技合作协议签约，近50所高校院所、84个专家团队、400余家企业及50余家金融机构、新型研发机构、新闻媒体等参会。12月8日，2023年南京都市圈创新挑战季高端装备制造产业专场活动在镇江句容举办，江苏天工科技股份有限公司、镇江同立橡胶有限公司等5家企业，分别与南京工业大学、镇江高端装备研究院等高校院所现场签订合作协议。组织80余家企业参加第21届中国国际人才交流大会、第五届中国—阿拉伯国家技术转移与创新合作大会、第二届中国—中东欧国家技术合作交流大会及各类综合性和专题型国际科技与人才交流大会10余场次，全年新增国际科技合作项目23项。

2023年8月12日，第八届中国创新挑战赛（镇江）暨2023年高校院所走进镇江产学研合作大会举办（卞婕 供稿）

【高新技术产业化】2023年，镇江市新增省级众创空间 4 家、市级科技企业孵化器 3 家、众创空间 2 家； 7 家省级科技企业孵化器绩效评价优秀，优秀率为20.6%，高于全省平均 6 个百分点。全市建有49家市级以上众创空间、46家市级以上孵化器、 4 家省级加速器、 6 家省级众创社区（试点），孵化场地面积165万平方米，拥有在孵、入驻企业2200多家，入驻团队超1000个，累计毕业（转化）企业近2000家。组织高新技术企业申报762家，认定525家，全市有效高新技术企业总数为1429家。

镇江 2 家企业上榜2023中国独角兽企业

2023年6月20日，2023中国独角兽暨潜在独角兽企业报告发布会在苏州举行，镇江市惠龙易通、美科太阳能入选中国独角兽企业，总估值25.4亿美元。位于丹阳经济开发区的讯捷医疗首次入选中国潜在独角兽企业，也是镇江市首个中国潜在独角兽企业。

2023年，上榜2023中国独角兽企业的惠龙易通国际物流股份有限公司 （张嵘 供稿）

2023年6月19日，江苏美科第100亿张硅片成功下线 （扬中政府办 供稿）

城乡建设与管理

【概况】2023年，镇江市践行人民城市理念，开展生态修复、城市修补，聚力建没宜居韧性智慧城市，推动建设美丽镇江、惠民镇江。346国道镇江城区段城市化改造工程、沪宁沿江高铁句容段建成通车，312国道宁镇段快速化改造工程主线基本贯通，谏壁一线船闸扩容改造工程开工建设。全市实施城市建设项目226个，其中市区实施城建项目134个，新建和改造城市道路34条，提档升级农村公路203千米。改造地下老旧燃气管网2.8千米；新建污水管网31.1千米，修复市政污水管网11千米，城市污水集中处理率97%。新建成“乐享园林”活力空间11处，开放共享城市绿地38处、20.6万平方米，镇江入选全国首批城市公园绿地开放共享试点城市。

【国土空间总规划】2023年，镇江市实现国土空间总体规划全覆盖，镇江市国土空间总体规划及 3 个县市国土空间总体规划分别于8月25日和11月6日通过省政府批复。市自然资源和规划局制定《镇江市国土空间分区规划报批要求》。推进镇级国土空间规划编制，印发《镇江市镇级国土空间规划编制工作指导意见（试行）》和《镇江市镇级国土空间规划编制指南（试行）》，按照“急用先编”原则，完成首批 5 个试点镇级国土空间规划编制工作。

【城市更新】2023年，镇江市形成《镇江市2023年城市更新体检报告》。组织各市（区）住建局、市自规局、市城投公司负责人赴外地考察学习，交流城市更新体制机制建设和城市体

2023年6月8日，京杭运河苏南段“三改二”暨谏壁一线船闸扩容改造工程开工动员会举行 （王朋 供稿）

检报告编制等工作，考察城市更新示范项目。古运河上段城市更新提升项目入选第二批省级试点项目。润州区三茅宫片区、京口区学府路以南片区等片区更新项目完成方案编制。

【城市建设重点工程】2023年，镇江市实施城建项目226个，完成年度投资120亿元。其中，市区实施城建项目134个，完成年度投资69亿元，70个项目竣工运行。346国道镇江城区段城市化改造工程、沪宁沿江高铁句容段建成通车，312国道宁镇段快速化改造工程主线基本贯通，谏壁一线船闸扩容改造工程开工建设。市区实施城建项目134个，新建和改造城市道路34条，提档升级农村公路203千米。改造地下老旧燃气管网2.8千米；新建污水管网31.1千米，修复市政污水管网11千米，城市污水集中处理率达97%。新建成“乐享园林”活力空间11处，开放共享城市绿地38处、20.6万平方米，镇江入选全国首批城市公园绿地开放共享试点城市。

346国道镇江城区段城市化改造工程主线贯通

346国道镇江城区段城市化改造工程起点始于240省道匝道入口处顺接346国道既有道路，终点为乔家门立交桥桥头东侧，全长7.481千米，规划红线宽50米，项目总投资7.6亿元。道路按双向六车道宽度对主路拓宽，另增设慢行系统，完善地下配套管网设施，包括道路、桥涵、给排水、供电、通信、燃气、照明、绿化等。346国道镇江城区段是“三横三纵三联”市域骨架路网重要组成部分，沿线串联镇江高新区、丹徒新城、南徐片区和官塘创新社区等城市新兴重点发展区域，东接沪蓉高速镇江支线，沿线有镇江高铁南站、扬溧高速出入口，并与市区多条主干路、次干路及支路交叉，是沿线交通节点联络的重要通道。

改造前的346国道镇江城区段（田冰 供稿）

2023年，改造接近尾声的346国道镇江城区段（田冰 供稿）

2023年1月13日，全市水利工作会议召开 （本版照片均由镇江市水利局提供）

镇江市水利局在江苏省水土保持目标责任制考核中获“优秀”等级

2023年，全市水利系统紧紧围绕市委、市政府部署要求，扎实开展主题教育，持续推动高质量发展。战暴雨、抗台风，全市实现安全度汛；保投入、抓建设，加快构建现代水网；补短板、促提升，厚植绿色生态本底；打基础、惠民生，助力乡村全面振兴；守底线、强监管，实现安全平稳发展；重规范、严法纪，坚持依法依规办事；学思想、固根本，全面加强党的建设，展现镇江水利新气象、新成效。

2023年7月17日，市委主要领导调研防汛防旱及河湖长制、林长制工作

2023年8月3日，市政府主要领导现场检查防汛减灾工作

2023年5月10日，镇江市防汛抢险军地联合演练在市防汛抢险训练场举行

2023年6月28日，市水利局组织召开庆祝建党102周年暨“七一”表彰会议

2023年3月22日，市水利局举办纪念“世界水日　中国水周”宣传活动启动仪式

2023年，西津渡历史文化街区创成“中国楹联文化示范街”（本版照片均由镇江城建集团提供）

镇江城建集团的西津渡历史文化街区创成“中国楹联文化示范街”，入选省数字人民币场景应用试点

2023年，镇江城建集团坚持稳中求进，综合实力显著提升，经营质效持续向好，品牌建设成效显著。聚焦主业、提质增效，产业能级不断提升，开发建设板块全年实现施工收入5.49亿元，房地产销售1.72亿元，本土国企房地产开发品牌获市场认可，城市服务板块“百姓汇”商贸食材配送业务新拓展客户22家。深化改革、强化治理，发展基础全面夯实，深入推进国企改革，强化内控创新激活机制。2023年，西津渡历史文化街区创成“中国楹联文化示范街”，入选省数字人民币场景应用试点，西津大市获省文旅消费热门新场景，西津文旅驿站入选省最美公共文化空间，西津渡实验剧场获评省示范小剧场；朱方建设获评省建筑业企业安全生产先进单位，崇实里项目获评江苏省人居环境优秀楼盘。

2023年3月8日，2023年度全面从严治党工作会议召开

2023年，崇实里项目获评江苏省人居环境优秀楼盘

2023年，城市服务板块“百姓汇”菜场新拓展22家客户

2023年，承建朱方绿城桃李云庐项目

2023年，承建金山西苑项目

丹徒区住房和城乡建设局获评江苏省市县防震减灾工作年度综合考核县级先进单位

2023年，丹徒区住房和城乡建设局推进提质增效“333”行动，1个达标区3.91平方千米建设任务如期高质完成；推进海绵城市建设，审查验收15个项目的建设方案，实施海绵改造面积3.97平方千米；落实征收拆迁，推进7个项目90户约2.18万平方千米签约，完成86户共1.87万平方千米搬迁任务；深入实施宜居宜业和美乡村建设，创成1个省级、2个市级特色田园乡村。积极开展隐患建筑整治三年行动，排查出隐患房屋39处，整治销号34处；实施农村老旧农房改善和危房清零工程，完成农房改善190户、危房整治228户，完成率100%；做好建筑施工、城镇燃气、自建房等安全生产专项整治，住建领域重大以上事故发生率为零。2023年，丹徒区住建局获评镇江市深入打好污染防治攻坚战先进集体。

2023年8月，丹徒区住建局开展“送清凉进工地”活动

2023年8月，党员干部下沉一线参与防汛救灾工作

2023年，为民纾困“保交楼”，业主点赞赠送锦旗

2023年，世业镇卫星村人居环境整治前后对比

2023年8月9日，丹徒区住建局举办城镇燃气安全培训学习班 （本版照片均由丹徒区住建局提供）

【城市绿化】2023年，镇江市建成“乐享园林”活力空间11处。其中，新建项目5个、改造项目6个，新改建公园绿地23公顷。制定《镇江市城市公园绿地开放共享试点实施方案》，首批试点开放镇江南山北入口、金山湖公园等38处20.63万平方米林下、草坪等绿地空间。出台《镇江市居住区树木修剪指南》，明确居住区常规修剪、回缩修剪标准及操作流程，规范居住区树木修剪行为。

滨江风光带等3个项目入选“江苏省公众喜爱的高品质绿色空间实践项目·乐享园林”名单

2023年6月，江苏省住建厅公布第二批50项“江苏省公众喜爱的高品质绿色空间实践项目·乐享园林”名单，“镇江市滨江风光带”等3个“乐享园林”活力空间项目入选。镇江市滨江风光带西接北固山，东连焦山，全长约3500米。提升改造项目围绕“公园绿地+”、服务“一老一小”等要求，对各类设施、绿化植被进行提升，同时增加体育及儿童活动空间，建好文化展示节点，完善服务功能。

2023年，镇江市滨江风光带部分文化游乐设施节点区域（孙悦萌 供稿）

2023年，入选第二批“江苏省公众喜爱的高品质绿色空间实践项目·乐享园林”的镇江市正泰生态体育公园　（孙悦萌　供稿）

2023年5月，入选“江苏省乐享园林”的丹阳市九房口袋公园　（张弛　供稿）

【污水处理】2023年，镇江市住房和城乡建设局印发《镇江市2023年城镇污水处理提质增效精准攻坚“333”行动工作任务》，推进14个污水处理提质增效达标区建设。通过省住建厅对镇江市2022年达标区建设的考核工作。推进长江经济带“4+1”（湖区城镇污水垃圾处理、化工污染治理、农业面源污染治理、船舶污染治理和尾矿库污染治理）工程，完成丹阳市导墅污水处理厂二期工程、句容市宝华污水处理厂二期工程、扬中市兴隆污水处理厂尾水提升生态安全缓冲区项目施工。年度建设污水管网14.58千米。

丹阳沃特污水厂改扩建工程完成竣工验收

2023年1月5日，丹阳沃特污水处理有限公司组织中铁市政环境建设公司、江苏高智工程项目管理公司、中设设计集团股份有限公司，并特邀丹阳市水利局、丹阳市质监站等组成竣工验收小组，对丹阳沃特污水处理厂改扩建工程进行竣工验收。最终验收意见：本次验收的丹阳沃特污水处理厂改扩建工程质量合格，符合验收条件，同意通过竣工验收。

2023年1月，改扩建工程通过竣工验收的丹阳沃特污水厂俯瞰图（沃特 供稿）

【自来水】2023年，镇江市自来水有限责任公司实现售水量1.33亿立方米，最高日供水量46.72万立方米，服务用户72.2万户；自来水水质综合合格率、管网水余氯合格率、管网水大肠菌群合格率、管网水浊度合格率和管网水压力合格率均为100%，综合管损率8.95%。新建和改造DN75以上城乡供水管网23.86千米。

【天然气】2023年，镇江华润燃气有限公司完成“镇镇通”工程，敷设燃气管网 9 千米；完成黄墟、高资、荣炳、宝堰乡镇配套管道，实现全市燃气管网的乡镇全覆盖。完成2.76千米老旧燃气管网升级改造及7000户老旧居民小区户内燃气立管改造，改善管网运行状态，提升居民生活质量。完成镇江世业镇LNG气化站、高桥LNG瓶组站建设，优化当地居民用气环境，减少用气隐患。落实居民用户“安燃”惠民行动，完成18.72万户安全保护装置加装、5.73万户居民橡胶软管更换。全年实现燃气销量5.6亿立方米，居民用户数2.97万户、工商用户414户。贯彻落实安全生产工作要求，2023年各类安全检查437次，发现并整改各类隐患186项，区域安全生产持续稳定。公司持续推动“润燃·‘镇’好”品牌建设，开展“党建联盟进社区、安全治理进社区、润燃服务队进社区、我为群众办实事”等主题实践活动。“燃气管家”企业微信完成42.67万户推广，提升服务的互动性、精准性、有效性。2023年，镇江华润燃气有限公司获评2023年度全市安全生产工作先进单位、高质量发展综合考核先进单位。

2023年6月16日，2023年度“安燃”惠民行动活动现场（本版照片均由华润燃气提供）

2023年12月12日，智慧燃气技术研发与应用中心建设三方框架合作协议签署并举行揭牌仪式

2023年4月25日，高桥镇LNG瓶组站正式投入使用

2023年9月20日，市区天然气“镇镇通”工程完成后，党员先锋队合影

2023年7月27日，华润燃气镇江区域华桑食品一期分布式光伏项目成功并网发电

【供电】2023年，镇江市城乡居民生活用电44.87亿千瓦时，比上年增长9.67%。全市有城市居民用户107.73万户、农村居民用户91.43万户。

镇江供电公司获2023年度镇江市优化营商环境“甘露奖”

2023年，镇江供电公司深入践行“人民电业为人民”的企业宗旨，坚持文化强企，聚力示范争先，努力在支撑产业强市、服务镇江现代化建设中走在前、作表率。深化“三个聚焦”，当好地方经济发展“先行官”。聚焦“快”，围绕全市“四群八链”布局，推进“开门接电”示范区建设。聚焦“省”，通过政企共担接入工程、欠费不停电等服务举措，累计为企业、居民客户降低用电成本2.7亿元。聚焦“好”，全省首家开展“主快全”抢修服务，故障恢复时间平均缩短37.2%。践行“三个主动”，即主动汇报电力保供形势，助力市委市政府高效科学决策；主动加快大电网建设，推进扬镇直流、句容抽水蓄能等电站重大工程；主动优化负荷管理，推动出台电力保供专项政策29项，实现需求响应资源全覆盖。聚力“三个建功”，擦亮为民服务央企“金招牌”，成立“台区+社区”联合党小组72个，办结民生实事319项。全量走访269个项目，“一窗联办”服务3万余人次，推广乡村电气化项目451个。全年牵头1项、参与4项国家标准获发布，1项成果获国网公司科技进步二等奖，1项科技成果获中电联国际领先评价。

2023年3月10日，省公司董事长、党委书记谢永胜到公司调研智慧配电网建设情况　（本版照片均由镇江供电公司提供）

2023年7月26日，公司领导率队到市“政风行风热线”现场，回应群众热难点问题

2023年8月2日，±200千伏扬镇直流工程铁塔架设组接现场

2023年9月14日，公司员工赴杭州亚运会电力保障一线

2023年1月11日，公司党员服务队对全国面积最大的屋顶分布式光伏电站进行安全检查

2023年12月18日，公司员工利用无人机进行雪后特巡

【城市道路管理】2023年，镇江市推进“四新”（新技术、新设备、新工艺、新材料）技术的引进、推广和使用，尝试沥青道路病害“治已病”到“治未病”的转变。提高市政道路桥梁养护标准，维修市区桥梁40余座、道路1.23万平方米。

【垃圾收运处置】2023年，镇江市制定《镇江市生活垃圾分类管理办法》，累计建成四分类小区1015个、达标小区560个，建设垃圾分类房369座，配置分类收运车辆953辆，补齐设施设备短板。镇江市列111个同类型中等城市第20名。焚烧厂处置生活垃圾52.52万吨，发电2.07亿千瓦时，餐厨收运量5.03万吨。

首部《镇江市生活垃圾分类管理办法》2023年6月1日起正式施行

2023年5月19日，首部《镇江市生活垃圾分类管理办法》新闻发布会举行，这部关于垃圾分类的地方性规章6月1日起正式施行，为全市生活垃圾分类工作提供明确的法律指引，具有破解全市垃圾分类难点、堵点、痛点的作用。《镇江市生活垃圾分类管理办法》共 8 章47条，遵循政府主导、属地负责、全民参与、社会协同、城乡统筹、系统推进的原则，在规划与建设，源头减量、分类投放和收集、运输与处置、促进与监督、法律责任等方面作出详细规定。重点解决垃圾分类设施落地难，收运处置全过程规范化、权责不清和机制不顺等方面问题。

2023年5月19日，《镇江市生活垃圾分类管理办法》新闻发布会举行 （《镇江壹周》 供稿）

【市容环境管理】2023年，镇江市城管局起草的《城管行业先锋服务驿站建设规范》被列入2023年度省地方标准制定项目计划。全市新增公共停车泊位4126个。改造路灯372盏，主次干道及支路亮灯率99%以上。重点解决占道经营、店面外溢、私搭乱建、乱倒垃圾、渣土车抛洒滴漏等不文明行为，加快推进公共厕所、垃圾箱（房）、中转站等整改达标。拆除市区违法建设18.36万平方米。

2023年10月30日，"美丽镇江·'镇'美管家"镇江市第二届"最美城管人"和首届"最美城管志愿者"发布仪式举办

镇江市城市管理局2023年获市级机关"十佳服务品牌"称号、全市"高质量发展综合考核特别奖"

2023年，全市城管系统坚持"以人民为中心"的发展思想，贯彻落实党中央决策部署和省、市部署要求，凝心聚力、主动作为、攻坚克难，奋力书写城市治理现代化建设新篇章。全市城管系统强化党建引领，集聚"'镇'美管家" 红色底蕴；坚持精管善治，全面提升市容；紧抓专项治理，努力破解城市顽疾痼症；聚焦民生需求，持续开展暖企惠民行动。2023年获评江苏省"我是美丽江苏小主人"教育实践活动"优秀组织单位"，服务品牌"'镇'美管家·守护美好家园"获市级机关"十佳服务品牌"称号、全市"高质量发展综合考核特别奖"。

2023年9月21日，市城管行政执法支队联合多部门集中打造城市文明窗口 （本版照片均由市城管局提供）

2023年5月6日，"五争五建"常态长效提升行动部署会表彰获奖单位

2023年12月18日，环卫先锋突击队彻夜战雪

2023年8月2日，"童眼看城管"系列夏令营举办

2023年，镇江市区黄山东路停车场新增停车泊位　（《镇江壹周》 供稿）

2023年，镇江市区焦山老大门停车场新增停车泊位　（《镇江壹周》 供稿）

2023年，镇江新增公共停车泊位4126个

2023年11月16日，镇江市城管局召开新闻发布会宣布，全市自2023年年初以来，新增公共停车泊位4126个，超额完成全年目标任务。

“新增4000个公共停车泊位”被列为2023年40项镇江民生实事项目之一。为缓解停车难题，打造更为便利舒适的出行环境，2023年，全市城管系统继续全力推进公共停车设施建设，努力在“挖潜”和“整合”上下功夫，统筹调节好出行安全与群众诉求。通过利用城市边角闲置地块、设置限时停车泊位等举措，扩大公共停车服务供给。同时，镇江市城管局牵头发改委等9部门制定出台《关于推进有条件单位内部停车场实行开放共享的实施意见》，推动4家停车场设置共享泊位433个。

当年，镇江全市新增公共停车泊位4126个（免费停车泊位1889个，收费停车泊位2237个），其中道路停车泊位994个，其他区域停车泊位3132个。

2023年12月，镇江市区新马路主体工程完工，开始安装智慧路灯系统　（《镇江壹周》 供稿）

2023年8月31日夜间，镇江市市政设施管理处组织人员对新河桥快车道桥面沥青进行养护维修 （《镇江壹周》 供稿）

“百日攻坚”重磅出击，主城区渣土运输安全管理取得新成效

从2023年5月开始，镇江市城市管理局联合公安等部门，开展主城区渣土运输安全管理扬尘治理“百日攻坚”行动，持续深入打好蓝天保卫战，助力打造天更蓝、山更绿、水更清的美丽镇江。整治行动期间，开展专项整治13次，检查处置工地58个，设卡检查车辆322辆次，查处违法违规行为16起，渣土运输车辆超载超速、超时限、超出核准线路运输和抛撒滴漏情况得到明显改善。另外，渣土运输车辆“净车出场”“一车一证”的落实达标情况也显著好转。

2023年，“百日攻坚”联合行动期间，城管、公安等部门人员正在检查渣土运输车辆 （《镇江壹周》 供稿）

人防纳凉场所免费向市民开放

2023年7月至8月，镇江市区第一个人防纳凉场所免费向市民开放。这个纳凉点由有“天然空调”之称的防空洞改造而成，内部面积约300平方米，温度长期保持在20℃左右，每天开放时间为9:00—18:00。市发改委（国动办）对这个全市首个免费开放的人防纳凉场所进行精心布置，设置人防知识宣传展区，配备休息桌椅，同时为纳凉游客、市民提供齐全的“避暑套装”，包括报纸杂志、人防宣传资料、饮用水、无线网络、防暑药品等物品。

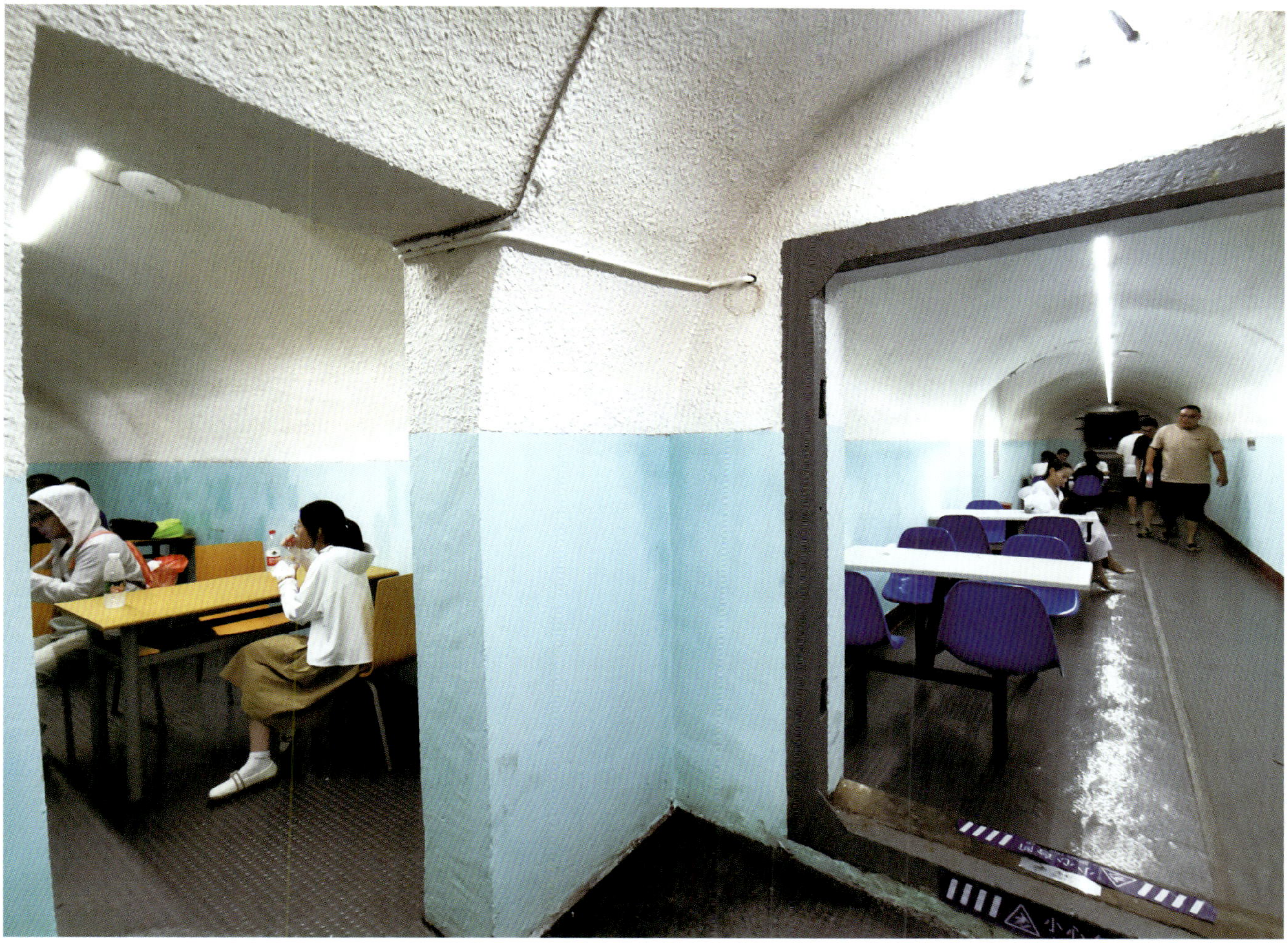

2023年8月3日，市民在纳凉点纳凉　（孙悦萌　供稿）

2023年，镇江首个新能源重卡换电站“江苏一点动力”新能源重卡换电站投运　（《镇江壹周》　供稿）

江苏瀚瑞投资控股有限公司服务镇江经开区产业发展和城市建设取得新成效

江苏瀚瑞投资控股有限公司是镇江市人民政府出资设立的全资国有集团，2023年，公司继续秉持“围绕产业、服务企业”发展定位，致力于服务镇江经开区产业发展。近年来，依托改革转型发展，逐步形成集园区基础服务、公共资源整合、资产运营管理、金融投资及实业经营于一体的综合性市属国有企业。2023年，获评镇江市五星级“工会好食堂”、镇江市档案工作先进集体、镇江市级女职工康乃馨服务站等；建设经营的“心湖微度假文旅生活圈”为第三批省级夜间文化和旅游消费集聚区建设单位和第三批江苏省文化和旅游消费便捷支付示范区，江苏圌山农业科技有限公司“圌绿”品牌南粳46获第三届“镇江好大米”金奖，镇江大路通用机场获评江苏省综合交通运输学会“优秀会员单位”，镇江日月照明有限公司安全闸站部获评“镇江市工人先锋号”等。

截至年底，集团注册资本65亿元，员工1000余人，主体评级AA+。旗下拥有深交所上市公司江苏大港股份有限公司 1 家，江苏瀚瑞资产经营有限公司、江苏瀚瑞金控投资有限公司、镇江新区公用建设发展有限公司、镇江新区城市建设投资有限公司等 5 家一级子（集团）公司，全资（实际控股）公司65家。

2023年5月19日，江苏瀚瑞控股2023年度经营发展大会召开 （本版照片均由瀚瑞控股提供）

2023年6月29日，瀚瑞控股庆祝中国共产党成立102周年座谈会召开

2023年12月20日，瀚瑞控股参加全省国资国企协同发展推进会并签署战略合作协议

2023年8月28日，瀚瑞控股债券在澳门金交所上市

2023年10月27日，“正青春”志愿者服务队开展活动

2023年5月25日，校企共建座谈会召开

2023年6月15日，瀚瑞·魔方公寓港南路店开业

2023年6月15日，镇江市首个刚性危废填埋处置项目竣工

2023年3月15日，心湖微度假文旅生活圈获评第三批省级夜间文化和旅游消费集聚区建设单位

教 育

【概况】2023年，镇江市推进教育“双减”试点改革，探索全员导师制，推动义务教育发展更加优质均衡。4项基础教育内涵建设项目成果获国家基础教育教学成果奖。扬中市创建“全国义务教育优质均衡发展市”通过教育部评估认定核查。全市年末有普通高校9所，本专科招生3.90万人，在校学生12.39万人，毕业生3.08万人；研究生教育招生0.64万人，在校生1.97万人，毕业生0.53万人。中等职业学校8所，在校学生1.97万人。普通中学106所，在校学生11.98万人，毕业生3.74万人。小学115所，在校学生17.73万人，毕业生2.64万人。九年义务教育巩固率100%，高中阶段教育毛入学率100%。全市有幼儿园284所，在园幼儿7.15万人。实施教育数字化战略行动，创成省智慧校园示范校20所，占比位居全省第一。新增6省中小学“一校一品”党建文化品牌项目。全省大一新生身体素质抽测连续四年总均分列全省第一。

镇江市“双减”试点工作取得阶段性成果

2023年12月8日，镇江召开“双减”试点工作新闻发布会。“双减”工作试点启动2年来，镇江市实现“两减一优”的预期成效，强化作业管理，减轻学生作业负担；攻坚校外整治，减轻学生校外培训负担，全市累计检查各类校外培训机构5.6万多家次，查处违规行为262家次，关停取缔无证无照校外培训机构156家，查处在职中小学教师1名。全市384家义务教育阶段学科类校外培训机构全部完成注销或转型，压减率100%；聚焦课堂内外，优化提升校园学习生活质态。全市推行“5+2”课后服务，课后服务参加率达96%以上，学生、家长满意度均超过98%。

2023年12月8日，镇江市“双减”试点工作新闻发布会召开 （《镇江壹周》 供稿）

2023年11月14日，江苏教育现代化30周年新闻发布会（镇江专场）召开　（教育发布 供稿）

江苏教育现代化30周年新闻发布会（镇江专场）举行　2023年11月14日，“江苏教育现代化30周年”融媒体宣传活动新闻发布会（镇江专场）召开。镇江市教育局领导作综合发布，介绍镇江在建设教育现代化进程中取得的突出成效及思考展望。

【教师队伍】2023年，镇江市有教职工47106人，其中专任教师37376人。高校教职工10326人，其中专任教师7349人；中职学校教职工1979人，其中专任教师1798人；普通中小学教职工23855人，其中专任教师22385人，包括小学阶段专任教师11329人，初中阶段专任教师7007人，高中阶段专任教师4049人；幼儿园教职工10763人，其中专任教师5674人；特殊教育学校教职工183人，其中专任教师170人。镇江市市属学校教职工总数2313人，其中专任教师2155人；中职学校教职工434人，其中专任教师394人；普通中学教职工1819人，其中专任教师1704人，包括初中专任教师940人，高中专任教师764人；特殊教育学校教职工60人，其中专任教师57人。通过“集中培训+线上学习+返岗教研”相结合方式，全市近3万名教师参加培训。全市通过多种途径招引995人，其中高校毕业生543人，占比54.6%。市属学校开展3次招聘，吸引5000余人报名，招录教职工73人，其中25人为教坛新锐人才。全年评选“十佳教师”57名、“镇江市优秀教育工作者”167名、第四批“教坛新秀”297名。16名教师获评正高级职称，432名获评高级职称。

2023年5月16—18日，第三届江苏省中小学青年教师教学竞赛在镇江举行　（教育在线 供稿）

【学前教育】截至2023年年底，镇江市有幼儿园284所，新（改、扩）建幼儿园 5 所，新增省市优质园16所。有在园幼儿71528人，学前教育三年毛入园率99%以上。普惠性幼儿园覆盖率（在公办园和普惠性民办园就读幼儿占比）92.61%，优质幼儿园覆盖率（在省市优质幼儿园就读幼儿占比）91.97%。有教职工10782人，其中专任教师6107人。幼儿园新增正高级教师 3 人。

2023年7月3日，镇江市幼儿园管理干部及园长培训班开班 （教育在线 供稿）

2023年6月，2023年镇江市园长课程领导力培训班开班仪式举行 （教育在线 供稿）

2023年4月18日，镇江市急救科教体验馆与市级机关中心幼儿园开展“呵护生命‘救’在眼前”急救科普活动 （祁莹 汤磊 供稿）

【义务教育】 2023年，镇江市有201所义务教育学校，其中，小学115所、普通初中61所，九年一贯制学校25所。义务教育阶段学生254378人，其中，小学177250人、初中77128人。全市建立47个义务教育集团。建立健全集团教研、人员流动、职称评聘、岗位晋升、捆绑考核等机制，均衡配置集团之间资源，推进区域教育均衡发展。全市入选2023年江苏省基础教育内涵建设项目24个。全市初中毕业生（含往届生、回考生）参加中考人数为23388人，初二考生数为24725人，其中，13538名学生被普通高中录取。

2023年5月17日，在“校村牵手兴农育人，亚夫精神薪火相传”主题教育（第三季）活动中，赵亚夫指导学生“小桶种稻”

“校村牵手兴农育人，亚夫精神薪火相传”主题教育（第三季）活动启动

2023年5月17日，由市教育局、市农业农村局主办的“校村牵手兴农育人，亚夫精神薪火相传”主题教育（第三季）活动启动。全国脱贫攻坚楷模、时代楷模赵亚夫在现场指导学生“小桶种稻”。开展第三季活动，有利于继续推进劳动教育纳入人才培养全过程，积极探索具有镇江特色的劳动教育范式，打造校村结合特色农耕文化创新教育实验典范，为乡村振兴和农业农村现代化建设培养后续力量。

2023年5月17日，“校村牵手兴农育人，亚夫精神薪火相传”主题教育（第三季）活动启动仪式现场　（本版照片均由《镇江壹周》提供）

丹徒区中小学德育基地揭牌

2023年12月20日，丹徒区举行全区中小学德育基地揭牌仪式。这一基地由区教育局和丹徒区见义勇为基金会联合建立，基地以见义勇为主题公园和展示馆为主阵地，丰富中小学德育实践内容，引领学生提升品德修养。

2023年12月20日，丹徒区中小学德育基地揭牌仪式举行　（《镇江壹周》 供稿）

2023年4月16日，2023年镇江市中小学生信息素养提升实践活动举行　（《镇江壹周》 供稿）

【普通高中教育】2023年，镇江市有公办普通高中17所，其中，省首批高品质示范高中建设立项学校1所，省四星级高中14所，省三星级高中3所。全市有38579名学生在公办高中就读。2023年，镇江市有公办普通高中17所，其中，省首批高品质示范高中建设立项学校1所，省四星级高中14所，省三星级高中3所。2023年招生的民办普通高中有5所（镇江正兴高级中学停招），6所民办普通高中共4046名学生。在2023年高考中，镇江市清华/北大万名学生占比位列全省第二，全省前100名学生万名学生占比列全省第三，纯文化本科达线率列全省第四，全市特殊类型达线（重点本科）人数为5022人，达线率39.4%，比上年提高 5 个百分点。全市入选2023年江苏省普通高中课程基地 2 个。

江苏省高中青年数学教师优秀课观摩与评比活动在江苏省镇江第一中学举办

2023年10月12—13日，江苏省高中青年数学教师优秀课观摩与评比活动在江苏省镇江第一中学举办，全省27名选手和300余名教师参加活动，3.7万名教师线上观摩。此外，第一中学还联合江苏大学教师教育学院举办2023年江苏省高中数学、高中英语骨干教师培训暨同课异构教学观摩活动。

2023年10月12—13日，江苏省高中青年数学教师优秀课观摩与评比活动现场 （李尊建 供稿）

【**普通高等教育**】2023年，镇江高校有在校生14万余人，其中，全日制本、专科生123942人，硕士研究生18216人，博士研究生1459人；教职工10326人，其中专任教师7349人。专业涵盖工科、理科、医学、农业、管理、经济、法学、文学、哲学、教育、艺术等10多个门类270余个专业。拥有国家级、省部级实验教学示范中心15个，国家级、省部级重点实验室11个，国家级重点学科 9 个，省部级重点学科18个，博士后科研流动站16个，博士学位授权一级学科19个。

江南学校获“全国师德建设先进集体”“江苏省文明校园”“江苏省优秀家长学校”等称号

江南学校占地面积5.2万余平方米，有42个教学班级，在籍学生2000多人，教职员工160人。学校办学条件一流，教学实验楼、阶梯教室、报告厅、食堂、图书馆、风雨球场、田径场、心理咨询中心及史地专用教室等俱全。江南学校弘扬“路虽远，行必至；事虽难，做则成”精神，秉持“从自主教育出发，为生命成长奠基”办学理念，注重内涵发展和特色建设，打造以“四有”为特质的优秀教师群体，开展教育教学改革，坚持“五育”并举，促进“双减”落地，推进全员导师制，强化课程改革，努力培养德智体美劳全面发展的现代中学生。江南学校以办“和润教育”为目标，以管理高效、质量领先、特色鲜明为标志，致力于把学校办成省内知名、全市一流的高品质初级中学。近年来，学校还获首批“全国中小学青少年校园足球特色学校”“江苏省心理健康教育特色学校”“江苏省平安校园”等称号。

2023年4月4日，副省长徐缨到江南学校调研（本版照片均由江南学校提供）

2023年4月27日，省教育厅领导调研江南学校安全工作

2023年，市教育局领导为获2023年镇江市区初中生校园篮球比赛女篮冠军江南学校队颁奖

2023年8月12日，江南学校男篮夺得“2023年江苏省青少年三人制篮球公开赛”冠军

2023年，江南学校梦飞扬合唱团合影

2023年4月28日，为庆祝建校25周年，镇江市江南学校举行教育教学成果展示活动

2023年，江南学校沧浪文学社经典朗诵活动

丹阳市华南实验学校获2023年度江苏省现代教育技术应用二等奖，获评江苏省“金钥匙”竞赛先进学校

丹阳市华南实验学校始建于2004年，占地8公顷。2023年，中小学分设，本部初中校区为“丹阳市华南实验初级中学”。学校有81个教学班，4300多名在校生，260余名专任教师，其中正高级教师1人、省特级教师2人，市级以上名优骨干教师100多人，学校拥有江苏省吴云网络名师工作室和丹阳市级名教师工作室6个。近年来，学校获“江苏省教科研先进集体”“全国校园足球特色学校”“全国气象科普教育基地”“江苏省智慧校园示范校”“江苏省艺术教育特色学校”“江苏省科学教育特色学校”“江苏省青少年信息学奥林匹克培训活动基地”“江苏省诗教先进单位”“江苏省绿色学校”等称号。“‘大数据’‘大礼包’助力作业‘减负增效’”入选江苏省第四批“双减”工作典型案例，省级“‘整全型’四有好教师团队”项目结项。

2023年11月14日，与马来西亚关丹中华中学缔结友好学校签约仪式举行（本版照片均由丹阳市华南实验学校提供）

2023年12月21日，华南实验学校教育集团、联盟校“研学课堂之自主互助样态”教学研讨举行

2023年10月，校篮球队获丹阳市第十四届“华校杯”教工男子篮球赛冠军

2023年3月23日，江苏省中小学信息学骨干教师交流活动在丹阳市华南实验初中举行

2023年12月15日，“廉洁文化进校园”文艺演出活动举行

2023年，丹阳市华南实验学校外景

【江苏大学】江苏大学是江苏省和教育部、农业农村部共建高校，入选江苏高水平大学建设高峰计划A类高校。2023年，该校有在校生40000余人，其中研究生14000余人、学历留学生2300余人（研究生比例达54%）。专任教师2700余人（具有1年以上海外经历的比例达43%）。校园占地面积3000余亩（200公顷），各类建筑面积120余万平方米。教学科研仪器设备总值13.8亿元。学科涵盖工学、农学、理学、医学、管理学、经济学、哲学、法学、文学、教育学、艺术学等十一大学科门类。设有34个教学机构，97个本科专业；有2个国家重点学科，1个国家重点（培育）学科，11个江苏高校优势学科；有15个一级学科博士点，45个一级学科硕士点，21个硕士专业学位类别；有14个博士后科研流动站。该校获国家级科技成果奖16项，有国家水泵及系统工程技术研究中心等一批国家级科技创新平台；与镇江市共建镇江国家大学科技园；建有国家知识产权培训（江苏）基地。牵头成立的现代农业装备与技术协同创新中心被认定为省部共建协同创新中心。先后与美国、英国、德国等64个国家和地区的242所高校及科研机构建立长期合作关系，建有中外合作办学机构江苏大学克兰菲尔德未来技术研究生院。学校在ESI综合排名列全球第440位、国内第42位；在软科世界大学学术排行居全球300强、国内40强；连续七年列《中国大学评价》全国高校排名前40名。2023年，该校获评首批全国健康学校建设单位、全国资源节约型绿色校园、省级书香校园建设示范点、省高质量平安校园建设高校。

2023年9月1日，中国共产党江苏大学第五次党员代表大会召开 （江苏大学 供稿）

【江苏科技大学】江苏科技大学是一所以工科为主的普通高等学校，是江苏高水平大学建设高校，教育部本科教学工作水平评估优秀学校，教育部卓越工程师教育培养计划高校，江苏省人民政府分别与国家国防科技工业局、中国船舶集团有限公司共建高校。U.S.News 2023世界大学综合排名列内地高校第130名；“2023软科中国大学排名”列全国第137名。学校有镇江长山、梦溪校区和张家港校区以及上海办事处，占地265.27公顷。截至2023年年底，学校有教职员工2500余人，其中专任教师1600余人。有正高职称人员260余人，副高职称人员800余人，博士1300余人。在校普通本科生23000余人，博士、硕士研究生5700余人，本、硕、博学历留学生700余人，张家港校区（江苏科技大学苏州理工学院）在校学生6300余人。

2023年9月26日，江苏科技大学2023级本科生开学典礼暨军训成果汇报会举行 （袁小淇 供稿）

【南京师范大学中北学院】南京师范大学中北学院成立于1999年，由南京师范大学与南京师范大学教育发展基金会共同举办，是首批经教育部批准成立的独立学院和经江苏省事业单位登记管理局批准成立的公益性事业单位。学院于2017年迁址丹阳办学。地址位于丹阳市正德路8号，占地面积900亩（60公顷），规划建设建筑面积38.75万平方米。学院基本形成语言类、管理类、工程技术类和艺术类四大专业群。有在校生9819人、教职工439人；设 8 个二级学院，有37个本科专业，涉及经、法、文、理、工、管、艺等门类。2023年，学院开展学风建设年系列活动，打造升学专区，开展“研途”系列升学护航活动。学院生源质量和就业质量稳步提升。全年录取新生4013人，创历史新高；开展线上、线下招聘会36场，发布招聘岗位数2.8万个；举办就业技能培训56场；开展访企拓岗专项行动64场；举办“送岗直通车”活动 4 场，输送毕业生政策性就业49人；毕业生年终就业去向落实率95.01%。

2023年，南京师范大学中北学院校园景色（仲泊 供稿）

【镇江市高等专科学校】2023年，镇江市高等专科学校占地面积近1000亩（667公顷），教学仪器设备总值近1.6亿元。有12个二级学院（部），设有45个专业，其中，央财支持的提高专业服务产业能力重点专业3个、省“十二五”重点专业（群）3个、省高水平骨干专业3个、省品牌特色专业2个、省高水平专业群2个。有在职教职工681人，其中专任教师480人（正高职称教师31人、副高职称教师237人），副高职称以上专任教师占专任教师的比例为55.9%。有享受国务院政府特殊津贴专家1人，省“333工程”第二层次培养对象1人、第三层次培养对象10人，省市突出贡献中青年专家2人，省“六大人才高峰”高层次人才团队3个、“青蓝工程”优秀教学团队3个，省高校“青蓝工程”学术带头人、国家和省市优秀青年骨干教师、优秀教育工作者60余人。

2023年11月18日，镇江高专月华湖广场竣工仪式举行（陈捷 供稿）

【江苏农林职业技术学院】 2023年，江苏农林职业技术学院开展形式多样的普法教育20余场，组织12061名学生参加第八届全国学生“学宪法 讲宪法”活动，获全省“学宪法 讲宪法”活动优秀组织奖。全年学院相关工作被省级以上各类媒体刊发报道179篇次，其中国家级媒体45篇次。立项教育部高校思想政治工作精品项目 1 项、省级“大思政课”实践教学基地 1 个，思政课教师获全国职业院校技能大赛一等奖 1 项、省级教学能力比赛一等奖 1 项、省高校思政课教学展示活动一等奖 1 项、省高职高专院校思政课中青年教师教学展示活动一等奖 1 项。成立“金种子”等 9 个辅导员工作室， 1 人获省辅导员年度人物入围奖。12月12日，学院举办建校100周年高质量发展大会。学院建成并开放新校史馆。

2023年，江苏农林职业技术学院校园景色 （胡长远 供稿）

【江苏航空职业技术学院】江苏航空职业技术学院有包含21个涉航专业的六大专业群，其中无人机应用技术专业群获评省高水平专业群。建成含63个校内实验、实训室的“五中心一平台”，强化职业素养训导，强化人才供给侧与需求侧的匹配度。牵头申报无人机测绘技术专业教学资源库建设项目和飞行器数字化制造技术国家级虚拟仿真实训基地，均获教育部立项建设。截至2023年年底，在校生突破9000人，生源质量提升，部分省份学生录取分数超本科线。毕业生留镇江人数增长。

2023年，江苏航空职业技术学院校园景色 （张闻 供稿）

【金山职业技术学院】金山职业技术学院系教育部备案、江苏省人民政府批准，独立设置的全日制民办普通高等学校。2023年，学院先后被评为“江苏省安全文明校园”“江苏省园林式单位”“江苏省平安校园”“江苏省教育工作先进集体”。

【职业教育】2023年，全市有中职和五年制高职学校 9 所（含不计校数），开设15个专业大类45个三年制中职专业、52个五年制高职专业，在校生2.55万人。镇江高等职业技术学校通过省中等职业学校领航计划建设单位期满考核。丹阳市被省教育厅、省发改委评为“2022年度职业教育改革发展成效明显的地区”。全市新获批省中等职业教育优质专业 2 个。江苏省司法警官高等职业学校升格为江苏司法警官职业学院，2024年起不再招收初中毕业生。在全国职业院校技能大赛中，镇江市学生选手获 4 个一等奖、 2 个二等奖。在省职业院校技能大赛中，镇江市选手获25个一等奖、35个二等奖、71个三等奖。在省职业院校教学能力比赛中，镇江市教师获 2 个一等奖、 1 个二等奖、 8 个三等奖。镇江高等职业技术学校在校师生5400余人，学校设有机电工程系、信息工程系、财经艺术系、旅游系和基础部等 5 个系部。2023年完成省“领航学校”创建任务，学校先后“获省五一劳动奖状及“省职业院校教学管理30强”等称号。

江苏省交通技师学院开学第一课

2023年9月18日，江苏省交通技师学院召开2023级新生开学典礼暨军训动员大会。学院党委书记刘元良为全体同学上“开学第一课”，寄语学生们努力学习、发奋图强，力争成为德智体美劳全面发展的高素质技术技能人才。院长李虎讲授“校史第一课”，勉励全体学生厚德精技、匠心筑梦，传承和践行劳模精神、劳动精神、工匠精神。学院邀请党的二十大代表、全国劳动模范、“江苏大工匠”、江苏广兴集团总工程师沈春雷，为新生上“匠心第一课”。学院组织新生军训。

2023年9月18日，江苏省交通技师学院“开学第一课”（本版照片均由《镇江壹周》提供）

2023年9月18日，党的二十大代表、全国劳模沈春雷为新生上课

2023年9月18日，江苏省交通技师学院开学新生军训

新生军训

【**社会教育**】2023年，镇江市建成 2 个省社区教育特色品牌，获批 6 个“江苏省社区教育共同体”，立项“游学”项目 1 个。新开发特色课程55门，编写社区教育教材（读本）69本。老年教育资源向基层延伸，全市55个镇（街道）建立老年教育机构。新创成1个省“养教联动”基地、2 个省老年教育特色品牌培育项目。镇江市老年大学选送的《锡剧教学与表演指导》入选省老年教育学习资源库。组织开展老年人运用智能技术教育培训，全年培训9600余人。镇江市青少年活动中心（江苏省镇江青少年综合实践基地）服务中小学生超11万人次，获评江苏新疆西藏青海少年儿童“手拉手”活动优秀集体，被命名为省级“大思政课”实践教学基地；省级楹联教育基地通过验收。镇江市少年宫获评“江苏省中小学生劳动教育与综合实践优秀基地”，“童享阳光·相伴成长”爱心暑托市级示范班获评省域突出单位。市少年宫推出31门公益课程，普惠500余名少年儿童。镇江市老年大学投入2000多万元，把老年大学加固改造工程列入为民办实事项目。老年大学将特色课程增加至21个，确定 3 个课程为品牌课程，在原有89门课程的基础上，新增书法研究、文学研究、古文精读、银龄幸福课、电吹管、乐理、专题瑜伽、东方旗袍、太极扇、语言艺术表演、视频班、掼蛋技艺班、交谊舞提高、历史研修等14门课程。

2023年11月15日，镇江开放大学首届中老年文化艺术节启动仪式举行 （《镇江壹周》 供稿）

镇江市特教中心获2023年度首批“镇江市平安校园建设四星级先进单位”、校润爱服务队获“五一巾帼标兵岗”

2023年，镇江市特教中心强化党建引领，聚焦高质量发展，党政目标考核获评教育局优秀奖。市福利院服务中心特教办学点挂牌教学，义务送教队为重残儿童持续开设温暖家庭课堂200余节。稳步推进“润心”行动，全面实行全员导师制，创建“一体化”的融合德育平台，五育并举。2名学生在全国青少年无人机大赛中获金牌，啦啦操获全国冠军，排舞获全国一等奖。以“懂学生 善教学 乐成长”研学课堂为切入点，稳健发展教师队伍，2名教师获国家级荣誉称号，1名教师获省青年教师教学基本功大赛一等奖。学校创新优化办学理念，办学特色进一步彰显。

2023年11月23日，省残联理事长姜爱军调研镇江市特教中心职业教育 （本版照片均由市特教中心提供）

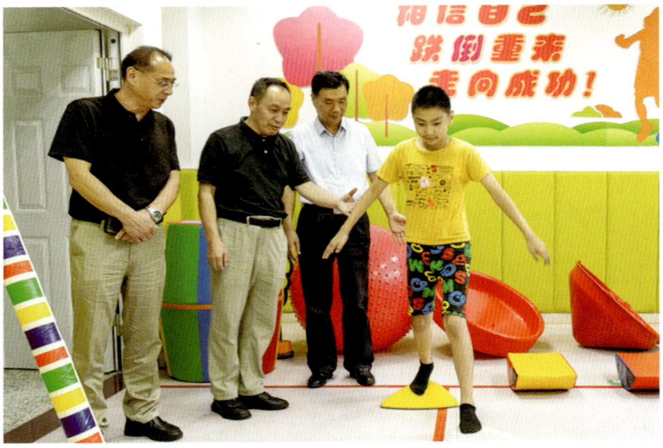

2023年8月19日，国家督学、中国教育学会常务副会长李天顺在市特教中心调研

2023年8月25日，镇江市社会福利院服务中心特教办学点签约揭牌仪式举行

2023年5月27日，老师李昂评全国大中小学校特殊教育共同体联盟“博爱塑魂奖”

2023年3月3日，老师陈志兰获评第八批“全国岗位学雷锋标兵”

2023年8月17日，2名学生在全国青少年无人机大赛中分获一等奖

2023年5月30日，校党总支组织全体党员、教师开展“特教先锋学党史 红色基因永传承”活动

2023年12月17日，校啦啦操队在全国啦啦操冠军赛获公开残障混合组·集体花球自选动作（完全组）冠军

卫生健康

【概况】2023年，镇江市巩固国家卫生城市建设成果，加快健全公共卫生体系，推动医疗保障服务能力持续增强。市、县（区）两级疾病预防控制局挂牌成立，市传染病医院应急病房楼竣工，全市二级公立医院绩效评价位居全省第一。句容市创成省级健康县（区）。心系“一老一幼”，加快推进医养结合养老服务体系建设，长期护理保险制度落地实施，新建全国示范性老年友好型社区 3 个，为37.2万名65岁以上老年人免费健康体检；新增普惠型托育机构18家，“一老一幼”整体解决方案被国家发展和改革委员会推荐为示范方案。开展全民健身活动，承办江苏省第二届智力运动会。

全市基层卫生健康便民惠民服务举措新闻发布会召开

2023年11月7日，全市基层卫生健康便民惠民服务举措新闻发布会召开。2023年8月，国家卫健委制定发布《基层卫生健康便民惠民服务举措》，市卫健委结合镇江本地实际，在充分调研论证的基础上制定《2023—2025年全市基层卫生健康便民惠民服务举措》，并在新闻发布会上公布，包括围绕方便居民就医、优化服务提供、简化就医流程、改善服务体验、做好慢病管理、提升签约感受六大方面的10条具体措施，进一步方便城乡社区居民就近、便利获得基本医疗和卫生健康服务，提升群众医疗获得感。

2023年11月7日，全市基层卫生健康便民惠民服务举措新闻发布会召开 （《镇江壹周》供稿）

2023年5月12日，镇江市政府和镇江市卫健委领导走访慰问一线护理工作者，向他们致以节日问候 （《镇江壹周》 供稿）

2023年，市传染病医院应急病房楼建成并被评为2023年度镇江市“十佳民生实事”之一 （《镇江壹周》 供稿）

镇江市卫生健康委员会获评2023年度市级机关综合考核“十佳单位”

2023年，镇江市卫生健康委牢牢把握高质量发展首要任务，以主题教育为主线完成各项任务，以人民健康为中心优化健康服务供给，以安全稳定为底线筑牢事业发展基石，以党建引领为核心推进全面从严治党，扎实推动卫生健康事业高质量发展，稳步提升人民群众健康水平。持续巩固“乙类乙管”常态化防控成果，通过国家卫生城市第五轮复审。卫健委机关在2023年度市级机关综合考核中获第一等次、获评“十佳单位”，卫健委机关及直属单位有5项工作入选全市新春“第一会”光荣册。

2023年6月6日，镇江市疾病预防控制局挂牌成立

2023年6月2日，镇江市智慧医疗发展促进会成立

2023年7月22日，“金山英才”医学领域引进高层次人才签约仪式举办

（本版照片均由市卫健委提供）

2023年3月24日，全市卫生健康工作会议召开

2023年2月27日，镇江市卫健委获全省卫生健康系统安全生产知识竞赛团体一等奖

2023年12月22日，镇江市第七届全民健康节开幕

2023年7月9日，镇江市举办“1+12”公立医院高质量发展创新提升项目专家评审暨授课活动

2023年11月16日，镇江市长期护理保险工作新闻发布会发布信息，全市有157人申请失能评估，79人经评估符合重度失能等级标准，首批25名重度失能人员开始享受长护险待遇（本版照片均由市卫健委和《镇江壹周》提供）

2023年2月16日，2023年镇江市文化科技卫生“三下乡”集中活动在镇江经开区姚桥镇举行，市卫健委组织7个志愿服务团在现场开展义诊和宣传慰问活动

2023年11月7—8日，2023年江苏省老年口腔技能竞赛决赛举行，镇江市代表队团体总分位列全省第二名，获团体一等奖

【综合医改】2023年，镇江市实施“1+12”（1个党建工作项目+12个业务工作项目）公立医院高质量发展创新提升工程，并开展中期评估和考评激励。建立公立医院运营绩效分析机制，9家市、区公立医院全年实现医药收入44.81亿元，比上年增长6.05%；医疗盈余4161万元，比上年增加1000万元。将县域医共体建设情况纳入全市乡村振兴实绩考核内容，扬中市《整岛一体化全市一盘棋依托县域医共体建设全力提升医疗服务质效》入选2023年度全国紧密型县域医共体建设典型案例。135个“全一专科联合门诊”安排上级医院专家坐诊合计3215天，接诊患者4.18万人次；20个康复联合病房设置康复床位350张，接收下转康复期患者1006人次。

市卫健委交流研讨，推进公立医院高质量发展

2023年3月3日，市卫健委召集市医疗集团、市区公立医院负责人，就推进公立医院高质量发展创新提升工作进行专题交流研讨。会议提出，善用新理念、新经验，把握方法路径，明晰目标定位，聚焦小切口、好操作、可推广，实施定向突破、精准改革。同时，打造新服务、新内涵，释放惠民温度。坚持公益性办医方向，让基层群众共享同质化医疗服务。

2023年3月3日，市卫健委推进公立医院高质量发展交流研讨现场　（市卫健委 供稿）

“镇江惠民宝2024”正式上线

2023年10月30日，“镇江惠民保2024”正式上线，接受市民投保。普惠型商业补充医疗保险“镇江惠民保2024”由镇江市医保局、国家金融监管总局镇江监管分局指导，中国人寿保险股份有限公司镇江市分公司等8家保险公司组建共保体共同承保，与基本医疗保险政策紧密衔接，具有不限参保年龄、不限既往病史、不限职业等特点。上线2年来，累计参保超110万人次，办理报销超1万件，累计赔付超过1亿元，最高单笔赔付79万元，单人累计最高赔付147万元，人均赔付超1万元。赔付年龄最小为3个月的婴儿，最大为95岁的老人，赔付率超过96%。

2023年10月30日，“镇江惠民保2024”发布暨上线启动会召开　（《镇江壹周》 供稿）

【卫生机构、床位和人员】2023年，全市有各级各类卫生计生机构1235个，其中医院类单位67个，基层医疗卫生机构1125个，专业公共卫生机构30个，其他机构13个。实有床位18162张，比上年增加159张，有卫生人员30707人，比上年增加1292人。有执业（助理）医师9795人，注册护士11088人，每千人拥有执业（助理）医师和注册护士分别为3.04人和3.44人。

【卫生收支情况】财政拨款。2023年，镇江市医疗卫生健康机构争取到各级财政拨款275798.22万元，比上年增加23080.29万元，增长9.13%。卫生健康机构（非医疗）财政拨款121523.66万元，增加3740.19万元，增长3.18%。全市医疗机构2023年实现收入1132735.49万元，比上年增加97776.37万元，增长9.45%。基层医疗机构医疗收入145393.82万元，占其收入比重的56.21%，增加10974.98万元，增长8.16%。全市卫生健康机构（非医疗）总收入123359.15万元，增加2869.29万元，增长2.38%，其中，实现事业收入1661.71万元，减少452.77万元，下降21.41%。

支出情况。全市医疗卫生健康机构2023年实现支出1228354.27万元，比上年增加64591.34万元，增长5.55%。公立医院支出859380.3万元，增加48417.68万元，增长5.97%。基层医疗机构年度支出244320.5万元，增加9030.99万元，增长3.84%。卫生健康机构支出124653.47万元，增加7142.53万元，增长6.08%。全市医疗机构完成门急诊工作量为1937.13万人次，比上年减少1065.8万人次，下降35.49%。公立医院实际开放总床日为359.38万床日，实际占用总床日为333.17万床日，病床使用率为92.71%，病床周转次数41.3次。基层医疗机构实际开放总床日为114.03万床日，实际占用总床日为55.75万床日，病床使用率为48.89%，病床周转次数为15.45次。

均次费用。公立医院门诊均次收费水平为301.84元，其中药品费107.74元；每床日平均收费水平1306.82元，其中药品费272.02元；出院者平均医药费用10624.45元，其中药品费2211.52元。基层医疗机构门诊均次收费水平为136.86元，其中药品费78.09元；每床日平均收费水平414.77元，其中药品费96.78元；出院者平均医药费用4628.83元，其中药品费1080.06元。

2023年12月22日，镇江市第七届全民健康节开幕式举行授牌仪式，市健康促进委员会办公室向句容市转颁江苏省健康县区奖牌 （市卫健委 供稿）

全市首家家庭药师工作室——京口区四牌楼社区卫生服务中心“雍彩萍家庭药师工作室”揭牌

2023年7月13日，“雍彩萍家庭药师工作室”挂牌成立。新成立的工作室在镇江市第一人民医院临床药学专业团队的支持和帮助下，创新体制机制、拓宽服务领域、增进服务内涵，积极探索家庭药师服务社区和家庭的新模式、新路径，进一步强化家庭药师服务的质量管理，明确家庭药师服务的制度机制、工作标准、操作流程，不断规范服务行为，提升服务质量，用心、用情、用力打通居民合理安全用药的“最后一公里”。

2023年7月13日，全市首家家庭药师工作室“雍彩萍家庭药师工作室”成立暨揭牌仪式举行 （市卫健委 供稿）

2023年6月25日，位于镇江经开区潘宗路的江苏融美医院开业运营 （王朋 供稿）

江苏大学附属医院安宁疗护医护联合门诊正式开诊

2023年3月8日，江苏大学附属医院安宁疗护医护联合门诊正式开诊。这个专为有安宁疗护需求患者开设的门诊在全市是首创。安宁疗护服务通过早期识别、积极评估、控制疼痛以及治疗其他症状，来预防与缓解身心痛苦，以改善患者及家人的生活质量为最终目的。江苏大学附属医院成立安宁疗护多学科团队，由老年科、肿瘤科、中医内科、疼痛科等相关专科医护专家及心理咨询师、社工师、芳香治疗师等组成。

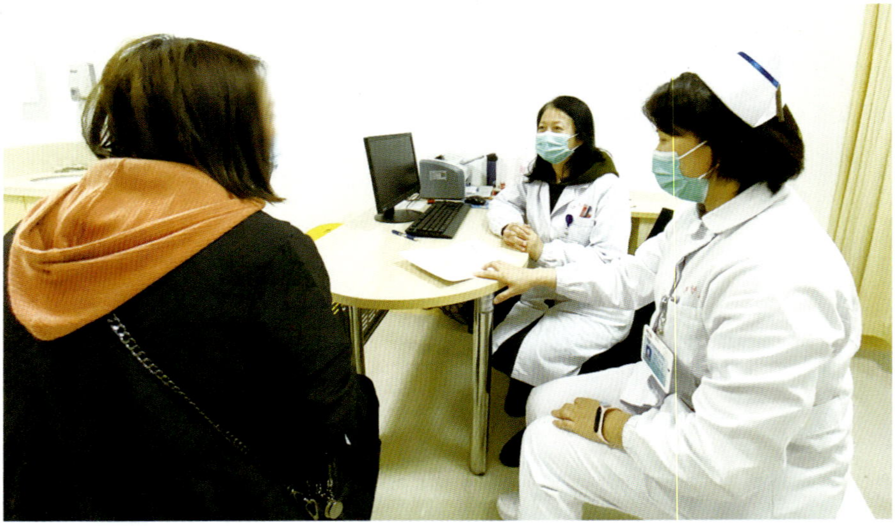

2023年，江苏大学附属医院安宁疗护医护联合门诊的医生们正在研究相关病例（《镇江壹周》供稿）

丹阳市妇幼保健院（丹阳市第二人民医院）通过“二级甲等妇幼保健院”评审，连续四年在国家妇幼保健机构绩效考核成绩均达到 A 等级

丹阳市妇幼保健院（丹阳市第二人民医院）是集临床、预防、保健、科研、教学于一体的二级甲等妇保院和综合医院，承担丹阳全市妇女儿童保健、医疗任务和丹阳市东部片区的综合医疗任务，是丹阳市唯一合法婚检单位。医院门急诊和病房楼总面积 5 万余平方米，开放床位300张，年门诊量100万人次，年住院 3 万人次。医院开设26个临床保健科室、8 个医技科室，其中儿、产科为镇江市重点专科。医院先后创建成镇江市“新生儿危急重症救治中心”和“孕产妇危急重症救治中心”。近年来，先后与复旦大学附属妇产科医院上海市红房子妇产科医院、上海国际和平妇幼保健院、南京医科大学附属南京儿童医院、镇江市江滨医院、359医院开展相关合作。

2023年5月5日，镇江市和丹阳市政府领导到保健院考察工作（本版照片均由丹阳市妇幼保健院提供）

2023年6月8日，丹阳市妇幼保健院党委换届选举大会召开

2023年6月16日，与上海市红房子妇产科医院合作签约仪式举行

2023年9月23日，与南京市胸科医院胸外科曹珲工作室签署合作协议

2023年8月26日，保健院医疗质量与安全会议召开

2023年，丹阳市妇幼保健院（丹阳市第二人民医院）外景

京口区健康路街道创成省级“15分钟医保服务圈”省级示范点，并获“江苏省爱国卫生运动70周年表现突出集体”称号

2023年，健康路街道坚持稳中求进工作总基调，推进高质量发展。党的建设开创新局面；围绕“高质量发展”任务，经济发展取得新突破；深入践行“人民城市”理念，城市品质实现新提升；突出“精细治理”目标，民生福祉彰显新成效。2023年，健康路街道一般公共预算税收收入、实际使用外资、新列统投资额、项目招引等 4 项经济指标均位居京口区前列，国际雷迪森生活广场成功签约，实现亿元以上重大项目招引零的突破。2023年，健康路街道获评省级“人民满意窗口”建设质量提升工程先进单位等。

2023年11月12日，京口区领导推进国际雷迪森生活广场改造项目落实 （本版照片均由健康路街道提供）

2023年6月16日，优化营商环境座谈会召开

2023年6月29日，“共驻共建 惠民先锋”党建联盟签约仪式举行

2023年4月27日，与南京工程学院信息与通信工程学院党委党建结对共建签约仪式举行

2023年7月28日，苏宁人才友好街区开街

2023年12月13日，开展街校社联学共建暨“头雁讲坛”活动

2023年，大路镇卫生院掠影（本版照片均由大路镇提供）

镇江经开区大路镇获“2023年度国家级卫生镇”称号

大路镇位于镇江经开区东部，总面积41.67平方千米，耕地1687公顷。下辖9个村民委员会，户籍户数10610户、人口28057人。全镇工业企业450家，其中规模以上工业企业36家、完成规模以上工业总产值10.7亿元，完成固定资产投资9.66亿元，完成一般公共预算收入7322万元。全年完成亿元以上项目签约6个。完成限额以上批发业销售额23.24亿元。大路镇东岳村入选江苏省特色田园乡村。全镇完成7000亩（466.67公顷）高标准农田项目建设，总建成面积1.95万亩（1300公顷），创成市级高标准农田建设示范乡镇。

2023年2月7日，镇江市大路镇第十六届人民代表大会第二次会议召开

2023年11月22日，“见义勇为、见义善为、见义智为融入网格化治理”启动仪式举行

2023年11月，大路镇“东乡云飏汤制作技艺”项目入选第五批江苏省非物质文化遗产代表性项目名录

2023年，中交一公局港发（江苏）建筑科技有限公司试产

2023年7月17日，东岳村入选江苏省特色田园乡村名单

2023年，大路镇鸟瞰图

镇江瑞康医院获评“江苏省青少年脊柱健康防控联盟镇江防控中心”“2023年市级临床重点专科（骨科）建设单位”

镇江瑞康医院是亚太医疗集团和镇江经开区合资开设的中美合资二级甲等综合医院，是镇江市医保、生育、工伤保险定点医疗机构。2023年，瑞康医院确定新五年发展战略定位为区域中心医院，立足并深耕经开区，构建区域内一体化医疗服务模式。强学科发展之路是新五年发展规划主线。4月，镇江市急救中心瑞康医院急救点正式成立；7月，引进全新一代美国美敦力公司O型臂X射线机、S8手术导航仪和手术机器人系统，建起数智骨科一体化手术平台，推动科技与医疗融合，创建省内首家AiBLE数智骨科一体化诊疗中心，并成功开展镇江市首例脊柱机器人手术。

2023年8月8日，亚太医疗集团与美敦力达成战略合作协议，开启瑞康医院数智骨科新征程 （本版照片均由瑞康医院提供）

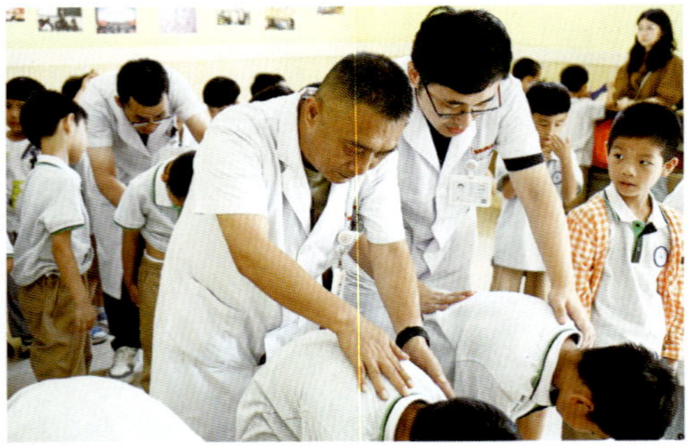

2023年，开展脊柱侧弯筛查进校园活动

2023年7月10日，获评江苏省青少年脊柱健康防控联盟镇江防控中心

2023年4月26日，镇江市急救中心瑞康医院急救点正式成立

2023年8月，获评2023年江苏省老年友善医疗机构

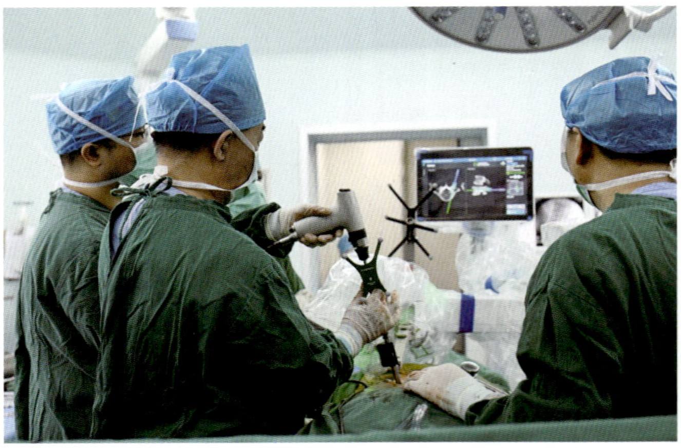

2023年10月19日，成功开展镇江市首例脊柱机器人手术

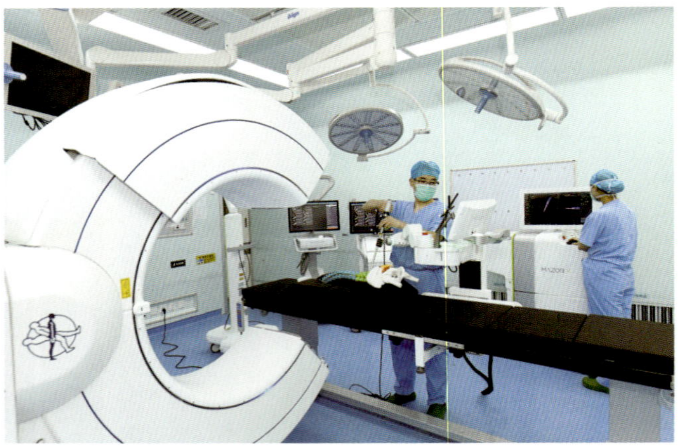

2023年8月，创建省内首家数智骨科一体化手术平台

2023年3月26日，“点燃生命的希望”第21届镇江青年造血干细胞捐献志愿集中行动举行（《镇江壹周》供稿）

经普杰成为镇江市第107例造血干细胞捐献者

2023年3月21日，26岁的江苏大学博士生经普杰在南京明基医院完成造血干细胞捐献，成为全国第14897例、镇江市第107例造血干细胞捐献者。出生于河北省廊坊市的经普杰是江大计算机科学与通信工程学院在读博士生，他热心公益，累计献血26次、捐献成分血50个治疗量。

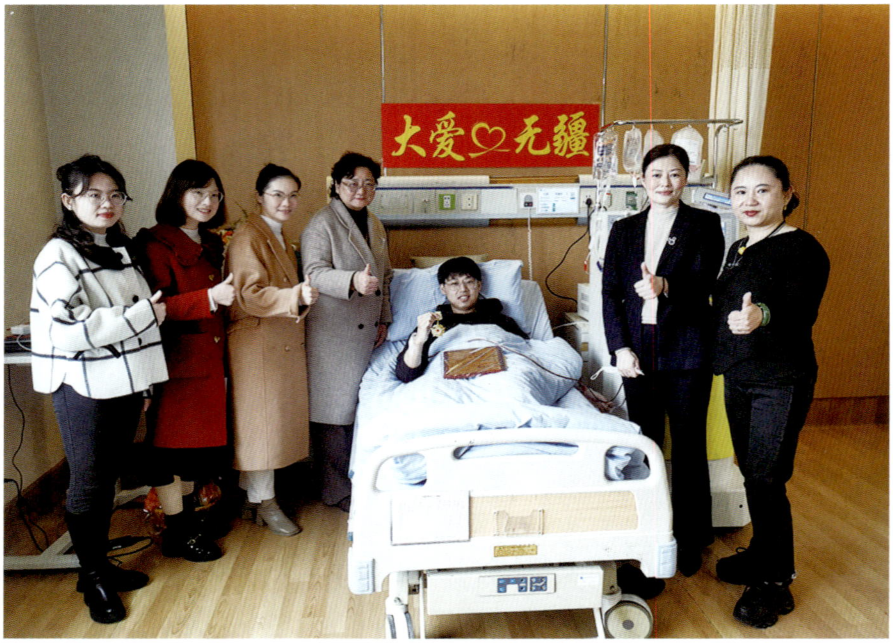

2023年3月21日，镇江市红十字会领导看望慰问经普杰

2023年5月11日，镇江市红十字会欢送镇江第109位造血干细胞捐献者周意欣赴宁捐献干细胞

2023年5月22日，镇江市第101例造血干细胞捐献者林荣玉

2023年11月29日，镇江市代表队在省首届中小学急救教育展示活动中获团体二等奖 （本版照片均由《镇江壹周》提供）

体 育

【概况】2023年，镇江市有新注册教练员213人、运动员1953人，新输送田径、游泳、足球、排球、跆拳道等项目7人进入省优秀运动队。输送的运动员在2023年世界大赛获2枚金牌、1枚银牌、1枚铜牌，在亚洲比赛获2枚金牌、2枚银牌、2枚铜牌，在全国比赛获16枚金牌、11枚银牌、7枚铜牌。组织9期全市二级裁判员培训班、6期市级及以上教练员培训班。

2023年度镇江市运动员参加国际及全国大赛成绩一览表

赛事名称	大项	小项	运动员	性别	名次
2023年苏迪曼杯世界羽毛球混合团体锦标赛	羽毛球	混合团体	郑雨	女	1
2023年第31届世界大学生夏季运动会	田径	女子20公里竞走团体赛	季杰	女	1
2023年世界U20摔跤锦标赛	摔跤	女子76公斤	刘雨棋	女	2
世界少年摔跤锦标赛	摔跤	女子73公斤	刘雨棋	女	3
2023年亚洲少年田径锦标赛	田径	女子5千米竞走	杨惜珍	女	1
2023年第十一届亚洲青少年武术锦标赛	武术散打	男子少年组48公斤	缪佳鑫	男	1
2023年亚洲击剑锦标赛	击剑	女子佩剑团体	杨恒郁	女	2
2023年杭州亚运会	排球	男子排球	于垚辰	男	2
2023年亚洲击剑锦标赛	击剑	女子佩剑个人	杨恒郁	女	3
2023年杭州亚运会	击剑	女子佩剑团体	杨恒郁	女	3
2023年全国男子青年柔道锦标赛暨男女混合团体赛	柔道	男女混合团体U18组	池雨婷	女	1
2023年全国U17国际式摔跤锦标赛	摔跤	女子49公斤	洪静	女	1
2023年全国U17国际式摔跤锦标赛	摔跤	女子73公斤	刘雨棋	女	1
2023年全国U15国际式摔跤锦标赛	摔跤	女子54公斤	董子晨	女	1
2023年全国U15国际式摔跤锦标赛	摔跤	女子62公斤	赵敏	女	1
2023年全国竞走冠军赛暨青少年竞走锦标赛	田径	3000米竞走	张顺顺	男	1
2023年全国青年（U20）田径锦标赛	田径	4×400米接力	郭靖伟 肖衡	男	1
2023年全国青年（U20）田径锦标赛	田径	400米	肖衡	男	1
2023年全国青少年U系列曲棍球锦标赛暨全国第四届中学生曲棍球锦标赛	曲棍球	女子U18学校组	扬中市第二高级中学曲棍球队	女	1
2022年全国青少年柔道锦标赛	柔道	女子U20组	易苏梅	女	2
2023年全国击剑锦标	击剑	成年组女子佩剑团体	杨恒郁	女	2
2023年全国少年乒乓球锦标赛	乒乓球	女子单打	夏小茜	女	2

续表

赛事名称	大项	小项	运动员	性别	名次
2023年全国青少年散打锦标赛（少年组）	武术	散打乙组48公斤	缪佳鑫	男	2
2023年全国中学生摔跤锦标赛	摔跤	女子54公斤	董子晨	女	2
2023年全国中学生摔跤锦标赛	摔跤	女子62公斤	赵敏	女	2
2023年全国青少年U系列曲棍球锦标赛暨全国第四届中学生曲棍球锦标赛	曲棍球	女子U15学校组	扬中市第一中学曲棍球队	女	2
2023全国田径接力锦标赛	田径	男子4×400米接力	肖衡	男	3
2023年全国青少年U17女排冠军赛	排球	女子排球	亢淼	女	3
2023年全国青少年U17男排冠军赛	排球	男子排球	刘星元 于炜纶	男	3
2022全国国际象棋（团体）锦标赛	国际象棋	团体	蔡博珩	女	3
2023年中国第一届学生（青年）运动会	田径	公开组女子10000米竞走	杨惜珍	女	1
2023年中国第一届学生（青年）运动会	游泳	公开组男女4×100米混合泳接力	董杨敏慧	女	1
2023年中国第一届学生（青年）运动会	武术	套路校园组中学组男子自选太极剑	刘奎泽	男	1
2023年中国第一届学生（青年）运动会	足球	校园组中学女子组	陈雨琪 高文雅 霍悦欣 孙欣 夏焱 周钰霏	女	1
2023年中国第一届学生（青年）运动会	毽球	校园组中学组女子单人盘踢计数赛	李贵静	女	1
2023年中国第一届学生（青年）运动会	田径	校园组大学甲组女子5000米竞走	季杰	女	1
2023年中国第一届学生（青年）运动会	乒乓球	校园组大学组女子团体	杨霁雯	女	1
2023年中国第一届学生（青年）运动会	足球	公开组女子U16组	廖正霞	女	2
2023年中国第一届学生（青年）运动会	武术套路	校园组中学组男子自选太极拳	王星照	男	2
2023年中国第一届学生（青年）运动会	毽球	校园组中学组男子单人盘踢计数赛	汤东斌	男	2
2023年中国第一届学生（青年）运动会	毽球	校园组中学组四人混合接力赛	汤东斌 朱璨 李贵静 杨雄梅	混合	2
2023年中国第一届学生（青年）运动会	排球	公开组男子U16组	于炜纶 刘星元	男	3
2023年中国第一届学生（青年）运动会	田径	公开组男子10000米竞走团体	吴丹 张顺顺	男	3
2023年中国第一届学生（青年）运动会	游泳	公开组男女4×100米自由泳接力	董杨敏慧	女	3

2023年4月12日，江苏省第二届智力运动会开幕式举行（《镇江壹周》供稿）

江苏省第二届智力运动会在镇江举办

2023年4月12—19日，江苏省第二届智力运动会在镇江举办。江苏省第二届智力运动会由江苏省体育局、镇江市人民政府主办，设置围棋、象棋、国际象棋、桥牌、国际跳棋、五子棋、飞镖、魔方、掼蛋9个大项、93个小项。由全省13个设区市组队参赛。各项目分设公开组、青年组、大学生组、少年组、儿童组等组别，比赛录取前八名，比赛前三名颁发金、银、铜奖牌，另设“体育道德风尚奖”“优秀组织奖”“参赛成绩奖”等奖项，参赛运动员、教练员、裁判员、媒体记者、志愿者、工作人员近3000人。本届智运会群众性特点突出，参赛运动员最大年龄75岁，最小年龄5岁，17周岁以下青少年运动员占比54%，其中有世界冠军、全国冠军、世界纪录保持者的参与。镇江市代表团在本届智运会上取得7金9银5铜，金牌数列全省第五名，奖牌数并列全省第四名，总分列全省第四名。镇江市体育局获江苏省第二届智力运动会特别贡献奖。

2023年，江苏省第二届智力运动会上的飞镖项目和五子棋项目比赛现场（《镇江壹周》供稿）

2023年长三角第一届青少年游泳俱乐部联赛在镇江市举行　（《镇江壹周》 供稿）

2023年长三角第一届青少年游泳俱乐部联赛在镇江市举行

2023年9月2日，2023年长三角第一届青少年游泳俱乐部联赛在镇江市体育会展中心综合训练游泳馆开幕。比赛为期2天，来自长三角各地的56支代表队、近2000人参加。比赛按年龄分为7个组别，设有50米自由泳、100米蝶泳，男女混合4×100米接力等7个项目。该赛作为长三角首届，开创长三角游泳一体化发展的先河。

2023年6月26日，2023年全国武术套路锦标赛资格赛(长拳类项目赛区)在镇江开幕　（《镇江壹周》 供稿）

2023年7月18日，中国击剑协会认证C级赛——2023年“江山杯”击剑公开赛在镇江举行

2023年9月2日，2023年江苏省青少年击剑俱乐部联赛在镇江举行

2023年5月28日，2023年镇江市青少年航空模型比赛举行 （本版照片均由《镇江壹周》提供）

镇江市体育局获全市“高质量发展综合考核特别奖”

2023年，镇江市群众体育、竞技体育、体育产业呈良好发展态势，全力打造“全民动起来镇江跑起来”服务品牌。承办江苏省第二届智力运动会，镇江收获“7金9银5铜”。全市安装480套健身路径、160张室外乒乓球桌、165副篮球架。新建或改扩建体育公园8个、健身步道15千米，多功能运动场8个，与市政协和相关部门共同建设宝盖山体育公园。全市13家大型公共体育场馆全年免费或低收费开放服务市民近百万人次。江苏瑞克健康科技股份有限公司入选江苏省体育产业基地（2024—2026年度）名单。为江苏圣海服饰科技有限公司等4个项目争取到340万元省级体育产业发展专项资金。全年体育彩票累计销售11.76亿元，创历史新高。

2023年2月28日，江苏省第二十届运动会镇江市体育代表团总结大会召开。该运动会上，镇江市905名运动员参加27个大项比赛，以37金29银49铜、奖牌115枚、团体总分1480分，完成“金牌总数超上届、精神文明获丰收”目标 （《镇江壹周》 供稿）

2023年7月4日，“奔跑吧·少年”镇江市“千场万人”暑期青少年系列体育公益培训拉开帷幕 （市体育局 供稿）

2023年成都大运会上，镇江籍运动员季杰在女子20千米竞走团体决赛中参赛，为中国队夺冠 （市体育局 供稿）

镇江新区航空体旅融合基地入选江苏省体旅融合发展示范基地认定名单

2023年8月，江苏省体育局、省文化和旅游厅公布第二批江苏省体旅融合发展示范基地认定名单，镇江新区航空体旅融合基地入选。该基地占地8万平方米。建有航空运动俱乐部大楼、无人机训练场、航模跑道、航海模型训练场、航空运动科普馆等基础设施，以及航空主题酒店、航空主题餐厅、航空体育文创街区等配套设施。基地与江苏省航空运动协会合作成立江苏省航空运动研究院，形成航空运动培训中心、航空运动赛事中心、航空体育旅游中心、飞行体验中心、航空体育文化开发推广中心、航空体育研学产品化中心等六大中心，累计接待游客约5万人次。

2023年，镇江新区航空体旅融合基地掠影 （《镇江壹周》 供稿）

【**群众体育**】2023年，镇江市以打造“全民动起来 镇江跑起来”服务品牌为切入点，举办包括“推进全民健身 践行低碳环保 共创美好生活”2023健步走江苏活动、第五届城市业余联赛、第五届镇江南山越野赛、2023年镇江市社区运动会、健身指导进机关进乡村进企业在内的全民健身赛事活动近300场次。全年全市安装480套健身路径、160张室外乒乓球桌、165副篮球架。新建或改扩建体育公园8个、健身步道15千米、多功能运动场8个，建设宝盖山体育公园。丹阳市凤凰步道入选“2023年江苏省最美跑步线路年度榜”；市老年人体育协会获“江苏省先进社会组织”称号，市航空运动协会、市足球运动协会创成AAAAA级社会组织，句容市健身操（舞）团队等3家健身团队入选“2023年度江苏省优秀民间健身团队”。全年全市13家大型公共体育场馆获上级低免开放补助资金553万元，低免开放服务市民近百万人次，体育会展中心综合训练馆被体育总局办公厅确定为公共体育场馆开放使用第一批典型案例。世业镇卫生院获评2023年江苏省基层慢病运动健康干预优秀实施单位。深化体教融合，连续四年在全省大一新生身体素质抽测中列第1名，连续五年开展暑期青少年体育公益培训；打造“千场万人”公益培训特色品牌，累计为4万多名青少年提供技能培训；创新举办3场“奔跑吧·少年”儿童青少年主题健身系列活动。镇江8岁选手姜凌坤，在越南河内举行的2023年亚洲魔方锦标赛金字塔魔方项目中，以平均1.70秒的成绩打破亚洲纪录。镇江市棋手徐旭霞代表江苏队参加第五届全国智力运动会象棋项目公开女子组比赛获冠军。4月15日，由镇江市卫健委、镇江市老年人体协、丹阳市人民政府主办的镇江市暨丹阳市老年人体育节（江苏省老年人体育节分会场）开幕式在丹阳市人民广场举行，活动主题为“奋进新征程 健身我先行”。

2023年8月8日，2023年镇江市“全民健身日”暨“奔跑吧·少年”“千场万人”体育公益健身培训主题活动启动仪式及现场健身培训活动举行　（《镇江壹周》 供稿）

2023年10月14日，2023健步走江苏大型公益体育系列活动（镇江站）在南山北入口广场举行 （《镇江壹周》 供稿）

2023健步走江苏大型公益体育系列活动在镇江举办

2023年10月14日，由镇江市政府、江苏省体育局、江苏省发展体育基金会主办的2023健步走江苏大型公益体育系列活动（镇江站）举行，跆拳道奥运冠军赵帅、郑姝音宣读全民健身倡议。活动以“推进全民健身 践行低碳环保 共创美好生活”为主题，通过健步走的形式宣传低碳环保，千余名健步爱好者从南山北入口广场出发，沿环山绿道步行至南山西入口广场，全程约 5 千米。

2023年6月28日，第四届健康江苏健步走启动仪式在镇江世业镇举行 （《镇江壹周》 供稿）

2023年1月，由国家体育总局组织开展的2022年全民健身志愿服务项目库征集活动评选揭晓，镇江市报送的“星星共享爱——自闭症儿童运动康复训练营”志愿服务项目入选。图为2023年康复训练营夏季游泳活动 （《镇江壹周》 供稿）

2023年12月14日，“魅力江苏 最美体育”2023年度颁奖仪式暨江苏省第四届网络全民健身运动会闭幕，镇江获江苏省第四届网络全民健身运动会优秀组织奖 （卞婕 供稿）

2023年8月26日，2023年镇江市社区运动会启动仪式暨社区五人制足球赛开幕式举行 （《镇江壹周》 供稿）

【体育交流】2023年5月31日，山西省运城市体育局一行6人到镇江市调研智慧体育建设工作，双方重点就智慧体育如何建设，体育类校外培训机构的监管方式、运营模式等方面进行探讨，并现场考察场馆运营管理以及场馆信息化建设情况。6月16—17日，拉萨市体育局考察团到镇江考察调研，考察团先后考察世业洲、市全民健身中心，并就体医融合、市全民健身中心运营管理和特色化运营等进行现场交流。10月20日，市委主要领导会见到访镇江市的中国武

2023年11月10日，美洲队中国行·镇江赛区国际足球邀请赛在镇江体育会展中心举行 （市体育局 供稿）

术协会副主席、江苏省武术运动协会主席、海澜集团创始人周建平一行，双方就成立镇江市武术运动协会、推进群众体育高质量发展等事宜进行交流。

社会事务

【人口家庭】2023年，镇江市推进“一件事一次办”。以“一老一小”为重点，建立健全覆盖全生命周期的人口服务体系。开展新生儿出生“一件事一次办”，保障新生儿就医权益，全年办理1002件。落实生育登记服务制度，推进公民婚育“一件事一次办”工作，全市办理生育登记7560人次，其中“一孩”5327人、“二孩”2126人、“三孩”107人。印发《关于优化镇江市区企业退休（到龄）职工计划生育一次性奖励业务流程和办事指南的通知》，推进“退休一件事”计生联办事项，全年办件2899件。贯彻《镇江市“一老一小”整体解决方案》，编制发布《镇江市托育服务三年行动计划（2023—2025年）》。全市有托育机构212家，可提供3岁以下婴幼儿托位约1.16万个，每千人口拥有3岁以下婴幼儿托位数3.62个。创成普惠托育机构49家，6家获评江苏省示范性托育机构，1家获评江苏省社区托育示范点，5家获评镇江市示范性托育机构。建成27所成长小屋，印发《镇江市成长小屋建设标准（试行）》。开展“用心呵护孩子成长 润心托以专业践行”托育服务宣传月活动，开展261场线上线下宣传活动，免费发放1万小时托育服务体验券，累计参与3238人次。强化“润心托”托育服务品牌效应，在“健康镇江”微信公众号发布“润心托”科学育儿小视频和幸福百园风采展16期，提高家庭科学育儿能力。贯彻落实《镇江市企业女职工产假期间社会保险补贴实施细则》，多渠道开展政策宣传，对企业在职女职工生育“二孩”或”三孩”产假期间支付的社会保险费用予以50%或80%的补贴，减轻企业社保补贴负担，全年109家企业享受社保补贴56.65万元，惠及女职工132人。

【婚姻登记】2023年，镇江市结婚登记13377对，其中涉外、港澳台、华侨（出国人员）结婚登记38对。离婚申请8667对，离婚登记5703对，其中涉外、港澳台、华侨（出国人员）离婚登记13对。全市初婚登记平均年龄男性为28.27岁、女性为26.78岁。全年跨区域办理结婚登记1675对，离婚登记456对。

2023年2月14日，全市各地婚姻登记机关共为369对新人办理结婚登记 （市民政局 供稿）

【妇女儿童事务】2023年5月，镇江市组织“十四五”妇女儿童规划中期评估及儿童友好城市建设督查工作，发布镇江市2023年儿童友好十件实事项目。开展以“苏童心向党 苔花共绽放”为主题的未成年人保护宣传月活动，实现微心愿157个，开展政策宣讲72场次，开展主题式关爱活动104场，累计服务覆盖7232人次。

2023年7月14日，市民政局联合法院、检察院等单位启动“未”爱护航——镇江市暑期安全防护宣传，普及未成年人安全知识，提高未成年人安全防护意识和自护能力 （《镇江民政》 供稿）

【老龄事务】2023年，镇江市有各类养老机构135家，机构床位数17571张。其中公建公营18家、公建民营29家、民办88家。106家获评等级养老机构。4人参加2023年江苏省养老护理职业技能竞赛，其中2人获省赛二等奖，镇江市被省民政厅、省人社厅授予“最佳组织奖”。实施困难老年人家庭居家适老化改造1000户，开展失能老年人家庭成员照护技能培训13场345人次，完成改造提升30个城市社区助餐点、改造提升30个示范性乡村互助养老睦邻点。为全市12.66万名80岁以上老年人发放尊老金8306.83万元。全年发放一次性纾困补贴646.47万元，惠及109家民营养老机构。100张床位以上养老机构消防安全标准化管理达标率100%，养老机构“瓶改管”（瓶装液化石油气改成管道天然气）、“气改电”（使用液化气燃料加热的厨房设备，改换成符合国家行业标准的用电设备）工作完成。全市增挂1所老年医院，新建3个全国示范性老年友好型社区。新建4家江苏省老年友善医疗机构、10家江苏省老年友善医疗机构优秀单位。制定《关于加快推进医养结合高质量发展实施方案》，推动“医”“养”融合。65岁以上老年人健康体检项目惠及37.19万人，老年人运用智能技术培训工程惠及3.48万余人次。

信缘康米山颐养院启用

2023年9月，镇江市区五级养老机构信缘康米山颐养院启用。信缘康米山颐养院建设面积3.7万平方米，有老人床位820张，设七大类26个功能活动室，有单独设立的洗衣房及助浴室。颐养院综合养老服务中心有远程健康管理平台、远程智慧呼叫平台和第三方服务监管平台，为社区老人建立个人专属信息档案、个人专属健康档案和个人专属生活档案，精准定向提供健康监护、紧急救助、家政服务、配餐服务、精神关怀等服务。

2023年，信缘康米山颐养院外貌和部分内部设施（孙悦萌 供稿）

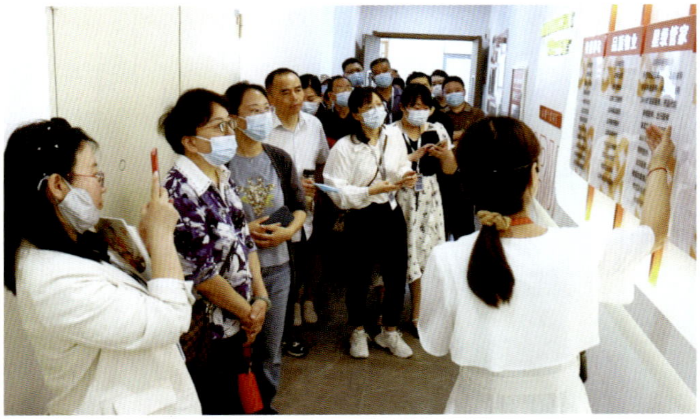

2023年5月，2023年镇江市养老机构负责人高级研修班举行，来自全市47个养老机构的52人参加培训 （《镇江民政》 供稿）

2023年6月16日，2023年镇江市民政行业养老护理职业技能竞赛举行 （《镇江民政》 供稿）

人民日报 19 民生

把让人民宜居安居放在首位

办好家政服务业这个爱心工程

增强养老护理员职业吸引力

用好儿童春季生长期

2023年3月17日，《人民日报》报道镇江市推出多项措施增强养老护理员职业吸引力经验做法 （《镇江民政》 供稿）

【**慈善事业**】2023年，镇江市慈善总会获江苏省社会组织评估AAAAA级，获“江苏省先进社会组织”称号。建成“江苏省规范档案室”。“慈善一日捐”暨“江苏专场”、“99公益日”慈善网络募捐共募集3562万元，27.07万人次参与，人均参与率连续5年位全省前列。校园慈善文化建设走在全省前列。全市有17所学校被命名为“镇江市校园慈善文化教育基地”，“向善向上·健康成长”校园慈善文化育善工程项目获评中华慈善品牌项目。全年全市慈善资金收入2.58亿元，其中市本级4540.87万元，全市实施救助项目206个，救助支出1.67亿元，受益26.7万人次，其中市本级救助支出3503.82万元，受益11.34万人次。市本级实施慈善重点专项和微慈善项目90多个，支出3500多万元，救助11.34万人次。全市实施助医项目38个，支出3770万元，受益4.13万人次；助学项目25个，支出1320万元，3000多名学生受益；助残项目28个，支出496万元，受益1.98万人次；助困项目42个，支出4771万元，6.31万人次受益。慈善助医、慈善助学、产业扶助乡村振兴的做法被省慈善总会推广。

2023年10月31日，镇江市“慈善一日捐”“江苏专场”和网络募捐工作总结推进会暨第四届“镇江慈善奖”颁奖仪式会议举行（《镇江壹周》供稿）

2023年11月22日，市慈善总会领导到医院看望受助对象（《镇江壹周》供稿）

“慈善助残复明”行动实施，为133名患者提供复明手术资金

由市慈善总会和市残联共同组织的第16次“慈善助残复明”行动自2023年11月起全面实施。全市有133名困难白内障患者由慈善助残资金救助免费实施复明手术。“慈善助残复明”行动是慈善系统的重点项目，自2008年实施以来，累计帮助3344名经济困难白内障患者恢复光明，支出慈善救助金810多万元。

【社会组织管理】截至2023年年底，镇江市登记社会组织3084个（市级社会组织595个），其中社会团体1423个、民办非企业1645个、基金会16个。全市有等级社会组织1542家，其中AAAAA级22家、AAAA级93家、AAA级105家、AA及以下等级1322家，等级社会组织占比50.36%。市级托底管理的社会组织中建成独立党支部 4 个、联合党支部2个、非建制性功能型党支部10个。全年对27家“僵尸型”社会组织给予撤销登记行政处罚，与公安、网信等11个部门制发《镇江市开展打击整治非法社会组织专项行动实施方案》。

2023年7月，镇江市民政局召开2023年全市社会组织登记管理工作会议 （《镇江民政》 供稿）

2023年7月，市民政局、市社会组织联合党委开展市社会组织“党建活动周”活动 （《镇江民政》 供稿）

【区划地名管理】2023年，镇江市命名地名262件。评选出2023年度市级地名文化遗产66个，其中第一楼街、老北门、千秋桥街、青云门、梦溪园巷、道署街、西津渡街、北府路、朱方路、京畿路、驸马街、义台街、拖板桥、丁卯桥、吕渎桥15个地名入选2023年度省级地名文化遗产，列全省第四名。开展镇江市全域性《镇江市地名总体规划（2021—2035）》和丹阳市、句容市、扬中市、丹徒区《地名总体规划（2021—2035）》编制工作。完成“镇江泰州线”市级界线联合检查暨矢量接边工作，完成县级“丹徒丹阳线”“京口丹阳线”“润州丹徒线”界线联合检查工作。

2023年，入选2023年度省级地名文化遗产的青云门、梦溪园巷、第一楼街 （孙悦萌 供稿）

【退役军人事务】2023年，镇江某公司民航部件修理、无人机驾驶及行业应用 2 个专业入选年度省级特色培训项目。镇江市与退役军人事务部宣传中心共同举办“军创英雄汇·退役军人企业家圆桌会”镇江专场，131万人次线上线下参会。建成“镇江市退役军人就业掌上直通车平台”，举办“尊戎直通车”线上线下系列退役军人专场招聘活动182次，促进退役军人就业创业。开展“送政策送岗位进军营”活动，对自主就业退役士兵的教育培训、就业促进、创业扶持等政策进行解读，并邀请40余家单位提供近千个优质岗位。

2023年3月18日，在镇江市尊戎关爱行动“爱军保”项目启动仪式上向优抚对象赠“爱军保”保险 （《镇江壹周》 供稿）

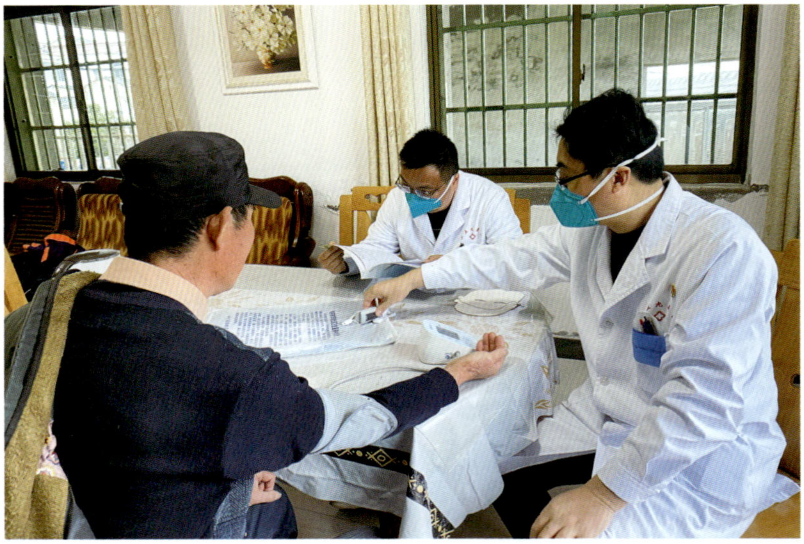

2023年春节前夕，市退役军人事务局联合镇江三五九医院开展退役军人、优抚对象医疗巡诊活动 （《镇江壹周》 供稿）

镇江市启动“镇爱优抚·结对认亲”关爱行动

2023年3月起，镇江市退役军人事务局联合市文明办、民政局、卫健委等单位，在全市启动“镇爱优抚·结对认亲”关爱行动。鼓励各级爱心组织、爱心企业、爱心人士和驻镇江部队基层连队，与烈属、孤寡或生活相对较困难的退役军人和其他优抚对象结对，开展送尊崇、送关爱、送服务、送政策、送健康、送慰藉“六送”活动，让服务对象充分感受到党和政府及社会各界的温暖和关怀。3月10日，“结对认亲”关爱行动的首批对象44名烈士遗属的名单一经发布，当天全被认领。

镇江老兵之家应急救援总队成立

2023年3月19日，镇江老兵之家应急救援总队成立，活动现场举行授旗仪式。镇江老兵之家应急救援总队吸纳300多名专业消防老兵参加。

2023年3月19日，镇江老兵之家应急救援总队成立仪式现场 （《镇江壹周》 供稿）

2023年3月24日，京口区“镇爱优抚·结对认亲”仪式举行 （《镇江壹周》 供稿）

2023年“八一”建军节前，镇江市中级人民法院开展“送法到军营”活动 （《镇江壹周》 供稿）

ZHENJIANG
TUJIAN
(2024)
SHENGTAI
WENMING
JIANSHEPIAN

镇江图鉴（2024）
生态文明建设篇

综　述

【概况】2023年，镇江市加强生态环境保护，基本完成省下达的2023年度深入打好污染防治攻坚战94项重点目标任务。截至年底，全市地表水国、省考断面优Ⅲ类比例均为100%，与南京市、盐城市、泰州市、南通市并列全省第一名，国考断面优Ⅲ类连续四年保持100%，长江干流断面水质保持Ⅱ类，主要入江支流均优于Ⅲ类，4个县级以上集中式饮水水源地水质达标率为100%。市区$PM_{2.5}$年均浓度为37微克/立方米，优良天数比率74.5%。

2023年4月21日，镇江市"建设人与自然和谐共生的现代化——习近平生态文明思想"宣讲比赛举行　（《镇江壹周》 供稿）

【环境执法监管】2023年，镇江市加强环境执法监管，全市出动执法人员2.54万人次，检查点位1.23万家次，下达行政处罚决定书379件，罚款金额3007万元；运用环保法配套办法查处案件59件。

【环境审批优化】2023年，镇江市生态环境局持续加强重大项目服务，建立重大项目联系卡269个，提前介入指导、动态跟踪服务，推动重大产业项目落地。深入一线开展服务，下沉8个板块，开展现场指导20余次，召开“企业环保接待日”4场。开展规划环评与项目环评联动试点改革，施行告知承诺制审批、环评内容简化、公众参与简化等改革举措，进一步简化优化审批程序。优化排污许可证核发程序，建立排污许可证联合审查和现场核查机制，持续做好新增固定污染源和持证单位的排污许可证审查核发。逐步将工业噪声、总量指标、特征污染物管控要求纳入排污许可证，推进与排污权交易的衔接融合，加快实施全要素管理。

【第二轮中央生态环境保护督察整改情况】2023年，镇江市完成第二轮中央生态环境保护督察反馈问题整改任务8项中的5项；交办镇江市的252件信访件（包括重点关注件27件），全部完成整改。截至年底，全市累计投入24.92亿元，拆除和修复面积230.18万平方米。

【“强化四铁作风、抓落实促整改”专项行动】2023年，镇江市持续深入开展长江岸线保护、黑臭水体治理、蓝天保卫战、打击固体废物非法倾倒、工业“散乱污”企业整治五大专项行动。截至2023年年底，清理整治长江干流岸线违法违规项目270个，拆除违规建筑物45万平方米，腾退岸线14千米，整治黑臭水体12条，蓝天保卫战立案查处违法案件42件，立案查处固危废违法刑事案件14起，整治工业“散乱污”企业1640家。

2023年10月31日，在长江船舶污染治理专案原址建立的“水生态资源司法修复基地”揭幕仪式举行 （市检察院 供稿）

碳达峰碳中和2023金山峰会在镇江举行

2023年10月26日，碳达峰碳中和2023金山峰会在镇江举行。该届峰会以“绿色转型，低碳发展——强产业链、聚供应链”为主题，聚焦产业链、供应链，总结推广绿色低碳发展经验，探索低碳转型、绿色发展新路。峰会采取线上云直播和线下相结合的方式举办，内容包括开幕式、高峰论坛、产业供应链对接、项目签约、绿色金融研讨、群众性创建等活动。

2023年10月26日，碳达峰碳中和2023金山峰会现场 （《镇江壹周》 供稿）

【生态保护】截至2023年年底，镇江市创成省级生态文明示范镇（街道）48个、省级生态文明建设村（社区）72家。出台《关于长江镇江段全面禁捕长效管理的工作意见》，禁止长江镇江段非法捕捞行为，做好长江“十年禁渔”。全市农作物秸秆综合利用率为97.1%，回收废旧农膜621.9吨，畜禽粪污综合利用率95%以上。年削减污染物排放化学需氧量146.5吨、生化需氧量29.2吨、氨氮25.6吨、总磷1.5吨。全市开展生态环境损害赔偿案件306件，较上年增长350%；定损金额581.34万元，较上年增长480%。镇江获评国家低碳城市试点优良城市。8月，生态环境部公布2022年绿色低碳典型案例名单，镇江京口路社区——“低碳社区”（社区）、朱明（个人）入选。

2023年6月26日，镇江市长江渔业资源增殖放流暨规范社会放生宣传活动举行　（曹丽娟 供稿）

2023年7月24日，镇江市“红色江盾”党员先锋团长江禁捕执法行动启动仪式在镇江渔政执法基地举行　（《镇江壹周》 供稿）

2023年镇江市新增省级以上“绿色工厂”一览表

地 区	企业名称	认定等级
扬中市	江苏美科太阳能科技股份有限公司	国家级
京口区	江苏索普化工股份有限公司	国家级
镇江经开区	优利德（江苏）化工有限公司	国家级
丹阳市	大亚（江苏）地板有限公司	省级
丹阳市	圣象实业（江苏）有限公司	省级
句容市	句容协鑫光伏科技有限公司	省级
句容市	江苏中容电气有限公司	省级
句容市	江苏建华新型墙材有限公司	省级
句容市	镇江天力变压器有限公司	省级
句容市	圣象地板（句容）有限公司	省级
扬中市	江苏士林电气集团有限公司	省级
扬中市	江苏亿能电气有限公司	省级
扬中市	鼎圣集团有限公司	省级
扬中市	爱士惟新能源技术（扬中）有限公司	省级
丹徒区	江苏鹤林水泥有限公司	省级
京口区	江苏鸿泰钢铁有限公司	省级
镇江经开区	江苏索普新材料科技有限公司	省级
镇江经开区	镇江贝斯特新材料股份有限公司	省级

2023年，镇江市新增国家级“绿色工厂”——江苏美科太阳能科技股份有限公司 （孙悦萌 供稿）

2023年，镇江市新增省级“绿色工厂”——圣象地板（句容）有限公司（孙悦萌 供稿）

2023年，镇江市新增省级“绿色工厂”——江苏建华新型墙材有限公司（张闻 供稿）

“倡导绿色出行　助力低碳镇江”骑行活动举行

2023年10月23日，镇江市100名骑行志愿者脚踏共享单车，骑行在镇江经济技术开发区大路镇的江堤彩虹路上，共同参加由市发改委、市城管局指导，市公共停车管理处主办的“倡导绿色出行　助力低碳镇江”骑行活动。活动现场，志愿者代表宣读绿色骑行倡议书，呼吁广大市民群众以实际行动践行绿色低碳生活方式，共同缓解城市交通压力，助力低碳城市建设。

2023年10月23日，“倡导绿色出行　助力低碳镇江”骑行活动在镇江经济技术开发区大路镇举行（《镇江壹周》供稿）

2023年3月25日，镇江市“文明骑行·‘镇’在行动”活动举行（《镇江壹周》供稿）

2023年4月3日，镇江长江豚类省级自然保护区将“江豚知识小课堂”搬进镇江市红旗小学二（4）班，“守护微笑精灵，争做江豚小卫士”生态小公民主题课程开讲 （柳放 供稿）

2023年11月13日，润州区水利局、润州区摄协等单位举办的“山水精灵”摄影作品展览走进南徐小学 （润州区摄协 供稿）

环境质量

【概况】2023年，镇江市环境空气中$PM_{2.5}$、PM_{10}和二氧化氮浓度较上年均有所上升，二氧化硫、一氧化碳24小时平均第95百分位数浓度（以下简称一氧化碳浓度）较上年持平，臭氧日最大8小时滑动平均第90百分位数浓度（以下简称臭氧浓度）较上年有所下降。其中，市区$PM_{2.5}$年均浓度为37微克/立方米，未达到国家二级标准；市区环境空气质量优良天数比例为74.5%。2023年，全市地表水环境质量总体为优。列入《江苏省水污染防治工作计划》地表水环境质量考核的10个国考断面中，水质符合《地表水环境质量标准》（GB 3838—2002）优Ⅲ类断面比例为100%，优Ⅱ类断面比例为40%；省考45个断面中，优Ⅲ类断面比例为100%，优Ⅱ类断面比例为46.7%。2023年，全市对国家土壤监测网34个点位开展土壤环境质量监测，土壤环境质量状况总体良好。

2023年，水源地水质达标率为100%的句容市北山水库掠影 （柠檬 供稿）

【环境空气质量】2023年，镇江市区环境空气中$PM_{2.5}$、PM_{10}、二氧化硫、二氧化氮年均浓度分别为37、57、5和29微克/立方米；一氧化碳浓度、臭氧浓度分别为0.9毫克/立方米和174微克/立方米。对照《环境空气质量标准》（GB 3095—2012）二级标准限值，$PM_{2.5}$和臭氧未达要求。各市（区）$PM_{2.5}$浓度范围为33 ～38微克/立方米，与上年相比，除丹徒区持平以外，其余均有所上升，升幅范围为2.7%～12.5%，其中经开区升幅最大。各市（区）环境空气质量优良天数比率范围为70.1%～80.3%。2023年，市区重度及以上污染天数3天，较上年增加3天。全市酸雨平均发生率为2.3%，降水年均pH值为6.20。

【水环境质量】2023年，镇江市区征润洲水源地水质达标率100%。全市 4 个县级集中式饮用水水源地——丹阳市长江江心洲饮用水水源地、扬中市二墩港饮用水水源地、句容市北山水库和句容水库饮用水水源地水质达标率均为100%，与上年水质相比保持稳定。镇江市太湖流域Ⅰ～Ⅲ类断面比例为100%，Ⅰ～Ⅱ类断面比例33.3%，总体水质为优。镇江市长江干流水质为优，3 个监测断面水质类别均为Ⅱ类，达标率100%。

2023年，润州区水利局在实施江堤提升工程时，将龙门口一处脏乱江滩（下二图）建成江景观景平台（上图）　（《镇江壹周》供稿）

润州区水利局在龙门口附近打造一个休闲江边平台

2023年，润州区水利局在完成长江堤防改造建设的同时，在龙门口打造一个休闲江边平台。通过龙门口观景平台，可以看到润扬大桥全貌和长江主航道百舸争流的景象。观景平台铺装防滑花岗岩，钢制栏杆向内倾斜防翻越，还装有低碳节能的太阳能路灯。

【声环境质量】2023年，镇江市昼间区域环境噪声平均等效声级为57.0分贝，夜间噪声平均等效声级为48.2分贝。昼间和夜间区域声环境质量等级为三级，处于“一般”水平。全市1～4类功能区声环境昼间和夜间等效声级年均值均达国家标准。镇江市昼间交通噪声平均等效声级为63.8分贝，夜间平均等效声级为55.9分贝。全市道路交通噪声强度等级为一级，处于“好”水平。

【辐射环境】2023年，镇江市辐射环境4个国控点和14个省控点监测结果表明，环境γ辐射吸收剂量率、土壤中主要放射性核素浓度值与江苏省环境天然放射性水平调查测量结果处于同一水平。重点饮用水水源地取水口放射性指标符合《生活饮用水卫生标准》（GB 5749—2022）要求。环境中电磁辐射监测结果均低于《电磁环境控制限值》（GB 8702—2014）中公众曝露控制限值要求。

长江生态保护

【长江沿线生物多样性保护】2023年，镇江市开展生物多样性调查工作，镇江长江豚类省

2023年，长江沿线镇江市征润洲及市区生态保护区掠影（焦秀兰 供稿）

级自然保护区监测到维管束植物162种、陆生昆虫106种、鸟类86种、两栖爬行动物7种；镇江南山生物多样性调查发现野生动植物546种，其中，野生植物424种、野生动物122种，包括大叶榉树等国家二级保护野生植物 2 种、红隼等国家二级保护鸟类 9 种、泽漆等药用植物190种。市自然资源和规划局2023年开展相关调查工作，按照《江苏省国家级生态保护红线规划》和《江苏省生态空间管控区域规划》要求，建立生态环境、自然资源和规划、农业农村等部门联动的野生动植物和湿地保护管理机制，加强对“宝华玉兰”等珍贵植物资源和长江豚类等动物资源的保护。

【生物多样性本底调查】开展镇江市区（含丹徒区）生物多样性本底调查工作，截至2023年年底，观测到镇江市区各类生物1861种，其中陆生维管植物604种、陆生脊椎动物133种、昆虫754种、淡水水生生物370种。调查发现珍稀濒危和受保护的物种41种，包括粗梗水蕨、野木瓜、牛鼻栓、田鸡、罗纹鸭、黑斑侧褶蛙、黑狭扇蟌等。联合江苏大学环境与安全工程学院等单位开展“5·22生物多样性日”主题宣传活动；在镇江市科技馆举办“营造生物多样性的和谐共生”——2023世界生物多样性主题日活动。

江苏省镇江长江豚类保护区生态科考成果发布

2023年10月24日，镇江市自然资源和规划局举行新闻发布会，发布江苏镇江长江豚类省级自然保护区生态科学考察成果。2022年10月至2023年10月，镇江市自然资源和规划局委托中国水产科学研究院淡水渔业研究中心，对镇江豚类保护区进行生态科学考察，范围覆盖保护区全域及邻近水域和陆域。结果是：保护区内有江豚种群数量约26头，约占长江江苏段总数的21.3%；发现野生动植物946种，其中国家一级重点保护野生动植物 4 种、国家二级重点保护野生动植物37种。另外，区内水生生物及湿地植物资源丰富，有多种珍贵濒危物种分布，其中浮游植物121种、浮游动物52种、底栖动物50种、鱼类56种、湿地植物207种。

2023年，中国水产科学研究院淡水渔业研究中心对江苏省镇江豚类保护区进行生态科学考察 （柳放 供稿）

2023年，江苏省镇江豚类保护区内的野生动植物（从左至右）：江豚、东方白鹳、黑耳鸢、粗梗水蕨 （柳放 供稿）

2023年3月4日，润州区渔政执法船“32615”入列首航仪式暨长江禁渔春季联合执法行动启动 （润州区政府办 供稿）

2023年10月19日，由镇江水上公安分局治安大队党支部、镇江港发集团绿资和江沙联合党支部等组成的镇江长江大保护党建联盟“守护一江碧水 保护长江江豚”主题党日活动举行 （孙悦萌 供稿）

污染防治

【概况】2023年，镇江市实施年度大气污染防治工程580项、水污染防治项目38项，削减化学需氧量 393 吨、氨氮 51 吨，挥发性有机物减排 779 吨、氮氧化物减排 2394吨。

2023年，镇江市安排省级生态环境基础设施重点工程项目44个，计划总投资56.3亿元。全年开工项目44个，完工项目39个。推进农村生活污水治理设施建设，全市完成66个农村生活污水治理行政村建设任务，治理率45.2%。

2023年，镇江市有危险废物经营单位24家，危险废物收集利用处置能力56.91万吨/年，基本满足全市危险废物处置需求。镇江市医疗废物年处置能力3380吨。重点危险废物产生单位规范化管理抽查合格率和经营单位规范化管理抽查合格率分别为92%和95%。

【市污染防治综合监管平台运行】2023年，镇江市污染防治综合监管平台纳入问题线索12478条，办结12468条。问题线索涉及大气污染的占比40.7%、噪声污染的占比24.7%、固废污染的占比14.3%、水污染的占比16.4%、土壤污染的占比0.4%、其他污染的占比3.5%。线索处置过程中产生预警 8 个，预警率0.06%，截至年底，所有预警均消除。

2023年，镇江市污染防治综合监管平台部分页面 （网络页面截图）

【大气污染防治】2023年，镇江市大气污染防治联席会议办公室印发《镇江市2023年大气污染防治工作计划》，完成581项年度治气工程。镇江市生态环境局督促全市55家火电、钢铁、水泥、碳素等重点排放企业开展友好协商减排，建立全市工业企业排放大户友好减排绩效分级评价制度，每日统计公布各家企业排放浓度和排放量数据。2023年，全市工业企业氮氧化物、二氧化硫、烟尘排放量分别比上年降低7.4%、21%和22%。

【水污染防治】2023年，镇江市开展17家涉氟企业排查、10个省级以上工业园区水污染整治、太湖地区927家涉磷企业整治，完成长江入江入河排口整治填报4178个，完成太湖流域排口“一口一策”整治638个。全年投入资金18.36亿元，组织实施饮用水水源保护、污染减排、生态流量保障、水生态保护修复等五大类38个重点工程。加强跟踪预警监测和分析研判，实施控源截污、清淤疏浚、支流污染管控、水生态修复等综合治理工作，保障水质稳定达标。镇江市国考断面优Ⅲ比例为100%，长江干流水质稳定Ⅱ类，地表水无劣Ⅴ类断面，Ⅱ类水质比例46.7%。

2023年3月16日，纪念“世界水日”“中国水周”暨“春漫古渡·水韵镇江”宣传活动新闻发布会举行 （柳放 供稿）

2023年3月23日，镇江市水情教育馆在市防汛抗旱指挥调度中心举行开馆仪式 （《镇江壹周》 供稿）

全市河湖长制工作推进会议召开

2023年9月21日，全市河湖长制工作推进会议召开，要求各地各部门坚决负起河湖治理政治责任，以过硬成效打好河湖保护攻坚战；要围绕目标任务，抓好日常巡查管理、黑臭水体治理、幸福河湖创建、水旱灾害防御、重点指标推进，倒排工期，推动各项工作落地见效；要强化协同联动，压实主体责任，强化督查考核，提升齐抓共管治水格局，推动“美丽镇江 幸福河湖”建设再上新台阶。会上，市河长办通报全市河湖长制工作情况；句容市、丹徒区、市生态环境局、市住建局分别就幸福河湖建设、涉水专项整治行动、水污染防治、黑臭水体治理作交流发言。

2023年9月21日，全市河湖长制工作推进会议召开（《镇江壹周》供稿）

2023年1月12—13日，省河湖长制工作专项督查组对镇江市河湖长制工作开展专项督查（《镇江壹周》供稿）

2023年12月19日，全市河湖安全保护专项执法行动新闻发布会召开 （本版照片均由《镇江壹周》提供）

2023年4月27日，“镇江市长江大运河文化研究中心”揭牌仪式现场

第四届大运河文化带建设智库峰会暨2023年镇江长江大运河文化论坛举行

2023年4月27日，第四届大运河文化带建设智库峰会暨2023年镇江长江大运河文化论坛举行。本届峰会专家学者采用主旨演讲、学术交流、圆桌论坛等形式，围绕“学习贯彻党的二十大精神，建好用好国家文化公园”主题展开研讨交流，还举行2022年镇江市社科应用研究“大运河专项”课题颁奖仪式等活动。会上，“镇江市长江大运河文化研究中心”揭牌。

2023年4月27日，第四届大运河文化带建设智库峰会暨2023年镇江长江大运河文化论坛举行

镇江市大运河长江保护志愿服务系列活动颁奖礼举行

2023年2月21日，镇江市大运河长江保护志愿服务系列活动颁奖礼举行，颁奖礼以“共同守护精神家园”为主题，通过播放视频《大运河长江文化保护志愿者活动回顾》，致敬大运河长江保护一线建设者和志愿者。现场揭晓镇江市大运河文化保护年度十大公益人物，并发布全年26项活动项目，含大运河长江文化发现之旅、保护之旅、传承之旅和弘扬之旅 4 个类别的文化系列活动和多项志愿服务活动。活动现场，对2022“古道·今生——寻访大运河记忆”短视频大赛、“不尽长江滚滚流”2022长江诗词诵读云接力比赛、“江河交汇·我爱长江运河”全市中小学生征文活动等赛事获奖代表进行颁奖。

2023年2月21日，镇江市大运河长江保护志愿服务系列活动颁奖礼举行 （《镇江壹周》 供稿）

2023年2月21日，“‘五口通江’共寻访 ‘江河交汇’话传承”文化寻访公益行动举行 （《镇江壹周》 供稿）

2023年，镇江市“十佳美丽村落”——丹阳市延陵镇九里村 （孙悦萌 供稿）

镇江市“发现乡村之美·十佳美丽村落”名单公布

2023年4月，由镇江市农业农村局指导，镇江报业传媒集团、镇江市旅游协会休闲农业与乡村旅游分会承办的“发现乡村之美·十佳美丽村落”推介活动举行，推介分产业兴旺、生态宜居、乡风文明、治理有效、生活富裕 5 个方面，最终选定“十佳美丽村落”和“十佳美丽村落提名”名单。

十佳美丽村落名单	十佳美丽村落提名名单
丹阳市延陵镇九里村	丹阳市高新区大钱村
丹阳市延陵镇柳茹村	丹阳市开发区祈钦村
丹阳市司徒镇杏虎村	丹阳市访仙镇萧家村
句容市天王镇戴庄村	句容市后白镇西冯村
句容市华阳街道新坊村	句容市白兔镇解塘村
句容市茅山镇丁庄村	扬中市三茅街道营房村
扬中市八桥镇利民村	扬中市三茅街道兴阳村
扬中市新坝镇新治村	丹徒区高资街道水台村
扬中市经开区福源村	镇江新区大路镇东岳村
丹徒区世业镇世业村	高新区蒋乔街道嶂山村

2023年，镇江市“十佳美丽村落”——扬中市新坝镇新治村 （孙悦萌 供稿）

2023年，镇江市“十佳美丽村落”——丹徒区世业镇世业村 （孙悦萌 供稿）

丹徒区高桥镇镇扬村获“全国绿色生态健康示范养殖场”、丹徒区“美丽乡村”等称号

丹徒区高桥镇镇扬村全村总面积6.5平方千米，有耕地4250亩（283.33公顷），其中水田3350亩（223.33公顷）、旱地900亩（60公顷），有河塘600亩（40公顷）。全村总人口3069人、1039户，有36个村民小组。2023年，镇扬村党委坚持高标准高质量发展，先后获“全国绿色生态健康示范养殖场”、“省巾帼电商示范基地”、区级“美丽乡村”等称号；镇扬村还是“江苏省卫生村”“社会治安安全村”“农村集体财务规范化示范村”。

2023年，镇扬村加强河道整治，打造水清、河畅、岸绿、景美的村庄水环境（本版照片均由镇扬村提供）

2023年，村民开展阅读交流活动

2023年春季，组织义务植树活动

2023年6月27日，开展“铭嘱托 铸忠诚 强动力”主题党日活动

2023年，村关工委开展“弘扬雷锋精神 争做美德少年”活动

环境管理

【**概况**】2023年，镇江市生态环境局审批建设项目环境影响评价文件81个，全市生态环境部门审批建设项目环境影响评价文件655个，登记表备案1369个项目。市生态环境局核发排污许可证94张，全市生态环境部门审批排污许可证421张，新增排污登记1219家。审批辐射建设项目环境影响评价文件35个，全市生态环境部门审批辐射建设项目环境影响评价文件38个，办理辐射安全许可证事项179件。污染源在线监控系统覆盖全市重点排污企业单位250家，安装视频监控系统企业84家、用电数据监控企业708家，在全省率先对21家重点涉气企业实施污染源在线监控“远程质控”。加强企业环保信用管理，截至年底，全市参评企事业单位3455家，数量比上年增长5.69%，其中，绿色企业11家、蓝色企业3436家、黄色企业 8 家。加强整治脱硫脱硝、挥发性有机物回收、污水处理、粉尘治理、RTO焚烧炉等 5 类环境治理设施安全隐患，全年排查涉及 5 类环境治理设施企业739家次，发现问题122个，立案查处25件。全年全市排查企业134家，发现突发环境事件隐患238个，整改完成率100%。深化核与辐射安全管理，全市核技术利用单位370家，其中放射源单位34家，在用源307枚；纯射线装置单位333家，射线装置928台套；纯非密封放射性物质单位 3 家。全年排查10家核技术利用单位隐患问题38个；监督检查外省单位伽马移动探伤首次现场作业 3 次，落实伽马移动探伤月度检查20次；排查督促 4 家单位及时送贮闲置放射源 9 枚。光大环保能源（镇江）有限公司等 6 家企业获评江苏省2023年度绿色发展领军企业。

2023年度江苏省绿色发展领军企业——句容绿色动力再生能源有限公司 （绿色动力 供稿）

句容市宝华山国家森林公园休闲昆虫保护利用产学研平台正式建立

2023年2月11日，江苏省农业科学院和句容市宝华山国家森林公园休闲昆虫保护利用产学研平台正式建立。宝华山国家森林公园处于暖温带向亚热带过渡的关键区域，总面积约1700公顷，森林覆盖率超过92%，拥有保存较为完好的典型北亚热带森林植被群落。宝华山有蝴蝶和萤火虫等休闲昆虫200余种，包括国家二级重点保护动物中华虎凤蝶等。休闲昆虫保护利用产学研平台的成立，标志着宝华山休闲昆虫资源全面进入科学保护、合理开发新阶段。依托该平台，宝华山启动蝴蝶和萤火虫等昆虫资源专项调查，开展特色昆虫生境改善、科普研学课程开发和文旅产品设计等工作。成立仪式上，省农业科学院与句容市宝华山国家森林公园签署战略合作协议，并举办宝华山“探秘昆虫 呵护生态”科普研学活动。

2023年2月11日，句容市宝华山国家森林公园休闲昆虫保护利用产学研平台成立仪式举行 （张闻 供稿）

【**排污总量指标**】2023年4月，《镇江市排污总量指标储备库建设管理工作方案（试行）》制发，成立镇江市排污总量指标储备库建设管理领导小组，建立市级、县（区）级、工业园区级“三级”排污指标储备库。11月，制定《市级储备库排污总量指标出库流程》《排污总量指标跨区使用审核流程》《各市、区新上项目排污总量指标跨源使用审核流程》。

【**环境监测**】2023年，江苏省镇江环境监测中心完成大气监测例行分析报告512份、预警预测报告163份；出具自动监测数据451.4万个、手工监测数据2.88万个、质控数据8.35万个。开展颗粒物网格热点、灰霾站和VOCs污染源巡查157次；完成大气溯源监测检查295人次以上，完成检查135点次，发现问题100余个，出具各类溯源分析报告38份。完成水环境监测例行分析报告59份，预警预测报告70份；出具自动监测数据197.1万个、手工监测数据约2.1万个、质控数据2.86万个；开展溯源监测186次，出具溯源专项报告 6 份。完成34个国家网土壤质量监测点采样和干物质与水分、pH值、阳离子交换量、有机质分析工作，共形成监测数据920个、质控数据220个。镇江环境监测中心立项各类科研课题 5 项，完成结题及项目验收10项。

全新智能监控系统为江豚保护区“生物精灵”打造安全天地

2023年11月11日，以“科技助力江豚保护”为主题的2023年镇江长江江豚保护主题月活动启动。会上，江苏省镇江长江豚类保护区智能监控系统正式启用，为保护区装上“千里眼”和“智能大脑”。长江江豚救护设施在年内建成，加之配套完善的巡护艇、无人机、巡护车等设施装备，构建起保护区水陆空立体监测网。启动仪式上，江苏省镇江长江豚类保护区管理处授予镇江市八叉巷小学、镇江实验学校官塘分校“长江江豚保护宣传学校”牌匾；聘请4人为首批巡护监测员。会议同时为第二届“我们的江豚　我们的长江”少儿绘画大赛活动获奖者颁奖。

2023年，智能监控系统多种设备投入使用

2023年11月11日，2023年江苏省镇江长江豚类保护主题月活动启动仪式举行，智能监控系统正式启用（本版照片均由《镇江壹周》提供）

2023年7月11日，镇江市2023年节能宣传周启动仪式举行 （本版照片均由王朋提供）

镇江市2023年节能宣传周活动正式启动

2023年7月11日晚，由市工信局、市机关事务管理局共同主办的镇江市2023年节能宣传周正式启动。市节能工作领导小组、市工信局负责人表示，希望通过启动节能宣传周活动，动员社会各界行动起来，从每人节约一滴水、一度电、一张纸做起，聚沙成塔、集腋成裘，勠力同心推动镇江市节能工作再上新台阶，众志成城为共同的家园增添一抹绿色。活动现场向全社会发出节能降碳倡议，并为获得“国家级绿色工厂”“省级绿色工厂”“省级公共机构节能低碳示范单位”“省级公共机构能效领跑者”称号的单位授牌。

2023年7月11日，镇江市2023年节能宣传周启动仪式现场

太湖流域水污染防治

【**概况**】2023年，镇江市21个太湖流域考核断面水质达标率为100%，全面消除劣Ⅴ类断面，完成主要水污染物总量减排任务。完成目标责任书中14项重大治太工程项目建设目标，工程项目内容涉及控源治污、城乡污水收集处理、农业农村污染治理等。强化太湖排污口排查整治，完成整治排口638个。突出工业污染源头治理，摸排企业973家，整治完成526家，完成整治并通过验收401家。聚焦生活污水全量收集，完成 3 座进水浓度不达标城市污水处理厂的“一厂一策”方案编制。推进丹阳导墅污水处理厂扩建工程完工。丹阳市高新区、开发区达标区建设任务完成进度均达100%。太湖流域119个行政村完成农村生活污水治理，治理率48.2%。聚焦农业面源污染整治，建成高标准农田4.4万亩（2933.33公顷），高效节水灌溉面积0.09万亩（60公顷）。建立镇江市池塘养殖档案，全市太湖流域养殖池塘5.48万亩（3653.33公顷），自2019年以来，太湖流域规模以上养殖池塘标准化改造面积共2.96万亩（1973.33公顷）。排查工业“散乱污”企业151家。完成太湖流域范围内 4 家污水处理厂和102家纳管企业工业废水分质分类评估工作，编制实施方案。全市太湖流域完成新建城镇污水管网12千米。7 条上游关联骨干河流全部编制完成“一河一策”水质达标提升方案。推进太湖流域 2 个生态安全缓冲区建设，1 个基本完工，1 个工程进度达70%。

2023年11月22日，镇江市幸福河湖建设主旨交流会召开 （市水利局 供稿）

【**重点项目统筹谋划**】2023年，镇江市太湖流域水污染防治项目库现有治太工程43个，总投资32.6亿元，建设期限为2023—2026年。重点排定地方目标责任书项目和省太湖流域水环境综合治理重点工程。在原有项目基础上，梳排并申报省级太湖统筹资金项目 6 个，总投资9.0亿元。

【**畜禽粪污资源化利用**】2023年，镇江市推进畜禽粪污资源化利用，对全市规模、小规模养殖场户重新摸底排查，建立年度养殖场清单，全市有规模场420家、小规模场480家，其中789家养殖场户列入年度巩固提升清单，畜禽粪污年度综合利用率97%。推进水产健康养殖，实施池塘生态化改造7486亩（499.07公顷），开展养殖尾水达标排放或循环利用示范推广面积846.6亩（56.44公顷）。

镇江持续推进农村人居环境整治工作

2023年是《农村人居环境整治提升五年行动方案（2021—2025）》贯彻的第三年，镇江市认真贯彻，持续深化村庄清洁行动，推动农村人居环境整体提升，加快建设宜居宜业和美乡村。

润州区南山街道回龙社区原先的杂草丛生、脏乱臭的河塘（左图），经过整治，生态环境有很大改观，2023年夏季，呈现出荷花盛开的美丽景象（上图）　（《镇江壹周》 供稿）

2023年，扬中市村容整治前（左图）后（右图）对比 （《镇江壹周》供稿）

句容市探索矿地融合，工矿废弃地整治成可以耕种的农田

句容市自然资源和规划局贯彻“生态领先、特色发展”战略，探索矿地融合新路径。通过调查摸底，在2018年启动上荣山工矿废弃地复垦项目。经过几年努力，将原先不仅占用宝贵空间资源，还对生态环境造成严重危害的大力山工矿废弃地，整治成可以耕种的农田。

2023年6月，农机手驾驶小型旋耕机在收割完麦子的田里翻耕土地 （柳放 供稿）

2023年6月，句容市白兔镇上荣村大力山工矿废弃地变成农田后的丰收景象 （柳放 供稿）

2023年8月4日12时56分，孚能科技（镇江）有限公司正门口，随着指挥员一声令下，2名工人合力开启蒸汽阀门为企业供热。全长35千米、以天然气替代煤炭为燃料实现集中供热的镇江东南片区供热管网正式启用（张闻 供稿）

2023年10月9日，镇江市园林绿化工技能竞赛举行 （《镇江壹周》供稿）